ANC

Heidi Holland

ANC

Nelson Mandela und die Geschichte des African National Congress

Aus dem Englischen
von Andrea Galler und Helmut Dierlamm

westermann

CIP-Titelaufnahme der Deutschen Bibliothek
Holland Heidi:
ANC: Nelson Mandela und die Geschichte des African National Congress / Heidi Holland. [Übers. aus d. Engl.: Andrea Galler u. Helmut Dierlamm]. - Braunschweig: Westermann, 1990
Einheitssacht ... The struggle <dt.>
ISBN 3-07-509213-4

Druck und Bindung: westermann druck GmbH, Braunschweig

ISBN 3-07-509213-4

Für Louise

Danksagung

Ich möchte all jenen danken, die mir beim Schreiben dieses Buches geholfen haben. Helen Joseph vermittelte mir wertvolle Einsichten und Ratschläge. Sie ist eine bemerkenswerte Frau, die den Großteil ihres Lebens dem Kampf für die Befreiung der Schwarzen Südafrikas gewidmet hat. Thabo Mbeki, Wortführer des African National Congress (ANC), bot mir von Anfang an, seine Beziehungen zu nutzen.

Mike McCann, ein lieber Freund und ausgezeichneter Fotograf, der 1988 auf tragische Weise ums Leben kam, fuhr mich auf der Suche nach den Verwandten Nelson Mandelas über holprige Bergstraßen in der Transkei. Martin Meredith, Autor mehrerer Bücher über Afrika, hat mir großzügigerweise angeboten, die erste Fassung dieses Buches zu lesen. Er hat so dazu beigetragen, ein besseres Buch zu machen. Tom Lodge, Politikwissenschaftler am New Yorker Social Science Research Council, ist eine Autorität auf dem Gebiet der politischen Bewegungen der Schwarzen in Südafrika. Er hat das Manuskript durchgesehen und stand mir für die Endfassung mit sachkundiger Kritik zur Seite. Tom Sebina vom Informationsbüro des ANC in Lusaka arrangierte Interviews und korrigierte inhaltliche Fehler im Manuskript. Peter Godwin von der Londoner *Sunday Times* schlug einige wichtige Änderungen vor.

Mein Mann George Patrikios, meine Söhne Jonah und Niko und meine Eltern Les und Ideley Holland unterstützten mich, indem sie für mich da waren und die Anstrengungen mit mir durchstanden. Jenny Hobbs und Jill Johnson, Journalisten wie ich, erteilten fundierten Rat. Meine Agentin Shelley Power und mein Verleger Ian Paten unterstützten mich durch ihre unschätzbare Erfahrung. Amina Cachalia steuerte Fotos aus ihrer privaten Sammlung bei. Yusuf Cachalia ging die Korrekturfahnen durch.

Besonderen Dank schulde ich Louise Gubb, der Freundin und außergewöhnlichen Foto-Journalistin, deren umfassendes Wissen und unerschöpflicher Optimismus mich beflügelten.

INHALT

Prolog

Jeder südafrikanische Polizist läßt am 20. Mai besondere Vorsicht walten. Dieser Tag ist auf den Kalendern der höheren Beamten des ganzen Landes rot angestrichen. Er ist auch für den African National Congress ein besonderes Datum.

Am 20. Mai des Jahres 1987 waren einige junge Polizeibeamte nicht vorsichtig genug. Es geschah um die Mittagszeit in der geschäftigen Bezuidenhout Street vor dem Amtsgericht in Johannesburg. Ein kaltblütiger Killer beobachtete die Polizisten vom Dach eines hohen Gebäudes. Er hatte eine „Lockbombe" an einem vor dem Gerichtsgebäude geparkten Auto angebracht und sah nun, wie die Polizisten sich um den Wagen versammelten.

Nachdem der Killer beinahe zwei Minuten gewartet hatte, bis seine Opfer in die tödliche Falle gegangen waren, betätigte er den Schalter eines geschickt umfunktionierten Walkie-talkies. Die mächtige Explosion, die den gestohlenen und mit Sprengstoff vollgepackten Wagen in die Luft jagte, tötete vier Polizisten. Fünfzehn weitere wurden verletzt. Der Täter nutzte die daraufhin ausbrechende Hysterie und mischte sich unter die panikartig vom Ort des Geschehens flüchtenden Passanten. Vier Häuserblocks weiter versteckte er den Sender zwischen Sträuchern in einem Blumentopf an der Ecke Fox und Sauer Street. Dann verschwand er.

Der African National Congress übernahm nicht sofort die Verantwortung für den Bombenanschlag, der genau vier Jahre nach jenem Tag stattfand, an dem der ANC die Verantwortung für den schlimmsten Bombenanschlag der südafrikanischen Geschichte übernommen hatte. Am 20. Mai 1983 war eine ähnliche, wenn auch weniger raffinierte Vorrichtung vor einem Büro der Luftwaffe im Geschäftszentrum von Pretoria gezündet worden. Damals starben neunzehn Menschen, mehrere Dutzend wurden verletzt.

Während das Drama in der Bezuidenhout Street seinen Lauf nahm, Rettungshubschrauber über der Straße kreisten und Krankenwagen die

Toten und Verletzten ins Krankenhaus brachten, stand ein schwarzer Pfarrer mit gefalteten Händen in stummer Trauer am Ort des blutigen Geschehens.

„Wie erklären Sie sich das?“ fragte ihn ein schockierter weißer Passant. „Die Kirche unterstützt doch den ANC, oder irre ich mich? Unterstützt die Kirche auch diese Art von Gewalt?“

Zuerst reagierte der Priester auf die aggressive Frage völlig verwirrt und wollte sich davonmachen. Dann überlegte er es sich anders und sagte ruhig zu seinem Ankläger: „Die Kirche unterstützt diese Gewalt nicht. Sie unterstützt überhaupt keine Gewalt. Aber es gibt viele Formen von Gewalt in Südafrika, für die der ANC nicht verantwortlich ist. Wir sollten alle über diese anderen Formen von Gewalt nachdenken, wenn wir eine so schreckliche Antwort wie diese hier sehen.“

1

Nelson Mandela – Die frühen Jahre

Im Jahr 1928 sprach in dem winzigen Dorf Qunu in der Transkei nur ein einziges Kind Englisch: ein kleiner Junge, der die Sprache freilich nur selten brauchte. Die meiste Zeit hütete er Kühe und Ziegen in dem Hügelland, das Umtata umgab. Er liebte Tiere und sprach leise mit den Kühen. Er nannte sie beim Namen, als seien sie seine Freunde.

Der Junge zog jeden Tag nach der Schule mit der Herde seines Vaters über die grasbewachsenen Hügel hoch über den bienenkorbartigen Hütten von Qunu, wo er seit seiner Geburt am 18. Juli 1918 mit seiner vielköpfigen Familie lebte. Beim Gehen unterhielt er sich mit den Tieren und sagte ihnen die Tabellen und Verse auf, die er in der Schule gelernt hatte.

Er hieß Rolihlahla, was auf Xhosa so viel bedeutet wie „einer, der sich Schwierigkeiten einhandelt". Diese Beschreibung paßte auf den ruhigen Zehnjährigen allerdings ganz und gar nicht. Er hatte drei Schwestern und war der einzige Sohn eines vornehmen Schwarzen namens Gadla Mandela, der Häuptling des Stammes der Tembu im Distrikt Bashee River gewesen war. Der Vater hatte seinem Sohn beigebracht, daß auch ein Junge seine Aufgaben pflichtbewußt erfüllen müsse, der Junge untersuchte die Tiere daher jeden Tag genau auf Verletzungen und Krankheiten. Dann trieb er sie langsam hinunter zur Hütte seines Vaters und redete in sanften Xhosa-Worten auf die kranken Tiere ein.

Manchmal erwies sich Englisch auch als nützlich. Eines Tages hörte Rolihlahla ein Motorrad auf der nahegelegenen Straße von Umtata nach Port Elizabeth heranrattern. Er hatte die Herde seines Vaters soeben in die von dornigen Akazienbüschen umgebene Einfriedung getrieben. Rolihlahla lauschte dem Rattern und Stottern des Motorrads. Er hörte die Geräusche trotz des heftigen Windes, der oft durch die baumlosen Täler der Transkei weht. Dann rief er seine Schwestern und Neffen.

Die Kinder hatten in dem Hof gespielt, den die im Halbkreis stehenden Rundhütten bildeten. Jetzt hörten sie auf zu spielen und kletterten mit Rolihlahla auf eine grasbewachsene Anhöhe. Oben angekommen, sahen sie den weißen Mann mit seinem Motorrad am Straßenrand stehen. Er trat wütend das Startpedal herunter, aber der Motor ging nach wenigen Sekunden wieder aus. Die barfüßigen Kinder blieben tuschelnd stehen, und die Mädchen hielten ihre Röcke fest, die der Wind aufbauschte. Nur Rolihlahla trat vor und fragte den Mann auf Englisch, ob er ihm helfen könne.

Der weiße Mann sah hoch und brummte nur unfreundlich. Aber schon bald half Rolihlahla ihm. Er folgte den Anweisungen des Mannes, drückte hier und hielt dort etwas fest und redete mit dem Fremden. Der Mann fragte ihn nach seinem Namen, und er sagte „Nelson“. Das war der europäische Name, den sein Vater ihm gegeben hatte. Gadla Mandela selbst nannte sich Henry, wenn er mit Weißen zu tun hatte.

Es war schon fast dunkel, als der Motor endlich ansprang. Der weiße Mann lächelte Rolihlahla zu, langte in seine Hosentasche, fischte etwas heraus und gab es dem Jungen. Dann ratterte er mit seinem Motorrad davon.

Die anderen Kinder rannten zu Rolihlahla und wollten sehen, was der Mann ihm gegeben hatte. Rolihlahla hielt die Hand fest geschlossen über ihre Köpfe. Dann drehte er sich um, zählte drei Pennies ab und gab jeder seiner Schwestern einen. Den Rest behielt er für sich. Er erklärte, er brauche das Geld, um sein Schulgeld zu bezahlen. Gadla Mandela war ein armer Mann. Sein Vater und sein Großvater waren viel reicher gewesen. Ihnen hatten ihrem Status als Angehörige der Xhosa-Aristokratie entsprechend riesige Herden gehört. Aber seit 1652 die weißen holländischen Siedler, die sich Buren nannten, ins Land gekommen und die Schwarzen in Massen vor dem Zorn des Zulu-Kriegers Shaka nach Süden in die Transkei geflüchtet waren, war das Land übervölkert. Die Weiden wurden abgegrast, das bebaute Land wurde immer unfruchtbarer. Hundert Jahre vor Rolihlahlas Geburt, Anfang des 19. Jahrhunderts, nahm die Überbevölkerung durch den Zuzug weiterer weißer Siedler noch zu. Damals wurde das Kap Teil des britischen Empires, und englische Siedler beanspruchten das Land, auf dem die Xhosa ihre Herden geweidet hatten.

Rolihlahla lauschte oft den Geschichten seiner Großonkel aus jener vergangenen Zeit. An warmen Sommerabenden saß der stille Junge abends mit den zahlreichen anderen Abkömmlingen des großen Xhosa-Häuptlings Ngubengcuka um das Feuer. Die Männer erzählten, wie ihre

Vorfahren auf dem afrikanischen Kontinent nach Süden in die Transkei gewandert waren, wo sie den eingeborenen Hottentotten und Buschmännern das Land geraubt hatten; wie anschließend die Buren eingedrungen waren und wie die Engländer riesige Landstücke an weiße Siedler verkauft hatten, die sich entlang des Korridors ansiedelten, der die Drakensberge vom Indischen Ozean trennt. Wenn die Rinder der Xhosa sich auf das annektierte Land verirrten, wurden sie von britischen Truppen erschossen. Wenn Hirten ihre verhungernden Rinder auf die Weiden der Weißen trieben, wurden sie mit bis zu 100 Peitschenhieben bestraft oder mit einer Geldstrafe belegt. Um die Geldstrafe bezahlen zu können, mußten sie wertvolles Vieh verkaufen.

So schrumpften die Herden der Xhosa allmählich zusammen. Angesichts des unfruchtbaren Bodens auf den Hügeln ihrer Heimat wandten die Xhosa sich nur widerwillig anderen Formen landwirtschaftlicher Betätigung zu. Sie erfanden eine Art Spaten, 60 Zentimeter lang und wie das breite Ende eines Ruders geformt. Man bediente ihn in sitzender Haltung, da der Boden so hart war. Nur wenige Xhosa besaßen noch einen Ochsen, der einen Pflug hätte ziehen können.

Im Jahr 1837 hatten die Buren von den britischen Verwaltern genug und beschlossen, die Kapkolonie zu verlassen. Sie verließen ihre Häuser und das Land, das sie in der Transkei bebaut hatten, luden ihre Habe auf Ochsenwagen und zogen im Großen Treck in Richtung Norden auf der Suche nach einer neuen Heimat. Britische Siedler nahmen die aufgegebenen Burenfarmen rasch in Besitz. Dann, es war 1856, geschah etwas Außergewöhnliches. Ein junges Xhosa-Mädchen namens Nonquase behauptete, an einem Fluß eine Vision gehabt zu haben. Nonquase berichtete, mächtige Geister hätten ihr gesagt, die Xhosa sollten ihr Vieh schlachten und ihre Maisvorräte verbrennen. Dann würden ihre Vorfahren von den Toten auferstehen, die weißen Engländer ins Meer treiben und den Xhosa wieder zum früheren Reichtum an Vieh und Mais verhelfen. Nonquase reiste durch das ganze Land und verkündete überall diese Prophezeiung. Als Opfertag bestimmte sie den 18. Februar 1857. Am festgelegten Tag wurden mehrere tausend Rinder geschlachtet und Mais- und Hirsefelder in Brand gesteckt. Aber der Wirbelsturm und die „Blutsonnen“, die Nonquase in ihrer Vision erschienen waren, blieben aus. Nonquase machte die Bauern dafür verantwortlich: Sie hätten den Geistern ihrer Vorfahren nicht gehorcht und nicht alles Vieh geschlachtet und nicht alle Vorräte verbrannt.

Daraufhin wurden noch mehr Tiere getötet und weitere Felder abgebrannt. Das Opfern ging noch drei Monate weiter, aber die Prophezeiung erfüllte sich nicht.

Der Hungertod raffte das Volk der Xhosa rasch dahin. Über 68 000 Menschen starben allein im Gebiet westlich des Kei River. So dezimiert, gerieten die Xhosa zunehmend in Abhängigkeit von den Weißen. Verarmte schwarze Familien strömten zu Tausenden in die britische Kolonie östlich und westlich des Kap. Sie bettelten um Essen und arbeiteten dafür zu harten Bedingungen für die Weißen.

1899 brach der Burenkrieg aus. Er endete damit, daß die Burenrepubliken im Norden Südafrikas ihre Unabhängigkeit verloren und Teil des Britischen Empires wurden. Acht Jahre später beschloß die britische Regierung in London, Südafrika zu einem selbstverwalteten Dominion zu machen. Dieses Ereignis markierte den Anfang des gemeinsamen Widerstands der Engländer und Buren gegen die Gleichberechtigung der Schwarzen.

Die Feindseligkeiten der Xhosa gegenüber den Engländern am Kap dauerten an, insbesondere seit die Engländer sich auch in interne Stammesangelegenheiten der Xhosa einzumischen begannen. Es hatte seit jeher Kriege zwischen einzelnen Xhosa-Familien um das Amt des Stammeshäuptlings gegeben, aber jetzt unterstützen die Briten bestimmte Kandidaten und schürten den Krieg zwischen rivalisierenden Gruppen von Schwarzen.

Als sich die *inkosis*, die Xhosa-Häuptlinge, über die englische Einmischung beschwerten, machten arrogante britische Gouverneure kurzen Prozeß mit ihnen. Einer dieser Gouverneure, Sir Harry Smith, zwang die schwarzen Führer, ihm als Zeichen ihrer Hochachtung die Füße zu küssen. Die *inkosis*, unter ihnen auch Rolihlahlas Großvater, waren außer sich, als sie feststellen mußten, daß die Weißen sich als höherstehend erachteten und in den Xhosa Wilde sahen.

Verzweifelt, aber stolz kehrten sie in ihre Kraals zurück. Um ihre Feuerstellen sitzend erzählten sie ihren Gefolgsleuten, daß sich bei der Ankunft der Weißen im Jahr 1657 die Xhosa als überlegen betrachtet hätten. Die Xhosa hätten damals nicht im entferntesten daran gedacht, die Europäer um ihre bleichen Gesichter und ihre seltsamen Gewohnheiten zu beneiden. Sie glaubten, daß die Weißen so komische Kleider trugen, weil ihre Körper schwach und kränklich waren. Zwar beneideten die Schwarzen die Weißen anfänglich um ihre Gewehre und Pferde, aber schon bald erkannten sie, daß ihre eigenen Jagdmethoden für den dichten Busch viel besser geeignet waren.

Einer von Rolihlahlas Onkeln, der während seiner Tätigkeit als Berater des Häuptlings Englisch gelernt hatte, erzählte oft von der Begegnung zwischen dem verhaßten Sir Harry Smith und *inkosi* Dyana Tshatshu. Smith sagte zu Dyani: „Du Dummkopf! Du hast es gewagt, dich mit den Kaffern gegen die Autorität der Königin von England zu verbünden. Hast du dem Lord-Bischof etwas zur Förderung der Erziehung unter deinen Landsleuten zu sagen?“ Dyani antwortete: „Der Lord-Bischof ist ein großer und weiser Mann, und der Große Häuptling hat ja bereits bemerkt, daß ich ein Dummkopf bin. Wie sollte ich also in dieser Sache irgendwelche Ratschläge geben können?“

Die Xhosa lehnten das selbstherrliche Vorgehen der weißen Engländer entschieden ab. Sie waren nie von autokratischen Häuptlingen regiert worden, wie sie im Königreich der Zulu in regelmäßigen Abständen an die Macht kamen. Die Xhosa waren an demokratische Traditionen gewohnt, nach denen ein Häuptling sein Amt verlor, wenn er sein Volk verärgerte. Ein Xhosa-Häuptling diskutierte ein neues Gesetz gründlich mit seinen Beratern, bevor er es erließ. Wenn er es seinem Volk verkündete, achtete er genau auf dessen Reaktionen. Stellte sich heraus, daß das Gesetz unpopulär war, zog er es sofort zurück und bestrafte seine Berater, weil sie ihn schlecht beraten hatten.

Besonders die alten Xhosa-Häuptlinge lehnten die Engländer ab, weil diese eine Zusammenarbeit mit den Xhosa als unter ihrer Würde erachteten. Die ersten Burenfarmer, die entlang des Great Fish River siedelten, hatten nicht nur gegen die Xhosa gekämpft, sondern auch mit ihnen Handel getrieben, obwohl auch sie den schwarzen Bauern Schwierigkeiten bereitet hatten. Einige Häuptlinge machten über Jahre hinweg friedlich mit den Buren Geschäfte und sahen schließlich keinen Grund mehr, warum sich die beiden Volksgruppen nicht vermischen und zusammen gegen den gemeinsamen Gegner vorgehen sollten, die Briten. Ein Häuptling namens Ngika hoffte sogar auf eine Heirat mit der Tochter eines Buren, um sein Bündnis mit den Holländern zu zementieren.

Der junge Rolihlahla hörte diese Geschichten und konnte sich nicht vorstellen, daß es einmal eine Zeit gegeben haben sollte, in der für seine Vorfahren sogar eine Heirat mit Weißen vorstellbar gewesen war. Während der wenigen Male, wo Rolihlahla mit seiner Mutter nach Umtata zum Einkaufen gefahren war, war er von den hochmütigen weißen Damen fasziniert gewesen, die zuweilen Orangen an die schwarzen Kinder verteilten. Die Kinder hatten sich um die Geschenke der weißen Damen gebalgt, sich aber stets davor gehütet, ihre gestärkten Kleider zu berühren, aus Angst, Anstoß zu erregen.

Wenn Rolihlahla nicht zu Füßen der Stammesältesten der Geschichte des Volkes der Xhosa lauschte, war er hauptsächlich mit der Schule beschäftigt. Manchmal spielte er mit den anderen Kindern Karten oder Fußball oder forderte einen Gleichaltrigen zum Stockkampf heraus. Im September, wenn das Blühen der Korallenbäume anzeigte, daß die Zeit der Aussaat gekommen war, pflügte er mit den wenigen seinem Vater verbliebenen Ochsen die Felder. Im Januar half er seiner Mutter bei der Mais- und Kürbisernte, im März beim Ernten des Zuckerrohrs, der Melonen und der Bohnen. Seinem Vater half er, getrockneten Mais in tiefen Gruben im Rinderpferch zu verstauen, um für die kalten, vom Hunger bestimmten Wintertage gewappnet zu sein. Aber jedermann in Qunu wußte, daß Rolihlahlas wahre Leidenschaft das Lernen war.

Rolihlahlas Vater wußte, daß sein Sohn klug war. In seinem Testament wies er Rolihlahlas Onkel und Vormund Häuptling Jongintaba an, dem Zehnjährigen eine gute Ausbildung zukommen zu lassen, auch wenn es schwierig war, die dafür nötigen Mittel aufzutreiben. „Gott wird dir helfen, für ihn aufzukommen“, schrieb Gadla.

Kurz nach Gadlas Tod beschloß Rolihlahlas Vormund Jongintaba, daß der Junge bei ihm im königlichen Kraal Mqekezweni wohnen sollte. Nelson verabschiedete sich von seiner Mutter und seinen Schwestern und lebte fortan bei seinem Onkel. Sein Onkel hatte einen gleichaltrigen Sohn namens Justice, und die beiden Jungen wurden rasch Freunde. Justice war freilich weder so still noch so lernbegierig wie Nelson. Die beiden unzertrennlichen Neffen bekamen an der Missionsgrundschule bald Schwierigkeiten. Eines Tages ließ der Rektor Jongintaba zu sich in sein Büro kommen und erklärte ihm, er habe Justice von der Schule verwiesen. Was der Junge verbrochen hatte, wollte er ihm nicht sagen. Jongintaba schickte sich traurig und beschämt an, das Schulgebäude zu verlassen, als der Rektor ihn zurückrief und ihm sagte, daß er seinen Neffen nach wie vor für einen sehr vielversprechenden Schüler halte. Danach arbeitete Nelson noch mehr als zuvor für die Schule.

Die Grundschulen in Qunu, Clarkebury und Qolweni, die Nelson besuchte, wurden von Missionaren geleitet. Der Junge wurde ein gottesfürchtiger Christ, der jederzeit bereit war, einem Nachbarn zu helfen. Wenn er in den Ferien nach Qunu zu seiner Familie zurückkehrte, fanden Nelsons strenggläubige Mutter und seine Schwestern den Jungen unverändert. Immer noch bot er als erster seine Hilfe an, wenn es etwas zu tun gab. Er war kein fauler junger Mann geworden. Wenn er einen alten Mann Holz spalten sah, nahm er ihm sofort die Axt ab und machte weiter. Er war immer bereit, seinen Schwestern und Neffen zu helfen, wenn sie bei den Schulaufgaben nicht weiterkamen.

Als der dreizehnte Geburtstag von Nelson und Justice näherrückte, wurden die beiden Teenager in den Kraal ihres Onkels Häuptling Dalindyebo geschickt. Sie besuchten weiterhin die Schule und wurden gleichzeitig in Vorbereitung auf die traditionellen Xhosa-Beschneidungsriten mit den Grundfertigkeiten der Kriegführung vertraut gemacht. Dalindyebo hatte einen Sohn, der ungefähr so alt war wie Nelson und Justice. Als dieser Sohn das Mündigkeitsalter erreicht hatte, bemalten sich die Jungen zusammen mit anderen Jungen, die im Kraal des Häuptlings wohnten, die Körper mit ockerfarbenem und weißem Staub, der aus einem seltenen Gestein gewonnen wurde. Bekleidet mit ledernen Lendenschurzen und bewaffnet mit Schilden und Speeren, zogen sie aus dem Kraal des Häuptlings aus. Nach einem jahrhundertealten Brauch durften sie nun für zwei Wochen völlige Freiheit genießen, bevor sie die Mannespflichten übernehmen mußten.

Einige der Jungen begaben sich auf waghalsige Reisen. Sie hatten vergorene Milch in Ledersäcken bei sich und stärkten sich mit Zaubermitteln und Kräutern. Sie gingen zu Fuß durch dichte Wälder aus Akazien und Maulbeerbäumen. Wenn sie auf Niesholz stießen, hackten sie die Äste von den Bäumen und härteten sie im Feuer, bis daraus Waffen so hart wie Eisen wurden. Sie lauschten den Rufen der Hornvögel und Hammerköpfe, die sie vor Gefahren warnten. Sie folgten dem Gesang des Honigfressers, der sie zu Bienenstöcken führte, und saugten die Waben leer. Wenn sie mit ihren Speeren kein Wild erlegen konnten, aßen sie statt dessen junge Akazienwurzeln. Wenn sie sich die Haut aufgerissen hatten, suchten sie die blau-blühende Bleiwurz, um die Wunde zu heilen. Wenn ein Fluß nicht zu Fuß zu überqueren war, bauten sie sich aus Schilf ein Floß. Wenn sie über lange Strecken durch hohes Tambooki-Gras gingen, in dem sie einander nicht mehr sehen konnten, vereinbarten sie vorher einen bestimmten Ruf oder Pfiff für den Fall, daß sie sich verloren.

Nach Ablauf der zwei Wochen kehrten sie in den Kraal des Häuptlings zurück und wurden beschnitten. Die Beschneidung war eine äußerst schmerzhafte Prozedur, und die Jungen verbrachten die Monate von der Aussaat bis zur Ernte in einem speziellen Schlafsaal, auch Beschneidungshaus genannt, um sich davon zu erholen. Dann wurde ihnen zu Ehren ein großes Fest veranstaltet. Ein riesiges Feuer wurde angezündet, und alle, die von ihrer Hütte aus den Rauch sahen, durften sich als eingeladen betrachten.

Danach kehrten die neuen Erwachsenen zum Kraal ihrer jeweiligen Familie zurück, wo Heiratsarrangements abgeschlossen wurden, denen lange Verhandlungen zwischen den Familien vorausgegangen waren. Da Nelson entschlossen war, seine Ausbildung fortzusetzen, wurde ihm erlaubt, den Termin seiner Heirat zu verschieben.

Nelson ging weiter in Healdtown zur Schule bis zur Matrikulationsprüfung, der Voraussetzung für ein Universitätsstudium. Auch Justice bestand die Prüfung Ende 1937. Überglücklich über den Erfolg der beiden Neunzehnjährigen und erleichtert, daß sich Justice seiner vornehmen Herkunft würdig erwiesen hatte, ging Jongintaba mit ihnen zu einem Schneider und ließ ihnen je einen dreiteiligen Anzug schneidern. Gleich zu Beginn des folgenden Jahres verließen sie gemeinsam den Kraal und schrieben sich an der Universität in Fort Hare ein. Fort Hare war 1938 eine der wenigen südafrikanischen Universitäten, die schwarzen Vollzeitstudenten offenstand.

Nelson wollte Rechtsanwalt werden. Vor dem eigentlichen Jurastudium mußte er jedoch noch den Grad eines Bachelor of Arts erwerben. Sechs Studienjahre lagen vor ihm, und das Geld, das er von Jongintaba bekam, reichte kaum für die Studiengebühren. Aber Nelson war hochmotiviert. Während der letzten Schuljahre hatte er angefangen, sich für Politik und die Rechte der Schwarzen in Südafrika zu interessieren. Als Jurist hatte er die meisten Chancen, diesen Interessen zu dienen.

Nelson war ein eifriger Student. Daneben arbeiteten er und Justice noch im studentischen Vertretungsgremium mit. Sie beteiligten sich auch an Studentenprotesten auf dem Campus. Bei den Auseinandersetzungen zwischen Studentenschaft und Universitätsverwaltung ging es meist um die schlechten Lebensbedingungen in Fort Hare, besonders um das schlechte Essen. Als die Universitätsverwaltung versuchte, den immer stärker werdenden Einfluß der studentischen Vertretung einzudämmen, nahmen Nelson und Justice an einem Vorlesungsboykott teil.

Sie wurden sofort von der Universität relegiert und mußten sie Ende 1940 endgültig verlassen.

Jongintaba war entsetzt, als er hörte, daß Nelson und Justice die Behörden in Fort Hare herausgefordert hatten. Er bestand darauf, daß sie an die Universtität zurückkehrten und sich entschuldigten, damit sie nicht die mit so viel Mühe erworbenen Studienplätze verloren. Nelson und Justice weigerten sich. Sie wollten sich nicht dafür entschuldigen, daß sie ihnen zustehende Rechte wahrgenommen hatten. Jongintaba blieb hart, aber als er Nelson schon fast soweit hatte, der Rückkehr an die Universität zuzustimmen, brachte er noch ein anderes Thema zur Sprache, das Nelsons Prinzipien zutiefst zuwiderlief. „Mein Vormund meinte, daß es für mich an der Zeit sei, zu heiraten. Er liebte mich sehr und sorgte ebenso gewissenhaft für mich wie mein Vater, aber er war kein Demokrat und hielt es nicht der Mühe wert, diese Angelegenheit mit mir zu erörtern. Er suchte eine wohlbeleibte und ehrwürdige Frau für mich aus, zahlte Brautgeld *(loloba)*, und die Vorbereitungen für die Hochzeit wurden getroffen."

Nelson wurde klar, daß er aus der Transkei flüchten mußte, wenn er eine solche Stammesheirat verhindern wollte. Er und Justice beschlossen, nach Johannesburg zu gehen. Da sie Geld für die lange Reise brauchten, verkauften sie zwei von Jongintabas Ochsen an einen weißen Händler. Auf dem Weg nach Johannesburg besuchten sie den Kraal ihres Neffen, Häuptling Kaiser Matanzima. Matanzima hatte im Jahr zuvor zusammen mit Nelson und Justice in Fort Hare studiert. Anläßlich ihres Besuchs schlachtete er ein Schaf und veranstaltete ihnen zu Ehren ein großes Fest.

Kaiser oder „KD", wie er von allen nur genannt wurde, hatte Nelson sehr gern. Er bewunderte Nelsons freundliches Wesen, besonders gegenüber seiner Familie. Außerdem fand er die Gesellschaft des jungen, nachdenklichen Mannes im Unterschied zu der seines leichtfertigen Neffen Justice als besonders angenehm. „Was immer Nelson sagte, war wohlüberlegt und wert, gehört zu werden", sagte KD einmal. Mantanzima und Mandela waren in den Jahren, bevor Nelson nach Johannesburg ging, oft zusammen. Sie waren beide auffallend hochgewachsene junge Männer, die ihrem gemeinsamen Großvater, dem Xhosa-Häuptling, sehr ähnlich sahen. Sie gehörten beide der Aristokratie der Xhosa an und hatten einen stolzen, aufrechten Gang. Beide waren sie vom Schicksal auserkoren, Führer im Kampf um Südafrika zu werden, allerdings in entgegengesetzten Lagern.

2

Die kalte Stadt des Goldes

Weit weg von den mit Felsbrocken übersäten Tälern der Transkei lag eGoli, die Stadt Johannesburg, die verlockend in den Träumen aller jungen Leute des Landes auftauchte. In bergigem Land 1 750 Meter über dem Meeresspiegel erbaut, liegt Johannesburg über den reichsten Goldfeldern der Welt und hätte eine zauberhafte Stadt sein können. Für die meisten ihrer Einwohner war sie freilich nur ein Ort harter Arbeit.

Die jungen Männer, die aus Johannesburg in die ländlichen Kraals heimkehrten, gaben ihre Enttäuschung nicht zu. Die meisten waren zu stolz, um ihren Familien die qualvolle Zeit der Eingewöhnung in eGoli zu beschreiben, die Zeit der ersten Bekanntschaft mit europäischen Maßstäben unter bestürzenden Lebensbedingungen. Statt dessen erzählten sie Geschichten von wilden Abenteuern, und da sie oft mit engen Hosen, modischen Krawatten und breitkrempigen Hüten heimkehrten, um Eindruck zu schinden, ließ sich der Cousin vom Lande entsprechend blenden. Auch er wollte jetzt ein Mann der Stadt werden, der die Kraals verachtete, weil sie zurückgeblieben und altmodisch waren.

Jeder gesunde junge Mann machte sich, sobald er das nötige Geld für den Zugfahrschein zusammengespart hatte, auf den Weg nach Johannesburg, um sein Leben mit dem Flair städtischer Eleganz zu versüßen. Mancher bekam die funkelnden Lichter Johannesburgs nie zu Gesicht, weil sich in den Zügen Gesindel herumtrieb, junge Gangster, *tsotsis* genannt, bewaffnet mit Klappmessern und zugespitzten Fahrradspeichen und bereit, für eine Handvoll Kleingeld einen Menschen zu töten. Die Taschen eines solchen jungen Burschen vom Land, der kaum eine Schulbildung genossen hatte und noch vor seinem 16. Geburtstag umgebracht wurde, waren leer gewesen. Er hatte nur einen Brief seines älteren, relativ gebildeten Bruders bei sich, in dem in gebrochenem Englisch stand: „Sehr geehrter Herr. Alles Gute für Sie. Ich hoffe, es geht Ihnen gut. Gott weiß alles. Mein Herr, ich suche Arbeit, lieber Herr. Ich kann sehr gut alles mögliche in der ganzen Stadt mit dem Fahrrad ausfahren. Vielen Dank, mein Herr. Ich bin Phineas."

Die feinen Leute aus der Großstadt, die den Jugendlichen vom Land den Kopf verdrehten, waren oft Schlepper, die von den Bergwerksgesellschaften angeheuert wurden, um von Dorf zu Dorf zu ziehen und ein strahlendes Bild vom Leben in eGoli zu malen. Auch europäische Händler wurden oft als Anwerber eingesetzt. Einige von ihnen ermutigten mittellose Jugendliche, sich in ihren mit verlockenden Waren gefüllten Läden in Schulden zu stürzen. Dann verlangten sie die Begleichung der Schulden und zwangen die Jugendlichen, indem sie mit der Polizei drohten, einen Vertrag mit der Bergwerksgesellschaft zu unterzeichnen, damit sie die Schulden bezahlen konnten.

Jeder so Angeworbene unterschrieb einen Vertrag. Wenn er weder lesen noch schreiben konnte, genügte auch der Daumenabdruck als Unterschrift. Ungefähr 6 000 Jugendliche kamen jährlich mit ihren Träumen vom besseren Leben nach Johannesburg, und die meisten erlebten dort einen absurden Alptraum. Das kraftraubende Behauen des Gesteins Hunderte von Metern unter der Erde zehrte sie physisch aus. Das mechanische Winseln der Schachtaufzüge, die die Männer eineinhalb Kilometer tief in die Erde beförderten, und der Lärm der Maschinen statt des gewohnten Muhens der Rinder ruinierten die Männer auch psychisch. Wer damit nicht fertig wurde, flüchtete und kehrte entweder in den Kraal zurück oder suchte sich in den Städten des Industriegebiets um Johannesburg eine weniger anstrengende Arbeit. Wurde der Deserteur aufgegriffen, wanderte er für gewöhnlich ins Gefängnis und kam bald als Zwangsarbeiter in die Bergwerke zurück.

Nach Ableistung der Arbeitsverträge machten sich die schwarzen Bergarbeiter meist auf den langen Weg zurück zu ihrem Stamm, um sich zu erholen. Sie fuhren mit dem Zug oder versuchten eine Mitfahrgelegenheit zu bekommen, um das Fahrgeld zu sparen, das rund die Hälfte eines Monatslohns betrug. Für das so gesparte Geld konnte sich der Bergarbeiter ein Paar amerikanische Schuhe leisten. Diese trug er an den Schnürsenkeln um den Hals, um das Leder zu schonen, während er selbst barfuß die Straße von Port Elizabeth in die Transkei entlangstapfte.

Da den Arbeitern ein Bonus angeboten wurde, wenn sie vor Ablauf eines halben Jahres in die Bergwerke zurückkehrten, kehrten viele von ihnen an ihre Arbeitsstätte zurück, um mehr Geld zu verdienen. Der

Arbeitskräftebedarf in den Bergwerken schwankte von Monat zu Monat, abhängig von der Öffnung neuer Schächte und dem Stand des Goldpreises. Die Verfügbarkeit von Arbeitskräften hing vom Grad der Armut in den Kraals ab. September und Oktober waren die „Hungermonate" in den Kraals. In dieser Zeit kamen nicht wie gewöhnlich pro Woche fünf bis sechs Züge mit Arbeitssuchenden in Johannesburg an, sondern zehn oder elf, alle gestopft voll mit unterernährten Menschen.

Die Passagiere waren fast ausnahmslos Männer. Die Bergwerksmagnaten dachten nicht daran, anständige Dörfer zu bauen, wohin die Männer mit ihren Frauen und Familien ziehen konnten. Statt dessen wurden die schwarzen Bergleute in kahle Baracken gezwängt, und außer Fußball gab es nur wenige Möglichkeiten der Freizeitbetätigung. Die meisten Bergleute verbrachten ihre Freizeit in illegalen Schnapsbuden oder bei Prostituierten. Manche Bergwerke bedienten sich eines Gutschein-Systems, wodurch der Lohn des schwarzen Arbeiters an einen konzessionierten Ladenbesitzer verpfändet wurde. Dieser Ladenbesitzer war an jedem Zahltag zur Stelle und trieb seine Schulden ein, oft genug den gesamten Lohn des Arbeiters. Viele der Bergleute stürzten sich so tief in Schulden, daß sie ökonomisch schließlich an die Bergwerke gefesselt waren.

Arbeiter, die nicht in Bergwerken beschäftigt waren, lebten mit ihren Familien in Townships, die von den Weißen „Arbeitskräftereservoir" oder „Location" genannt wurden. Beide Begriffe zeigen, daß die Weißen den Aufenthalt der schwarzen Bevölkerung in den Städten in einer Zeit, wo der Arbeitskräftenachschub aus den Kraals unerschöpflich schien, nur als vorübergehend betrachteten. Die Straßen in den Townships hatten keine Namen. Die Häuser wurden einfach mit Nummern von 1 bis 10 000 bezeichnet. Die Überbelegung der Häuser war so extrem, daß in einem Haus mit zwei Zimmern ständig zwischen zwölf und achtzehn Personen lebten. Normalerweise lebten in einem zehn Quadratmeter großen Raum ein Mann, seine Frau, seine Mutter, seine halbwüchsigen Geschwister und seine Kinder. In diesen beengten Verhältnissen mußten die privatesten menschlichen Bedürfnisse verrichtet werden. Der Schrank befand sich oft unter einem hochgestellten Bett, weil kein anderer Platz dafür vorhanden war. Wenn der Mann, der die Familie ernährte, im Morgengrauen aufstand, um bei Eiseskälte bis zu 22 Kilometer weit mit dem Fahrrad ins Büro oder in die Fabrik zu fahren, klemmte er sich eine Decke zwischen die Zähne, um sich darunter anzuziehen.

Oft gab es nur einen einzigen Wasserhahn für über 100 Häuser. Viele Frauen mußten eineinhalb Kilometer und mehr zu Fuß gehen, um Wäsche zu waschen oder Wasser für den Haushalt zu beschaffen. Anschließend trugen sie das Wasser in trommelförmigen Behältern, die sie auf dem Kopf balancierten, nach Hause. Wenn es überhaupt eine Kanalisation gab, dann war sie primitiv. Der Wind trieb stinkenden Abfall durch die Straßen, der Krankheiten verbreitete und zur hohen Säuglingssterblichkeit beitrug. Die Lebenserwartung der Schwarzen lag mindestens 20 Jahre unter der der Weißen.

Die herrschende Rasse sah keine Notwendigkeit, für ein angenehmeres Leben der Schwarzen in den Städten zu sorgen. Sie betrachtete die Schwarzen als Wanderarbeiter, die schließlich wieder in ihre Stammeskraals zurückkehren würden, wohin sie auch gehörten. Wem die Lebensbedingungen in den Townships nicht paßten, der könne sie ja verlassen, argumentierten die Weißen. Es gab schließlich genug Arbeitswillige, die die Unzufriedenen ersetzen konnten. Aber entgegen der Meinung der Weißen bot das Stammesleben den Schwarzen längst keine lebensfähige Alternative mehr. Das Stammesleben als zusammenhängendes Sozialsystem war, nachdem die Weißen das meiste Land, das vormals schwarzen Stämmen gehört hatte, annektiert hatten und die Schwarzen dadurch gezwungen hatten, Arbeit in den Städten zu suchen, praktisch innerhalb weniger Jahrzehnte zusammengebrochen.

Die neuen Einwohner der Townships mußten mit einer Vielzahl von Anpassungsproblemen fertig werden. Sie mußten immer wieder Kompromisse zwischen drei Gesellschaften machen: der Stammesgesellschaft, in die sie zurückkehren sollten, der schwarzen städtischen Gesellschaft, in der sie lebten, und der weißen Gesellschaft, in der sie arbeiteten. Junge Männer mit Homburg-Hüten, die verzweifelt an altehrwürdigen Stammestraditionen festhielten, und mit Lippenstift geschminkte Mädchen tanzten in den Townships ihre alten Tänze. Im Mondschein standen sie sich nach Geschlechtern getrennt gegenüber, aufrecht und mit bebenden Körpern, und stampften mit ihren harten Füßen auf die Erde, bis eine Staubwolke sie einhüllte. Die Lieder, zu denen sie tanzten, plärrten aus aufziehbaren Grammophonen und wurden von gesichtslosen Schnulzensängern gesungen, die in Ländern lebten, die unvorstellbar weit weg waren.

Nur wenige Weiße hatten Erbarmen mit den Lebensbedingungen der Schwarzen. Obwohl die weißen Arbeitgeber wußten, daß die niedrigen

Löhne, die sie den Schwarzen zahlten, kaum reichten, Kleider und Essen für die ganze Familie zu kaufen, erwarteten sie von ihren schwarzen Angestellten in Läden und Büros, daß diese jederzeit tadellos gekleidet waren. Die Schwarzen merkten schnell, daß ihre Aussichten in der Welt der Weißen von ihrem äußeren Erscheinungsbild abhingen, und sparten daher am Essen, um sich Kleider und damit Ansehen kaufen zu können. Dadurch verschlimmerte sich ihre Unterernährung. Die unzureichende Ernährung war eine Hauptursache jener Trägheit der Schwarzen, die den Weißen immer als ein angeborenes Charakteristikum der schwarzen Rasse galt.

Tausende von unterwürfigen Schwarzen arbeiteten als Diener in den großen Häusern der Weißen und wurden so tagtäglich mit der Tatsache konfrontiert, daß der Wohlstand in Südafrika weiß, die Armut schwarz war. Die Männer arbeiteten als Gärtner und Köche, die Frauen hüteten weiße Kinder oder wuschen Wäsche und bügelten. In den Häusern der Weißen wurden sie nur „Girls" und „Boys" gerufen, selbst wenn sie bereits mittleren Alters waren. Die meisten kannten und verachteten die nörgelnden Stimmen der weißen Frauen, die sich über die Schmutzigkeit ihrer schwarzen Dienerschaft beklagten, ohne darüber nachzudenken, ob man angesichts der in den Townships herrschenden Bedingungen etwas anderes von ihnen erwarten konnte. Obwohl die Weißen die Schwarzen als niedrigere Klasse betrachteten, erwarteten sie von ihnen, daß sie ihre Aufgaben tadellos erfüllten.

Die extreme Abneigung gegen jeglichen sozialen oder körperlichen Kontakt mit Schwarzen wurde nur bei schwarzen Kindermädchen zurückgestellt. Obwohl schwarze Kindermädchen in dem Moment, wo sie über die Türschwelle traten, als potentielle Diebinnen betrachtet wurden, erlaubte man ihnen, die weißen Kinder zu baden und in den Armen zu wiegen und oft auch bei ihnen im Zimmer zu schlafen, während die weißen Eltern anderweitig beschäftigt waren. Die meisten weißen Familien hatten ein schwarzes Kindermädchen und waren dennoch unfähig, ihre eigene Scheinheiligkeit zu erkennen. Körperlicher Kontakt in Form einer gemischten Ehe blieb nach wie vor die größte der rassischen Sünden und ein Thema, bei dem die weiße Gesellschaft garantiert eine Gänsehaut bekam.

Es gab nur wenige freundliche und großzügige weiße Arbeitgeber. Sie wurden in den Townships zur Legende. So lebte irgendwo in einem heruntergekommenen alten Haus weitab von jeglichen Nachbarn eine alte weiße Jungfer. Von ihr hieß es, daß sie ihre Dienerschaft wie ihresgleichen behandelte. Die alte Jungfer hatte zeit ihres Lebens Angst vor Gewitter und Blitz. Einem ihrer Diener war das kurz nach seinem Arbeitsantritt bei der alten Dame aufgefallen. Er ging seitdem jedesmal, wenn sich Gewitterwolken zusammenzogen, in ihr Zimmer und blieb an ihrem Bett sitzen, bis sich das Gewitter verzogen hatte.

Bei seltenen Gelegenheiten, wenn ihr ein Ereignis besonders zu Herzen ging, konnte die Gemeinschaft der Weißen sehr großzügig gegenüber Schwarzen sein. So rührte beispielsweise ein Tornado, der eine behelfsmäßige, illegale Siedlung in Albertynville am Stadtrand von Johannesburg verwüstete hatte, ihr Gewissen. Der Wirbelsturm hatte die Dächer abgedeckt und die Wände, die aus Juteleinen, ausgewellten Dosen und Wellpappe bestanden, fortgeblasen. Nachdem über Funk ein Hilferuf ergangen war, kamen viele Weiße mit dem Wagen aus den Vorstädten und spendeten so viel Geld, Kleider und andere Hilfsgüter, wie es wenige Schwarze für möglich gehalten hätten.

In einer solchen Umgebung in eGoli suchte 1930 ein achtzehnjähriger untersetzter, aggressiver junger Mann namens Walter Sisulu erstmals Arbeit. Sisulu kam aus Engcobo in der Transkei, wo er von seiner Mutter, seinen Tanten und einem Onkel, allesamt strenggläubige Anglikaner, erzogen worden war. Sein Vater war ein weißer Vorarbeiter, der sich kurz in Engcobo aufgehalten hatte, um die Arbeit schwarzer Straßenbauarbeiter zu überwachen. Walter bekam seinen Vater nie zu Gesicht, denn nur ein verrückter weißer Südafrikaner hätte den gesellschaftlichen Selbstmord begangen, den das Bekenntnis zu einem dunkelfarbigen Sohn bedeutete. Die blasse Haut, heller als die seiner Spielkameraden, brachte Walter als Kind immer wieder in Verlegenheit und führte zu einer erbitterten Ablehnung aller Weißen.

Sisulu schied im Unfrieden von zu Hause. Er hatte sich mit seinen Tanten gestritten, weil sie ständig anerkennend und dankbar von Weißen gesprochen hatten, die irgendwann einmal freundlich zu ihnen gewesen waren. Aus Protest hatte sich Walter vor einigen Weißen, die bei seinem Onkel, einem Stammeshäuptling, zu Besuch waren, sehr ungehörig aufgeführt. Eine seiner Tanten hatte ihn daraufhin beiseite genommen, ihm ins Gewissen geredet und gesagt, daß er nie eine Arbeit in der Stadt bekommen werde, weil er nicht Manns genug sei, als Diener zu arbeiten. Walter war entschlossen, sie vom Gegenteil zu überzeugen und zu beweisen, daß er sehr wohl ein Mann war und so viel Geld verdienen konnte, daß er *lobola*, das Brautgeld für eine Braut, bezahlen konnte.

Der erste überwältigende Eindruck Walters in eGoli war die Eisenbahn. Schon der Zug, der ihn in die Stadt brachte, war für ihn ein Wunder, denn er raste wie eine riesige Stahlröhre durch die Landschaft. Die Bahnsteige und Verbindungsgleise im Hauptbahnhof verblüfften ihn dann erst recht. Damals konnte Walter sich nicht eingestehen, daß die Weißen auf technischem Gebiet geniale Leistungen vollbracht hatten, aber der Journalist Anthony Sampson berichtete später von dem Eindruck, den die Eisenbahn auf Walter gemacht hatte. „Ich hatte keine Ahnung, wie das funktionierte", sagte Walter.

Er war fasziniert von der rastlosen Vitalität der Menschenmassen und der Vielfalt der Autos, die über die Main Reef Road rollten. Er war fasziniert von den Geschäften, die eine unendliche Auswahl an Waren anboten, und von den großen Gebäuden, die aus dem Busch emporragten. Für den erfahrenen Weltreisenden war Johannesburg eine kleine und in ihrer Kleinheit anmaßende Ausgabe von New York, aber für Schwarze vom Land, die noch nie etwas auch nur entfernt Ähnliches zu Gesicht bekommen hatten, war die Stadt ein Wunder.

Walter arbeitete zunächst in der Molkerei von Johannesburg, wurde jedoch wegen Aufsässigkeit entlassen. Daraufhin unterzeichnete er einen Viermonatsvertrag bei einem Bergwerk namens Rose Deep. Er fand die Arbeit im Bergwerk unerträglich hart und verachtete das Leben, das er führte. Besonders verhaßt waren ihm der sauertöpfische Vorarbeiter, ein Afrikaander, und ein mürrischer weißer Lagerverwalter. Beide schienen Spaß daran zu haben, die Peitsche zu schwingen, der Walter verdrossen gehorchen mußte.

Er kehrte ans Kap zurück und nahm eine Arbeit als Küchengehilfe in einem weißen Haushalt in East London an. Die Stelle schärfte sein Verständnis für die Vorurteile der Weißen. Er stellte fest, daß er seine Arbeitgeber vom günstigen Standpunkt eines sozusagen Unsichtbaren beobachten konnte, denn die meisten Familienmitglieder wußten nicht einmal seinen Namen. Er hörte, wie die Kinder seiner Arbeitgeber der Dienerschaft schroffe Befehle erteilten, und erfuhr, daß die Weißen die Überzeugung von ihrer rassischen Überlegenheit schon in früher Kindheit in sich aufnahmen. Jeden Morgen wurden sie von einem schwarzen Diener geweckt, der ihnen Tee ans Bett brachte. Dann wurden sie den ganzen Tag über und den Rest ihres Lebens von unterwürfigen Schwarzen bedient.

Mittellos und verzweifelt kehrte Walter nach Johannesburg zurück und fand Arbeit in einer Bäckerei. Während er Brotlaibe verpackte, erklärte ihm ein älterer Kollege die Funktion der Gewerkschaften. Walter war sofort von der Idee gemeinschaftlichen Handelns fasziniert. Er begann seine Kollegen zu organisieren und wurde zum Anführer eines Streiks für höhere Löhne. Die weißen Arbeitgeber wußten, wie sie mit einer solchen Situation umgehen mußten. Sie sprachen getrennt mit jedem einzelnen Arbeiter und überredeten ihn, die Arbeit wieder aufzunehmen. Dann entließen sie Walter. Walter arbeitete daraufhin in einer Vielzahl von Fabriken, wurde jedoch überall entlassen, weil er gegen ungerechte Arbeitspraktiken protestierte. Eine Zeitlang verdrängte er seine Verbitterung, in dem er abends nach der Arbeit die Geschichte der Xhosa und englische Grammatik studierte. Nachdem er seine vierjährige Grundschulausbildung vervollkommnet hatte, begann er für die Zeitung *Bantu World* Artikel über Xhosa-Führer zu schreiben.

Als Walter eines Abends im Zug saß, um zurück nach Orlando zu fahren, wo er zusammen mit Verwandten ein Haus bewohnte, beobachtete er, wie ein weißer Beamter die teure Dauerkarte eines Schwarzen konfiszierte. Wütend über die Hilflosigkeit des Opfers mischte er sich ein und stritt mit dem Schaffner, der ihm schließlich einen Faustschlag verpaßte. Walter antwortete mit einem Hagel von Fausthieben, bis er von einem Sicherheitsbeamten festgenommen wurde. Später wurde er zu einer Gefängnisstrafe verurteilt.

Die Monate im Gefängnis verbitterten Sisulu noch mehr. Er suchte verstärkt nach einer politischen Methode, um Vergeltung zu üben. Als 1939 der Krieg ausbrach, arbeitete er bei einer Kampagne mit, durch die verhindert werden sollte, daß sich Schwarzafrikaner freiwillig zur Armee meldeten. Er fing an, die Japaner zu bewundern und hoffte, daß sie eines Tages in Südafrika einmarschieren würden. Seine engste Vertraute und spätere Frau Albertina Totiwe teilte seine Ansichten und gab ihm Zuversicht. Sie versuchte, ihm seine Empfindlichkeit wegen seiner gemischtrassigen Abstammung und der hellen Hautfarbe auszureden. „Ich bin schwarz genug für uns beide", sagte sie.

Obwohl sonst immer gutmütig, vergaß Walter die kalten Nächte auf dem Fußboden des Dienertrakts in East London nicht. Im Winter beklagte sich Albertina immer wieder über die vielen Pullover und Mäntel, die er übereinander trug und an vor Kälte schlotternde Freunde oder Fremde austeilte. Die treibende Kraft seines Handelns war es, ungerecht bestraften Schwarzen zu helfen. Er half ihnen auf die unterschiedlichste Weise. Einmal beschloß er, seinen Teil zur Bekämpfung des Verbrechens beizutragen und gegen das Treiben der arbeitslosen *tsotsis* vorzugehen, unter denen unschuldige Bürger zu leiden hatten. Eine Woche lang patrouillierte er nachts durch die Straßen und hielt unter einem zusammengeklappten Schirm ein Messer bereit. Sobald er eine bedrohlich aussehende Gruppe erspähte, versteckte er sich ein Stück vor ihnen, und wenn die Männer sich einem Passanten näherten, zückte er das Messer. Er machte sich bald einen Ruf als Straßenwache, und es hieß, er besitze einen Zauberschirm, mit dem er *tsotsis* in die Flucht schlagen könne.

Walter schloß sich der Brotherly Society von Orlando an. Die Gruppe traf sich regelmäßig, um über das Brauchtum der Xhosa zu diskutieren, verbrachte jedoch unweigerlich mehr Zeit mit tagespolitischen Themen. Erst jetzt konnte Walter seine Überzeugungen offen aussprechen, ohne sich als anders oder als verachtet zu fühlen. Freunde aus der Brotherly Society rieten ihm, den verhaßten Kontakt mit Weißen zu meiden und sich wirtschaftlich unabhängig zu machen. Das war nicht leicht, aber Walter schaffte es bald. Er eröffnete ein bescheidenes Maklerbüro in der Innenstadt von Johannesburg und begann die kleinen Landparzellen in den Vorstädten zu verkaufen, die für Schwarze noch verfügbar waren.

1940 fand er schließlich seine ideologische Heimat im African National Congress, einer politischen Bewegung von Schwarzen, die 28 Jahre zuvor gegründet worden war.

Als Nelson Mandela 1941 nach Johannesburg kam, wandte er sich an den einzigen Menschen, den er in der Stadt kannte, einen älteren Freund der Familie aus Umtata, der als Aufseher in den Crown-Minen arbeitete. Der Aufseher vermittelte dem kräftig gebauten Nelson eine Stelle als Bergwerkspolizist mit der Aussicht auf Beförderung zum Sekretär, wenn er sich bewährte. Nelson bekam eine Trillerpfeife und einen schweren Knüppel mit einem dicken Knauf. So ausgerüstet stand er am Eingang zum Bergwerksgelände Wache. Er stellte bald fest, daß der Lärm der gewinnbringenden Goldmine die Weißen gegenüber dem menschlichen Leid taub gemacht hatte, das sich in den trostlosen Behausungen am Fuß der Pyramiden von herausgebrochenem Gestein ansammelte.

Die Bergleute schliefen auf Betonpritschen und stopften nachts oft ihre sämtlichen Habseligkeiten unter die Bettdecke, aus Angst, von ihren verzweifelten Mitbewohnern bestohlen zu werden. Nelson war einsam und haßte das Leben als Bergmann. Daher gab er die Arbeit auf, sobald er genug Geld gespart hatte, um sich über die Runden zu bringen, bis er eine andere Arbeit gefunden hatte.

Er fand ein Zimmer im Township Alexandra nördlich von Johannesburg. Hier waren die Lebensbedingungen zwar auch nicht besser, aber die Atmosphäre war nicht so kalt wie in dem nur von Männern bewohnten Bergwerksgelände. Kinder spielten auf den staubigen Straßen, und junge Frauen lächelten ihr schüchternes Lächeln. Hähne sprangen krähend aus dem Weg, wenn der angehende Boxer Nelson vor Sonnenaufgang sein tägliches Fitneßprogramm absolvierte und durch die Häuserreihen joggte.

Das Haus, in dem er wohnte, sah aus wie die anderen Häuser der Reihe. Die Wände waren aus Schlackenstein, das Blechdach war mit Steinen beschwert. In der Regenzeit drang durch unzählige Löcher Wasser ins Hausinnere, und im Sommer heizte sich das Haus auf wie ein Dampfkochtopf. Jongintaba schickte Nelson eine kleine finanzielle Unterstützung, und Nelson konnte im Fernstudium das unterbrochene Universitätsstudium fortsetzen. Freilich war es schwer, sich in einem Haus auf die Arbeit zu konzentrieren, in dem so viele Menschen wohnten und in dem es immer laut war. Es gab keinen elektrischen Strom, und abends mußte Nelson bei Kerzenlicht lernen. Ein junger Nachbar, der sich mit Nelson angefreundet hatte, meinte, er brauche Unterstützung, um sich an das Leben in der Stadt zu gewöhnen und machte ihn mit der gastfreundlichen Familie Sisulu bekannt. Walter schloß Nelson sofort ins Herz und lud ihn ein, in das Haus einzuziehen, in dem er mit seiner Verlobten Albertina, seiner Mutter und unzähligen durchreisenden Verwandten wohnte. Außerdem bot er Nelson eine Stelle für zwei Dollar monatlich plus Provision in seinem Maklerbüro an. Obwohl selbst keineswegs reich, war er ein außergewöhnlich großzügiger Mann, dem es gefiel, wenn Schwarze es zu etwas brachten. Als er hörte, daß Nelson Jura studieren wollte, bot er ihm an, die Studiengebühren bis zum Abschluß des Bachelor of Arts zu bezahlen.

Wenig später, 1942, lieh Mandela sich von Walter Geld für einen Anzug und einen Talar für die Abschlußfeierlichkeiten. Bei der Abschlußfeier in Fort Hare, wo er sein Universitätszeugnis überreicht bekam, waren auch seine Mutter, seine Schwestern und sein Neffe KD Matanzima zugegen. Danach fuhr KD Mandelas Mutter und ihre Töchter zu einer kurzen, nostalgischen Wiedervereinigung in die Universitätsstadt Alice im Osten der Kap-Provinz. Nelson wäre gern mit ihnen in die geliebten Berge von Qunu zurückgekehrt, aber er mußte wieder zurück in Sisulus Büro.

Über Sisulu lernte Nelson den Seniorpartner einer weißen Anwaltskanzlei kennen, der ihm erlaubte, als Anwaltsgehilfe bei ihm zu arbeiten, während er an der Universität von Witwatersrand Jura studierte. Später wechselte Nelson in eine andere Kanzlei, wo er mehr verdiente. Einer der Partner dieser Kanzlei, Harry Brigish, förderte ihn besonders, weil er ihn für „einen feinen und anständigen jungen Mann" hielt. Brigish erkannte freilich auch, daß sein Angestellter durch sein wachsendes Selbstbewußtsein als Schwarzer Gefahr lief, mit dem Gesetz in Konflikt zu geraten. Er warnte Nelson vor der Politik im allgemeinen und vor dem African National Congress im besonderen.

Abends besuchte Nelson Vorlesungen in der Stadtbücherei von Johannesburg oder an der Universität, wo er neben Duma Nokwe saß. Nokwe war außer ihm und Seretse Khama, dem zukünftigen Premierminister von Botswana, der einzige Schwarze an der Universität. Khama studierte nach seinem ersten Abschluß in Fort Hare ein paar Monate an der Johannesburger Universität. Einer der Professoren namens Hahlo, ein hervorragender Jurist und Autor, warnte die Studenten des öfteren, daß Schwarze und Frauen nicht in der Lage seien, gute Rechtsanwälte zu werden. Inder dagegen hätten gute Chancen. Als Nelson bei mehreren Prüfungen durchfiel, waren seine indischen Studienkollegen überzeugt, daß die Vorurteile Professor Hahlos daran schuld waren, obwohl ein anderer Dozent, der geachtete Rechtsanwalt Bram Fischer, sich offen zur Förderung von Schwarzen bekannte.

Zu Nelsons erstem Zusammenstoß mit der Polizei kam es noch in seiner Studienzeit. Auf dem Weg von der Universität zur Market Street im Zentrum von Johannesburg war Nelson mit drei seiner indischen Studienkollegen in ein leeres Straßenbahnabteil gestiegen. Als Nelson sich setzte, fragte der weiße Schaffner die Inder, warum sie einen „Kaffer" mit in seinen Wagen „geschleppt" hatten. Die Inder erwiderten empört, Nelson sei kein „Kaffer", sondern Jurastudent und habe genau so viel Recht, in diesem Abteil zu sitzen, wie jeder andere auch.

Der Schaffner hielt den Wagen an und rief einen Polizisten, der die drei Inder wegen Behinderung eines Verkehrsbeamten in der Ausübung seiner Pflichten verhaftete. Alle vier wurden auf das Polizeirevier am Marshall Square gebracht, und Nelson wurde aufgefordert, gegen die anderen auszusagen und zu erklären, daß sie ihn gegen seinen Willen in die Straßenbahn geschleppt hätten. Nelson lehnte ab.

Einer der vier Studenten rief Bram Fischer in der Universität an, in der Hoffnung, daß dieser noch nicht nach Hause gegangen war. Kurz zuvor hatten sie bei ihm noch eine Vorlesung gehört, und glücklicherweise war Fischer tatsächlich noch in seinem Zimmer. Fischer war der Sohn des Gerichtspräsidenten des Oranje-Freistaats. Auf den Anruf hin eilte er zum Polizeirevier am Market Square und sorgte für die Freilassung der vier Studenten. Er bot außerdem an, sie am nächsten Tag vor Gericht zu vertreten. Bei der Verhandlung am nächsten Tag begrüßte der Richter Fischer herzlich und berichtete ihm, er sei soeben aus dem Oranje-Freistaat zurückgekehrt, wo er seinen geschätzten Freund, den Gerichtspräsidenten, getroffen habe. Die Beschuldigten wurden rasch freigesprochen.

Das Jahr 1944 war ein wichtiges Jahr in Nelson Mandelas Leben. Er trat dem African National Congress bei und traf seine zukünftige Frau Eveline. Die hübsche Krankenschwester aus Engcobo war eine der Verwandten, die unter Sisulus Dach lebten. Dort lernten Nelson und Eveline sich kennen und verliebten sich ineinander. Nach der Heirat zogen die beiden zu Evelines Schwester, wo ihr erster Sohn, Tembi, ein Jahr später geboren wurde. Eveline arbeitete in einem Krankenhaus in der Nähe und besserte so Nelsons Gehalt auf, während dieser weiterstudierte. 1946 bekamen die beiden von den Behörden schließlich in Orlando ein eigenes kleines Haus mit zwei Zimmern zugewiesen, wo sich bald arme Verwandte zuhauf einfanden, die überglücklich waren, wenn sie auf dem Boden schlafen durften.

Nelsons jüngste Schwester Leaby kam als erste von Qunu nach Orlando, um dort die High-School zu besuchen. Andere, darunter Nelsons Mutter, kamen und gingen. KD Matanzima war ein regelmäßiger Gast. Wie Brigish warnte er Nelson immer wieder vor dem African National Congress. KD war der Ansicht, daß die Zusammenarbeit mit den Weißen die besten Aussichten für die Befreiung der Schwarzen bot. Nelson hingegen glaubte, und hierin zeigte sich Sisulus Einfluß, daß es erst dann zu Veränderungen kommen konnte, wenn die Schwarzen eine vereinte Front gegen die Unterdrückung durch die Weißen bildeten.

3

Die Geburt des afrikanischen Nationalismus

Bloemfontein ist eine Stadt im Herzen des Oranje-Freistaats, in der seit je die entgegengesetzten politischen Kräfte der Weißen aufeinandertreffen und die südafrikanische Geschichte prägen. Acht Jahre nach dem Burenkrieg fand hier die Konferenz statt, in der die Südafrikanische Union gegründet wurde, bestehend aus den zwei Burenrepubliken und den beiden britischen Kolonien.

Die 1910 in Bloemfontein unterzeichnete Einigungsurkunde befreite Großbritannien von jeglicher Verantwortung für die Zunkunft des Landes. Die Union zerstörte die Hoffnung der Schwarzen, daß Großbritannien schließlich die liberalen Traditionen der Kap-Provinz – dort durften Schwarze und Mischlinge, sogenannte „Coloureds", wählen – auf die anderen drei Provinzen ausdehnen würde. Nach der Unionsverfassung konnte den Schwarzen in der Kap-Provinz das Wahlrecht entzogen werden, wenn eine Zwei-Drittel-Mehrheit beider Häuser des Parlaments in einer gemeinsamen Sitzung dagegen stimmte.

Die wenigen gebildeten Schwarzen des Landes mit politischem Bewußtsein waren über die neue Verfassung entrüstet. Sie entsandten sofort eine Delegation nach England, um gegen den Ausschluß der Schwarzen aus dem südafrikanischen Parlament zu protestieren. Die Delegierten plädierten in London leidenschaftlich für ein nochmaliges Überdenken der Angelegenheit, sahen aber schließlich ein, daß ihre lange Reise umsonst gewesen war. Die britische Regierung war nur an der Einheit der Weißen Südafrikas interessiert. Der Historiker D. D. T. Jabavu, der erste schwarze Professor Südafrikas, schreibt: „Mit der Ausschlußklausel für Mischlinge und Schwarze hatte die einheimische Bevölkerung das Vertrauen in das, was man das *fair play* der Briten genannt hatte, verloren. Von Großbritannien war nichts mehr zu erwarten, und die Schwarzen mußten sich selbst um ihr Wohl kümmern."

Ebenfalls 1910 kehrte Dr. Pixley ka Izaka Seme, ein junger Zulu und Verwandter der königlichen Familie der Swasi, von London nach Johannesburg zurück. Seme hatte soeben sein Jurastudium in Columbia und Oxford beendet und war am Middle Temple als Anwalt zugelassen worden. Er war energisch, stolz und ein wenig überheblich, ein Abkömmling jener Zulu-Kriegerkönige, die 30 Jahre zuvor von den Weißen besiegt worden waren.

Seme hatte sich bereits als Redner hervorgetan: Er hatte 1906 anläßlich seines Abschlusses an der Universität von Columbia eine vielgerühmte Rede über seine Hoffnungen auf die Befreiung Afrikas gehalten. „Der Riese erwacht", hatte er der erstaunten New Yorker Zuhörerschaft erklärt. „Aus den vier Himmelsrichtungen der Erde marschieren die Söhne Afrikas zum goldenen Tor der Zukunft, und mit ihnen marschiert der Ruhm ihrer Taten ... Die Sonne geht auf über Afrika. Schon jetzt sehe ich, wie Afrikas Ketten fallen. Wüste Ebenen werden rot und fruchtbar, Abessinien und Zululand werden zu Stätten der Wissenschaft und der Religion, und der Glanz der aufgehenden Sonne spiegelt sich in den Türmen der Kirchen und Universitäten ... Ja, die Entstehung Afrikas ist ein Teil dieser neuen und kraftvollen Zeit ..."

In Melone, Cut und Gamaschen ging Dr. Seme daran, eine Anwaltskanzlei in Johannesburg zu eröffnen. Er entdeckte freilich schnell, daß er als schwarzer Anwalt wenig Chancen hatte. Die Tatsache, daß Schwarze den Gehsteig nicht betreten durften und den Hut vor Weißen ziehen mußten, machte Seme wütend. Er gab seinen Traum von der Neukonstituierung der Zulunation auf und beschloß, die Schwarzen zu einigen, um ihre Rechte zu verteidigen. Als erstes lud er drei Anwälte unterschiedlicher Stammesherkunft zu einem Treffen ein. Gemeinsam setzten sie ein Manifest auf, das in der afrikanischen Zeitschrift *Imvo* erschien. Das Manifest schloß mit den Worten: „Der Dämon des Rassismus, die Verirrungen der Fehde zwischen den Xhosa und den Fingo, die Feindseligkeiten zwischen den Zulu und den Tonga, zwischen den Basuthu und den anderen Schwarzen müssen beigelegt und vergessen werden. Wir sind ein Volk."

1912 rief Seme zu einer Konferenz schwarzer Führer auf. Viele Schwarze hatten immer noch alte Ressentiments gegeneinander, die von Kriegen herrührten, die über ein halbes Jahrhundert zurücklagen. Dennoch folgten mehrere hundert aus allen vier Provinzen Semes Ruf. Sie trafen sich in einer baufälligen Baracke in Bloemfontein. Einige von ihnen trugen Gehröcke im Stil der Zeit König Edwards, andere Leopardenfelle als Zeichen ihrer Häuptlingswürde. Anwesend waren Lehrer,

Kirchenmänner, Angestellte, Geschäftsleute, Journalisten und Bauunternehmer. Sie alle waren im 19. Jahrhundert in Missionsschulen erzogen worden.

„Häuptlinge königlichen Bluts und Gentlemen unserer Rasse", rief Dr. Seme in seiner Eröffnungsrede. „Die Weißen dieses Landes haben die sogenannte Südafrikanische Union gegründet – eine Union, deren Gesetze wir nicht mitbeschließen dürfen und in deren Verwaltung uns kein Platz eingeräumt worden ist. Wir haben euch deshalb zu dieser Konferenz einberufen, damit wir zusammen nach Mitteln und Wegen suchen können, eine nationale Union zum Zwecke der Schaffung der nationalen Einheit und der Verteidigung unserer Rechte und Privilegien zu begründen."

Die Konferenz endete mit der Gründung des South African Native National Congress, der später in African National Congress (ANC) umbenannt wurde. Ziel des ANC war es, für die Abschaffung der Rassendiskriminierung im Parlament, in der öffentlichen Verwaltung, in den Schulen und in den Fabriken Südafrikas zu arbeiten. Zur Förderung der Interessen der sogenannten „dunklen Rassen des Subkontinents" wollte der Kongreß zunächst erklärtermaßen mit „friedlicher Propaganda" und dann „passiven Aktionen" und „beharrlichem Streben" vorgehen, wie es der seit 1893 in Südafrika lebende Mahatma Gandhi befürwortete.

Dr. Seme wurde zum Schatzmeister gewählt, Dr. John Dube, ein Zulu und umsichtiger Schulleiter aus Natal, zum Präsidenten. Dube hatte für seine Bemühungen zur Errichtung der ersten Gewerbeschule für Schwarze von der Universität von Südafrika die Ehrendoktorwürde erhalten. Geschäftsführer wurde Solomon Plaatje, ein Übersetzer aus Kimberley, der trotz einer nur dreijährigen Grundschulausbildung fünf Stücke von Shakespeare ins Setswana übersetzt und als erster Schwarzer einen Roman in Englisch geschrieben hatte.

Im darauffolgenden Jahr zeigte sich die südafrikanische Regierung noch entschlossener in ihrem Vorsatz, dem Aufstreben der Schwarzen Einhalt zu gebieten und ihre Arbeitskraft auszubeuten. Es kam zu einer Flut repressiver Gesetze, darunter der Natives Land Act, der Schwarzen das Recht absprach, Land in „weißen" Gebieten zu besitzen oder zu pachten. Durch dieses Gesetz verblieben der schwarzen Bevölkerung nur noch ungefähr acht Prozent der Fläche des gesamten Landes. Die Schwarzen wurden dadurch zur Lohnarbeit gezwungen. Sol Plaatje schreibt: „Als die einheimische Bevölkerung Südafrikas am Freitag morgen, den 29. Juni 1913, aufwachte, fand sie sich, wenn nicht zu Sklaven, so doch zu Parias in ihrem Heimatland, degradiert." Schwarze Familien wurden zu Tausenden von weißen Farmen vertrieben. Mit ihren Habseligkeiten auf dem Kopf wanderten sie mitten im Winter tage- und nächtelang von einer Farm zur nächsten. Sie trieben ihre kleinen Herden vor sich her, trugen ihre Kinder auf dem Arm und bettelten bei den Farmern um Unterkunft. „Man hat den Eindruck, als flüchteten diese Familien vor einem Krieg", schreibt Plaatje.

Der African National Congress beschloß, Premierminister General Louis Botha in Kapstadt eine Petition zukommen zu lassen, in der er gegen den Natives Land Act und andere Gesetze protestierte. Außerdem wollte man sich erneut an Großbritannien wenden. Präsident Dube mit seinem schwungvollen Schnauzbart führte kurz vor Ausbruch des Ersten Weltkriegs eine hoffnungsvoll gestimmte Delegation nach England. Aber auch diese Reise erwies sich als vergeblich.

Nach der Kriegserklärung 1914 stimmte der Kongreß trotz der Enttäuschung über Großbritannien einstimmig für die Unterstützung der britischen Kriegsanstrengungen. Dube bot seiner Regierung die Dienste von 5 000 schwarzen Soldaten an, erhielt aber vom Verteidigungsminister eine verletzende Abfuhr. „Abgesehen von anderen Erwägungen", schrieb der Minister, „rührt der gegenwärtige Krieg von einem Konflikt zwischen Weißen in Europa her, und die Regierung ist bemüht, den Einsatz schwarzer Bürger im Krieg gegen Weiße zu vermeiden." Obwohl Schwarzen das Tragen von Waffen verboten war, wurden sie zum Ausheben von Gräben und anderen niederen Arbeiten für weiße Soldaten herangezogen. Der Kongreß nahm diese Erniedrigung verblüfft und ungläubig zur Kenntnis.

Die Schwarzen hatten gehofft, daß die englischsprachigen Weißen in Südafrika die Oberhand über die Buren behalten würden, denn die Buren waren ein überwiegend ungebildetes und zurückgebliebenes Volk und von der Befreiung der Schwarzen stärker bedroht als die englische Bevölkerung. Aber das Ausmaß von Vorurteilen, dem sich die Schwarzen in ihrem Kampf für Gleichberechtigung gegenübersahen, wurde deutlich, als Jan Smuts, ein international geachteter ehemaliger Truppenführer der Buren im Kabinett Louis Bothas und ein Mann, der sich mit der englischsprachigen Bevölkerung innerhalb der Union identifizierte, sich für die Rassentrennung innerhalb der südafrikanischen Gesellschaft aussprach. Smuts hielt auf einer Konferenz im vornehmen Savoy Hotel in London eine Rede, in der er unter anderem sagte: „Es ist unser Ziel, Südafrika zu einem Land der Weißen zu machen, aber Südafrika ist noch kein Land der Weißen. Es ist immer noch ein Land der Schwarzen." Smuts erhielt für seine Rede in der britischen Hauptstadt herzlichen Applaus.

Dube war über Smuts' Äußerungen entsetzt und schickte folgende Erwiderung nach London: „Die Eingeborenen dieses Landes sind treue Untertanen Seiner Majestät König Georgs V. und bestreiten entschieden, daß General Smuts oder die Regierung der Südafrikanischen Union das Recht haben, sie ihrer angeborenen Menschenrechte und der durch die Pax Britannica garantierten Freiheitsrechte zu berauben."

Nach Ende des Kriegs führte Sol Plaatje eine weitere Delegation des ANC nach London, wo er vom britischen Premierminister Lloyd George und vom Erzbischof von Canterbury aufs herzlichste empfangen wurde. Aber Plaatjes Ersuchen um ein Eingreifen der Briten zugunsten der schwarzen Südafrikaner war umsonst: Die britischen offiziellen Stellen erklärten ihm, sie könnten sich nicht in die Angelegenheiten eines souveränen Staates einmischen. Plaatje besuchte daraufhin die Friedenskonferenz in Versailles. Dort befand sich bereits eine andere südafrikanische Delegation, die von einem der Minister Bothas angeführt wurde, General Barry Hertzog, der eifrig für eine Burenrepublik warb.

Nach dem Krieg wurden die Kraals in Südafrika mehrere Jahre lang von Dürre heimgesucht. Die Schwarzen strömten zu Tausenden in die Städte und suchten Arbeit. Der ANC hatte damals weniger als 3 000 zahlende Mitglieder. Er traf sich weiterhin einmal im Jahr und entsandte Abordnungen und verfaßte höfliche Petitionen. Dann, als sich die Lage der schwarzen Bevölkerung in den Städten immer mehr verschlechterte, tauchte ein neuer, militanter Ton in seinen würdevollen Beratungen auf. Sol Plaatje, der im Jahr zuvor das ihm angebotene Amt des ANC-Präsidenten abgelehnt hatte, bemerkte diesen Wandel zum ersten Mal 1918 nach einer Tagung des Parteivorstands. Er beschreibt die eingetretenen Veränderungen in einem Brief an die Bergwerksgesellschaft De Beers folgendermaßen: „Die Übereinstimmung und Entschlossenheit der zehn Delegierten aus Transvaal war angesichts der sonst im ANC üblichen vielen verschiedenen Meinungen völlig überraschend. Sie waren fast immer einer Meinung und sprachen in kurzen Sätzen, die nahezu alle mit dem Wort ‚Streik' anfingen und endeten."

Durch diese ersten Anzeichen gewerkschaftlichen Denkens ermutigt, organisierte der ANC 1919 eine erste öffentliche Protestkundgebung gegen die restriktiven Paßgesetze, die seit dem 19. Jahrhundert das Leben der Schwarzen regelten. Die Demonstranten versammelten sich zu Tausenden hinter dem zentralen Paßamt in Johannesburg, sangen „Gott schütze den König" und ließen die britische Krone hochleben. Als sie die Pässe zurückgeben wollten, die in der Stadt lebende Schwarze per Gesetz ständig bei sich tragen mußten, setzte die Polizei Schlagstöcke gegen die Menge ein und verhaftete diejenigen, die ihre Pässe bereits abgegeben hatten. Es kam zu Ausschreitungen, und 700 Demonstranten wurden verhaftet.

Der ANC wich zurück. Die Regierung war ganz offensichtlich nicht bereit, Proteste zu tolerieren, auch wenn sie friedlich vorgebracht wurden. Zwei Jahre später wurde die schwarze Bevölkerung aufs neue aufgeschreckt: Eine Armee von weißen Soldaten war eingesetzt worden, um schwarze Mitglieder einer Religionsgemeinschaft aus einem weißen Wohngebiet in Bulhoek im östlichen Teil der Kap-Provinz zu vertreiben. Sie hatten sich geweigert, freiwillig zu gehen, und die Soldaten massakrierten 163 Angehörige der Religionsgemeinschaft.

Im Jahr darauf, 1922, protestierte eine andere rassische Gruppe: die weißen Arbeiter. Die schwelenden Feindseligkeiten zwischen weißen Bergleuten und ihren Arbeitgebern eskalierten zu offenen Auseinandersetzungen, nachdem ein plötzlicher Abfall des Goldpreises die Bergwerksmagnaten dazu veranlaßt hatte, angelernte weiße Bergleute durch billigere schwarze Arbeiter zu ersetzen. Tausende weißer Bergleute, verarmt und durch die Konkurrenz der weit schlechter bezahlten Schwarzen von Arbeitslosigkeit bedroht, entschlossen sich zum Streik. Unterstützt von der neugegründeten Kommunistischen Partei Südafrikas und von Buren-Kommandos aus ländlichen Gebieten, marschierten die Streikenden durch die Straßen von Johannesburg. Sie trugen ein Plakat mit der Aufschrift „Arbeiter der Welt, kämpft und vereinigt euch für ein weißes Südafrika". General Smuts, der damals bereits Premierminister war, rief die Armee und die Luftwaffe zu Hilfe, um die ausbrechenden Unruhen zu unterdrücken. 153 Streikende wurden getötet, über 500 verletzt, und die Rädelsführer der Revolte wurden gehängt.

Der Streik war ein Wendepunkt. Er hatte Afrikaander und arme englischsprachige Weiße von der Notwendigkeit überzeugt, sich einem Führer anzuschließen, der sie vor einem weiteren Aufstieg der Schwarzen bewahren würde. Smuts wurde bei den Parlamentswahlen zwei Jahre später als Handlanger der Bergwerksmagnaten beschimpft und als Premierminister abgewählt. Auf ihn folgte eine Koalitionsregierung, gebildet von der englischsprachigen Labour Party und der Afrikaaner National Party unter Führung des fanatischen Afrikaanders General Hertzog.

Diese Entwicklung war ein schlechtes Omen für die Hoffnungen der Schwarzen, daß es schließlich doch noch zu einer politischen Verständigung mit der englischen Gemeinschaft kommen könnte. Immerhin initiierte Hertzog eine Reihe kleinerer Reformen, unter anderem Erste-Klasse-Abteile in Zügen für Schwarze, die sich diesen Luxus leisten konnten. Die Führer des African National Congress waren zumeist gebildete Angehörige der Mittelschicht. Ihr Hauptinteresse galt der eigenen sozialen Position, nicht der Masse der armen Schwarzen, und sie hofften jetzt, daß die neue Regierung zumindest einer Bitte nachkommen würde: der Bitte um „unterschiedliche Behandlung ... der Gebildeten und Zivilisierten einerseits und des Teils der Bevölkerung, der diesen Stand erst noch erreichen muß“.

Der Einfluß des ANC ging in den zwanziger Jahren stark zurück, nachdem ein großer Teil seiner Anhänger zu einer konkurrierenden Bewegung abgewandert war, die ihr Augenmerk mehr auf die Interessen der schwarzen Arbeiterschaft als auf die einer kleinen schwarzen Elite lenkte. Die Industrial and Commercial Workers' Union wurde von dem Lehrer und beeindruckenden Redner Clements Kadalie aus Njassaland angeführt. Die Gewerkschaft hatte 1919 erstmals Unterstützung aus den Reihen der Arbeiterschaft erhalten, als sie einen Hafenarbeiterstreik organisierte. Die Mitgliedschaft der Gewerkschaft mit dem Slogan „Erwache, o Afrika, denn der Morgen bricht an“ wuchs rasch auf 250 000 Mitglieder an. Kadalie wurde bei der Organisation der Gewerkschaft anfangs von der Kommunistischen Partei unterstützt. Nachdem er jedoch nach einer Auslandsreise die von den englischen Gewerkschaften vertretenen gemäßigteren Strategien übernommen hatte, entfremdete er sich zunächst von den Kommunisten Südafrikas und schließlich auch von den Massen seiner Anhängerschaft.

Nachdem Kadalie die abweichlerischen Kommunisten ausgeschlossen hatte, konzentrierten diese sich auf die Bildung einer Gewerkschaftsbewegung innerhalb des African National Congress. Dort wurden sie wohlwollend aufgenommen, vor allem, weil die weißen Mitglieder

der Partei die Schwarzen wirklich als gleichberechtigt ansahen, was für viele Kongreßmitglieder eine völlig neue Erfahrung war. Während der folgenden drei Jahrzehnte arbeitete die Kommunistische Partei mit dem ANC zusammen und warb Mitglieder unter den Schwarzen. Sie war damit die einzige gemischtrassige politische Organisation des Landes. Sie machte das Wort „Afrikaner" statt des früher benutzten „Eingeborenen" gebräuchlich und ermutigte die Schwarzen, auf völlige Gleichberechtigung zu drängen, statt sich mit kleinen Reformen zufrieden zu geben, die früher für viele die einzige Hoffnung gewesen waren.

Bis 1928 hatte der ANC unter dem Einfluß der Kommunistischen Partei und seinem Führer Josiah Gumede eine scharfe Wende nach links vollzogen. Gumede war von Beruf Lehrer und hatte die Sowjetunion bereist. Er war so beeindruckt, daß er dort „wie der Premierminister von Südafrika" behandelt worden war, daß er bei seiner Rückkehr erklärte, der „Schlüssel zur Freiheit" liege im Kommunismus. Gumede forderte „das Recht auf Selbstbestimmung durch den völligen Sturz des Kapitalismus und der imperialistischen Herrschaft ... nach dem Motto: Afrika den Afrikanern". Aber er zerstritt sich mit den konservativen Häuptlingen und entfremdete sich die vom ANC so geschätzte Anhängerschaft auf dem Lande.

Im Jahr 1930 wählte der ANC einen neuen Führer: Dr. Pixley Seme, den Mann, der für die Gründung des Kongresses verantwortlich war. In seinen mittleren Jahren war er so gemäßigt geworden, daß der ANC praktisch auf jegliche Form des Protests verzichtete. Der Riotous Assemblies Amendment Act (Gesetz zur Verhinderung aufrührerischer Versammlungen) gab der Regierung die Möglichkeit, unter Umgehung der Gerichte Personen aus einem bestimmten Distrikt zu verbannen, die im Verdacht standen, „feindselige Emotionen" zu schüren. Das Gesetz schüchterte Seme so sehr ein, daß der ANC nicht einmal mehr die von den Kommunisten in Johannesburg organisierten Paßverbrennungen unterstützte. Statt dessen ermahnte Seme die Schwarzen, ihre Erwartungen nicht zu hoch zu schrauben. „Ich möchte unsere gebildeten jungen Männer und Frauen auffordern, den Kontakt mit den Häuptlingen ihrer Stämme nicht zu verlieren", erklärte er. „Ihr solltet euren Häuptlingen und Stammesräten zeigen, daß Bildung etwas wirklich Gutes ist. Weder verdirbt sie die Menschen, noch entfremdet sie sie ihren Stämmen. Die meisten Übel, unter denen unser Volk heute in den Städten und auf dem Land zu leiden hat, sind darauf zurückzuführen, daß die Klassen der Gebildeten und der Ungebildeten kein Vertrauen zueinander haben ..."

Premierminister Hertzog erließ verstärkt repressive Gesetze. Die Paßgesetze wurden durch zusätzliche Klauseln verschärft. Die neue Arbeitsmarktpolitik schloß Schwarze von Arbeitsplätzen für Facharbeiter und Angelernte aus. Durch den Native Taxation Act wurden Schwarze gezwungen, Schulgeld zu bezahlen. Der Native Administration Act brachte die Stammeshäuptlinge so unter die Kontrolle der Regierung, daß sie praktisch zu Beamten wurden, die man jederzeit entlassen konnte, wenn sie den weißen Behörden nicht paßten. Auf dem Weg zu einer Konferenz in Brüssel bemerkte der ehemalige ANC-Präsident John Dube: „Wenn die Regierung an ihrer bisherigen Haltung festhält, können wir nur annehmen, daß sie uns vernichten will. Die Bantu mißtrauen der weißen Bevölkerung in allem."

Unter Semes Führung überließ der ANC die Fortsetzung des Protests mehrere Jahre der kleinen, aber sehr aktiven Kommunistischen Partei. Es gelang der Partei jedoch trotz ihrer tatkräftigen Bemühungen nicht, die Schwarzen in nennenswerter Zahl für sich zu gewinnen. Die traditionelle Verehrung der Häuptlinge und der Kirche begünstigte weiterhin Ordnung und Gehorsam.

Die Apathie des ANC in den dreißiger Jahren lag jedoch nicht allein an der Führung Semes. Südafrika litt unter einer schweren wirtschaftlichen Depression. Hunger und Arbeitslosigkeit unter den Schwarzen verschlimmerten sich und rückten politische Ziele in den Hintergrund. Auch Hertzogs Regierung wurde durch die Auswirkungen der Großen Depression zunehmend geschwächt. Hertzog kam zu der Überzeugung, daß es das beste wäre, sich mit Smuts zusammenzutun. Smuts wurde sein Stellvertreter in einer neuen Koalitionspartei, der United Party. Die neue Partei hatte die Solidarität der Weißen gegen die Forderungen der Schwarzen auf ihre Fahnen geschrieben. Die Vereinigung der beiden Parteien verschaffte Hertzog eine Zwei-Drittel-Mehrheit im Parlament, die es ihm ermöglichte, bestimmte festgeschriebene Artikel der Unionsverfassung zu ändern. Der wichtigste Punkt war dabei das Wahlrecht in der Kap-Provinz: Hertzog steuerte sofort auf das Ziel los, im Parlament die Streichung der 11 000 schwarzen Wähler aus den Wählerlisten durchzusetzen.

Das weckte den ANC aus seiner Lethargie auf. Ende 1935 berief Seme eine Konferenz in Bloemfontein ein, bei der eine neue Bewegung gegründet wurde, die All-African Convention (AAC). Sie sollte den Widerstand der Schwarzen gegen das geplante Gesetz der Regierung koordinieren. Eine dreißigköpfige Delegation der AAC machte sich sofort auf den Weg nach Kapstadt, um sich mit General Hertzog zu treffen. Die Delegierten trafen in streitbarer Stimmung vor dem eindrucksvollen Parlamentsgebäude ein, und die Herzlichkeit, mit der sie der verhaßte Premierminister begrüßte, kam für sie völlig überraschend. „Die höfliche und würdevolle Art, mit der er uns begrüßte, verwirrte und verblüffte mich so, daß ich einen Moment lang keinen Ton herausbrachte", sagte Dr. Albert Xuma nach dem Gespräch.

Die Mission wurde jedoch zu einem völligen Fehlschlag. Zwei Mitglieder der AAC-Delegation, darunter AAC-Präsident Professor Jabavu, blieben noch in Kapstadt, als die restliche Delegation bereits wieder abgereist war. Sie führten Gespräche mit weißen Parlamentariern, die sie dazu überredeten, einem Ergänzungsgesetz zuzustimmen, nach dem die Schwarzen auf einer gesonderten Liste sieben weiße Parlamentsabgeordnete und außerdem zwölf schwarze Vertreter für ein Beratungsgremium der Regierung, den sogenannten Native Representative Council (NRC), wählen durften. Die anderen Delegationsmitglieder wurden zu einem weiteren Gespräch mit Hertzog nach Kapstadt gerufen, jedoch über die Zustimmung Jabavus zu dieser Gesetzesvorlage nicht informiert. Hertzog schüttelte ihnen überschwenglich die Hand und dankte ihnen für ihren „staatsmännischen Kompromiß". Weiße Farmer im Oranje-Freistaat zündeten derweil bereits Freudenfeuer an, um das Ende des Wahlrechts der Schwarzen zu feiern, das die All-African Convention in völliger Unwissenheit preisgegeben hatte.

Als der AAC 1936 wieder zusammentrat, war die Zustimmung Jabavus zu der Gesetzesvorlage bereits Gesetz geworden. Streit brach aus, und die Versammlung spaltete sich in zwei Fraktionen. Eine Fraktion wollte den Native Representative Council und die Wahl weißer Parlamentsabgeordneter boykottieren, die andere sprach sich dafür aus, diese beiden Kanäle dazu zu benutzen, Wünsche und Beschwerden der Schwarzen vorzutragen. Schließlich wurden zwölf AAC-Mitglieder in den NRC gewählt, aber es wurde, wie es die Befürworter des Boykottes bereits vorausgesehen hatten, immer deutlicher, daß ihre Empfehlungen kein politisches Gewicht hatten. Als 1939 in Europa der Zweite Weltkrieg ausbrach, sprachen sich viele Schwarze entschieden gegen ihre Einziehung in die Armee aus. „Warum sollten wir für euch kämpfen?" fragte ein schwarzes Mitglied des NRC einen Engländer, der im Parlament als Vertreter der Schwarzen fungierte. „Wir haben im Burenkrieg für euch gekämpft, und ihr habt uns an die Holländer verraten. Wir haben im letzten Krieg für euch gekämpft. Wir sind in Frankreich, in Ostafrika gestorben … und als der Krieg vorbei war, habt ihr euch um uns gekümmert? Wofür sollen wir kämpfen? … Bekommen wir dann die Rechte wieder, die wir verloren haben? Das Wahlrecht? Das Recht, Land zu kaufen?" Auf der ANC-Konferenz Ende 1939 wurde eine Resolution eingebracht: Schwarze sollten nur unter der Bedingung, daß sie Waffen tragen durften, in die Armee eintreten. Die Resolution wurde jedoch von den Konservativen, die nach wie vor den ANC dominierten, überstimmt.

Die Kriegswirtschaft verhalf den weißen Städten Südafrikas zu einem wirtschaftlichen Aufschwung, und wieder strömten die Schwarzen in Massen aus den ländlichen Gebieten in die Städte. Schwarze Industriearbeiter wurden in großer Zahl angeworben, um die Weißen zu ersetzen, die zum Wehrdienst eingezogen worden waren. Die Regierung erkannte, daß sie in Kriegszeiten ein sicheres Arbeitskräftepotential brauchte und führte für eine ausgewählte Gruppe schwarzer Arbeiter einen Plan zur Altersversorgung ein. Außerdem führte die Regierung in schwarzen Schulen das Schulessen ein und erhöhte die Ausgaben für die Ausbildung von Schwarzen. Da sich jedoch in den Kriegsjahren der Anteil von Schwarzen in den Städten um über 50 Prozent erhöhte, fanden nur relativ wenige eine Arbeit. Durch die stark ansteigenden Kosten der Grundnahrungsmittel verschlimmerte sich die Armut in den Townships noch. In Port Elizabeth starben sechs von zehn Kleinkindern im ersten Lebensjahr an Unterernährung.

In den Townships verbreiteten sich Unmut und Unzufriedenheit. In der Industrie und im Handel beschäftigte Schwarze traten in großer Zahl den Gewerkschaften bei und organisierten Streiks für höhere Löhne. Die Lage wäre auch für die Durchsetzung politischer Forderungen günstig gewesen, aber der ANC war viel zu beschäftigt mit dem Versuch der All-African Convention, sich als dauerhafte politische Kraft zu etablieren, und verpaßte die Gelegenheit. Die beiden Gruppierungen stritten darüber, welche von beiden publikumswirksamer sei, und kümmerten sich nicht um die politisch wach gewordenen, aber führungslosen städtischen Massen.

Der ANC wählte 1940 einen neuen Präsidenten, Dr. Albert Xuma. Xuma war zwar früher stellvertretender Präsident des AAC gewesen, er war aber trotzdem relativ neu in der Politik und mit 47 Jahren jünger als seine Vorgänger. Er war ein untersetzter, autoritärer Mann mit einer dynamischen Persönlichkeit und hatte sich aus ärmlichen Verhältnissen emporgearbeitet: Als junger Xhosa hatte er Vieh gehütet. Später verbrachte er 14 Jahre an ausländischen Universitäten in England, Ungarn und den Vereinigten Staaten. Dort heiratete er eine lebhafte schwarze Amerikanerin namens Madie Hall und kehrte mit ihr nach Südafrika zurück. In Sophiatown, einem westlich von Johannesburg gelegenen Township, eröffnete er mit seiner Frau eine florierende Arztpraxis. Da Xuma so viele Jahre nicht in Afrika gelebt und zudem eine auf ihren gesellschaftlichen Status bedachte Frau geheiratet hatte, bereitete ihm der Kontakt mit einfachen Schwarzen Schwierigkeiten. Er verkehrte daher vornehmlich in einem Kreis weißer Freunde. Obwohl er ein gutherziger Mann war, gelang es ihm nie wirklich, sich mit den Wünschen der Schwarzen zu identifizieren. Er brachte so viel Mitgefühl für die Beschwerden der Massen auf, wie es einem Menschen, der diese Mißstände lediglich von außen sieht, möglich war.

Was ihm im Umgang mit Menschen abging, machte Dr. Xuma durch die Neuordnung der chaotischen Verwaltung des ANC wieder wett. In den neun Jahren seiner Präsidentschaft machte er den ANC zu einer angesehenen und effektiven Organisation. Er entließ korrupte Funktionäre und bezahlte oft in Vollzeit arbeitende Organisatoren aus der eigenen Tasche. Die schwarzen Angestellten und Verkäufer der Nachkriegszeit bewunderten Xuma wegen seines sozialen Status' und kamen seinem Aufruf, sich im ANC zu vereinigen, in einem derartigen Tempo nach, daß der ANC rasch „Xumas Ratenabzahlungs-Kongreß" genannt wurde.

Aber Xuma vernachlässigte wie Dr. Seme die Hauptaufgabe des ANC: politischen Druck auszuüben. Während er sich um die Organisation des ANC-Büros kümmerte, kam es in den Townships im ganzen Land zu spontanen Demonstrationen. In Alexandra nahmen 10 000 Schwarze aus Protest gegen die Erhöhung der Fahrpreise an einem Busboykott teil. Die um sich greifende politische Agitation führte zur Gründung der African Democratic Party unter der Führung zweier ehemaliger Mitglieder des Native Representative Council. Nach einem vielversprechenden Start gelang es der Partei freilich nicht, eine Massenbasis zu mobilisieren, da die Schwarzen dem gegen die Weißen gerichteten Programm der Partei mißtrauten.

Der ANC antwortete auf die Bedrohung durch eine Konkurrenz-Bewegung mit einem Versuch der Erneuerung. Xuma bildete ein Komitee von schwarzen Führern, das ein von der Atlantik-Charta Churchills und Roosevelts von 1941 inspiriertes Dokument verfaßte. Das „Forderungen der Afrikaner“ betitelte Dokument sollte der Regierung vorgelegt werden. Es enthielt einen Katalog der Menschenrechte und forderte „die Freiheit von jeglichen diskriminierenden Gesetzen für das afrikanische Volk“. Die Regierung schickte Xuma lediglich eine offizielle Empfangsbestätigung. 1944 war Xuma Vorsitzender einer gemeinsam mit der Kommunistischen Partei abgehaltenen Konferenz, auf der eine Protestkampagne gegen die immer häufiger werdenden Verhaftungen wegen des Verstoßes gegen die Paßgesetze geplant wurde. Xuma hatte ursprünglich eine Million Unterschriften für die Petition sammeln wollen, gab sich dann jedoch mit ein paar tausend zufrieden und schickte sie an den Premierminister. Auch der Eingang dieses Dokuments wurde von der Regierung offiziell bestätigt, weitere Reaktionen erfolgten nicht.

Xuma bemerkte die wachsende Unzufriedenheit junger ANC-Mitglieder, die bereits seit einiger Zeit zu radikaleren Resolutionen drängten. Er berief erneut eine Konferenz ein und war dieses Mal entschlossen, härtere Maßnahmen zu ergreifen. Deshalb schlug er „massenhafte Paßverbrennungen“ vor. Seine Kritiker applaudierten ihm anfangs, aber der ANC war nicht in der Lage, sich auf die genauen Formen des breitangelegten Kampfes zu einigen, und Xumas kühne Initiative verlief schließlich im Sand.

Dann war es mit der Geduld der aufstrebenden Reformer zu Ende. Eine Gruppe junger Akademiker suchte Xuma 1944 auf und erklärte ihm, sie wolle eine „Jugendliga“ des ANC gründen und eine Kampagne zur Mobilisierung einer Massenbasis starten. Xuma war über ihre Pläne entsetzt und versuchte sie zu entmutigen. Seine Sekretärin zeichnete das Gespräch auf und schrieb: „Die Delegation führte weiter aus, daß man die Ziellosigkeit der ANC-Politik bereits daran erkennen könne, daß kein Aktionsprogramm vorliege, daß kein passiver Widerstand oder ähnliches vorgesehen sei. Dr. Xuma antwortete, daß die Afrikaner eine unorganisierte und undisziplinierte Gruppe seien und daß ein Aktionsprogramm, wie es die Jugendliga vorschlage, zum jetzigen Zeitpunkt übereilt sei. Dem ANC fehle es an Leuten, denen die Bewegung am Herzen liege und die wüßten, was sie wollten. Aktionismus würde nur zu Kräfteverschleiß führen ...“

Aber die neue Generation wollte Xumas vorsichtige Haltung nicht länger tolerieren und entschloß sich, ihren eigenen Weg zu gehen.

4

Die ungeduldige Jugend gewinnt die Oberhand

Die beiden Männer hatten ein gemeinsames Büro in einer Seitenstraße der Market Street neben dem Hauptquartier des African National Congress in Johannesburg, und man hätte sie für Vater und Sohn halten können, wenn man sie Arm in Arm auf dem Weg zum Gericht sah. Man schrieb das Jahr 1943. Die beiden Männer betrieben eine gemeinsame Anwaltskanzlei, diskutierten viel über den Generationenkonflikt und interessierten sich leidenschaftlich für Politik. Einer der Männer war Dr. Pixley Seme, der Gründer des ANC. Der andere war Anton Lembede, ein großer, gutaussehender junger Mann, dessen Ideen, obwohl von dem alten Mann verspottet, bald die Politik der Ära Seme revolutionieren sollten.

Lembede wurde 1914 in einem Dorf in der Nähe von Durban geboren. Seine Eltern waren kleine Pächter auf einer weißen Farm, wo sowohl die Kinder als auch die Erwachsenen auf den Feldern arbeiten mußten. Seine Mutter konnte ein wenig lesen und schreiben und unterrichtete Anton zu Hause, so gut es ging. Als der Junge zehn wurde, zog die Familie um, damit er eine Schule besuchen konnte. Sie ließ sich in der nahegelegenen Stadt Isabelo nieder und meldete den Jungen in einer römisch-katholischen Missionsschule an. Anton war dünn und fast immer hungrig, aber die tiefe Achtung seiner Mutter vor der Bildung hatte ihn dankbar dafür gemacht, daß er einen Platz an einer richtigen Schule hatte, und führte dazu, daß sich bei ihm nicht Selbstmitleid und Lethargie breitmachten, die sonst üblichen Begleiterscheinungen der Unterernährung.

Seine Lehrer erkannten sofort, daß der Junge intelligent war. 1933 bekam er ein Stipendium für die Ausbildung zum Lehrer am Adams College in Natal. Das Stipendium deckte nur einen dreijährigen Grundkurs ab, aber Lembede ließ sich dadurch nicht entmutigen. Er strebte nach dem höheren Abschluß, der Voraussetzung für ein Universitätsstudium war und ebenfalls am Adams College angeboten wurde. Er führte ein asketisches Leben, lernte viel und betete regelmäßig und wurde ein musterhafter Student. Einer seiner älteren Tutoren, Albert Luthuli, lobte ihn als einen hervorragenden Schüler.

Nach dem Abschluß des Colleges mit einer Auszeichnung in Latein unterrichtete Lembede in Natal als Lehrer. Nebenbei machte er ein Fernstudium für einen Bachelor of Arts. Die Buren beeindruckten ihn tief, vor allem deshalb, weil sie zeitgleich mit den Schwarzen die Erfahrung der Urbanisierung gemacht hatten und diese Erfahrung ihnen Kraft gegeben hatte, während dieselbe Erfahrung den Schwarzen „nur Minderwertigkeitskomplexe eingebracht hatte". Lembede beschloß, das Phänomen an Ort und Stelle zu untersuchen und zog nach Heilbron im Oranje-Freistaat, dem Mutterland des Burentums. Er kam zu dem Schluß, daß der Schlüssel zum Erfolg der Buren in den Städten in ihrem Stolz auf ihre Kultur und ihrem Zusammengehörigkeitsgefühl lag. Er unterrichtete zuerst in Heilbron und später in einer Stadt namens Parys und beendete in dieser Zeit das Fernstudium und lernte fließend Afrikaans und Sesotho, den in Parys gesprochenen afrikanischen Dialekt. Dann beschloß er, die Lehrtätigkeit an den Nagel zu hängen und Jura zu studieren.

Bei seiner Ankunft in Johannesburg war Lembede erfreut, die Schwarzen hier praktisch an jeder Straßenecke über Politik diskutieren zu hören, anders als die Schwarzen des Oranje-Freistaats mit ihrer mürrischen, aber stillen Ablehnung. Er war überglücklich, als ihm der tüchtige, von den Schwarzen verehrte Anwalt Dr. Seme eine Stelle als Anwaltsgehilfe in seiner Kanzlei anbot. Aber Semes Vorstellungen, die vielleicht für konservative Gerichte gut waren, erschienen Lembede hoffnungslos veraltet. Der alte Mann glaubte immer noch, daß die weißen Unterdrükker den Schwarzen eines Tages erlauben würden, die Macht mit ihnen zu teilen. Die Schwarzen dürften nur nicht die Geduld verlieren, dann würden die freiheitsliebenden Nationen der Erde eines Tages moralischen Druck auf die weißen Herrscher Afrikas ausüben. Lembede machte sich über Semes Glauben an den letztlichen Sieg der Gerechtigkeit lustig. Seiner Ansicht nach hatten sowohl die moralische Entrüstung als auch die Petitionen des ANC den Schwarzen in den vergangenen 35 Jahren nichts eingebracht. Er erklärte, es sei an der Zeit, daß die Masse der Schwarzen gegen die Herrschaft der Weißen aktiv würde.

Wenn Lembede abends nach Hause in das Zimmer kam, das er mit Peter Mda teilte, einem Freund aus Mariazell, einer katholischen Schule in der Transkei, beklagte er sich darüber, daß die politischen Führer der Schwarzen wie Seme und Xuma sich durch ihre englische und amerikanische Ausbildung ermächtigt fühlten, für den Durchschnittsschwarzen zu sprechen. In Wirklichkeit aber hätten die im Ausland erlernten Gewohnheiten und Erwartungen sie den Massen entfremdet. Die beiden jungen Männer diskutierten endlos über die verfehlte Strategie des ANC, dem „AP", wie Mda genannt wurde, seit Mitte der dreißiger Jahre angehörte.

Lembede und Mda waren klug und nutzten jede Gelegenheit, ihren Verstand zu schärfen. Sie hatten nicht nur denselben Bildungshintergrund, sondern kannten auch die Armut, die Stagnation und die wachsende Verzweiflung des afrikanischen Volkes aus eigener Erfahrung. Mdas Vater war Schuhmacher und Stammeshäuptling der Xhosa im Distrikt Herschel in der östlichen Kap-Provinz. Seine Mutter war Grundschullehrerin. Seine Eltern standen dadurch an der Spitze der schwarzen ländlichen Gesellschaft, aber AP war in seiner Kindheit mit seinem Vater von Dorf zu Dorf geritten und hatte die Klagen der Menschen angehört und den Rat, den sein Vater ihnen erteilte. Dadurch hatte er bereits als Teenager ein ausgeprägtes soziales Bewußtsein entwickelt und suchte als praktizierender Christ dringend eine Antwort auf die Frage, warum die Weißen die Schwarzen verachteten und schlecht behandelten. „Anfangs dachte ich, die Schwarzen seien zurückgeblieben, weil sie faul seien. Aber dann fand ich heraus, daß die Weißen als Stärkere die Gesetze so gestalteten, daß die Schwarzen die sozial Schwächeren blieben. Da gab ich nicht mehr den Leuten selbst die Schuld und entwikkelte Ressentiments gegen die Weißen."

Auch Lembede war den Weißen feindlich gesinnt und verachtete den Eifer, mit dem Schwarze versuchten, es ihnen gleichzutun. Er selbst gehörte nicht zu denen, die auf die Verlockungen der schönen Kleider und materiellen Statussymbole hereinfielen, die er als Hauptursache für das Gefühl der Unterlegenheit der Schwarzen betrachtete. Sein aufrichtiger Katholizismus und die Erfahrung seiner bisherigen materiellen Armut, in der er sich von den Früchten des Geistes ernährt hatte, hatten ihn davon frei gemacht. Mahnend schrieb er: „Der moralische Verfall nimmt alarmierende Ausmaße an ... [und] manifestiert sich in solch abnormalen und pathologischen Phänomenen wie dem Verlust des Selbstwertgefühls, Minderwertigkeitskomplexen, Verbitterung und der Verehrung und Verherrlichung der Weißen, ausländischer Führer und Ideologien."

Lembede und Mda trafen sich monatelang regelmäßig, um über ein neues politisches Programm für die Schwarzen zu diskutieren. Oft gesellte sich Jordan Ngubane zu ihnen, ein Freund und Journalist aus Natal. Lembede dachte in großen Zusammenhängen, die gestaltende und zerstörerische Kräfte der ganzen Menschheitsgeschichte einschlossen, und Mda geriet darüber „in einen Zustand der Verzückung". Lembede erzählte gern von der Zeit der Renaissance in Europa oder von den sozialen Ungerechtigkeiten, die zur Russischen Revolution von 1917 geführt hatten. „Der Mann hatte wirklich klare Vorstellungen von der Geschichte", sagt Mda. „Ich kannte niemanden, der so belesen war wie er. Ich wußte, daß er ein außergewöhnlicher Denker war. Es war voraussehbar, daß er mit seinen Ideen etwas Großes vollbringen würde."

Lembede wollte vor allem, daß Schwarze stolz auf ihre Hautfarbe waren. „Sieh dir meine Haut an", pflegte er zu sagen. „Sie ist schwarz wie der Boden von Mutter Afrika. Es ist die Pflicht des schwarzen Mannes, sich gegen Doktrinen zur Wehr zu setzen, die ihm einreden wollen, er sei unterlegen."

Lembede war genauso unduldsam gegenüber ethnischen Spaltungen unter Schwarzen und sehnte eine Zeit herbei, wo der afrikanische Nationalismus mit „dem Fanatismus und der Unduldsamkeit der Religion verfolgt wird, denn er ist der einzige Glaube, der den Minderwertigkeitskomplex zunichte machen kann, der unsere Sicht trübt und unseren Horizont einschränkt". Ihm mißfiel der Einfluß, den die Kommunisten im ANC erlangt hatten. Er betonte statt dessen das Selbstvertrauen in die eigenen Kräfte und erklärte, daß der „Afrikanismus", wie er seine Philosophie nannte, „nur von Afrikanern realisiert und interpretiert werden könne. Ausländer jeglicher Couleur oder Hautfarbe können diesen Geist niemals angemessen und richtig verstehen, denn er ist etwas völlig Einzigartiges, Spezifisches und Besonderes." Lembede zitierte oft den burischen Kolumnisten Dr. H. F. Verwoerd, um zu veranschaulichen, daß Schwarze vom Burentum viel über Einigkeit und Ausschließlichkeit des Anspruchs lernen könnten.

Lembede setzte sein Jurastudium fort und beschloß, sich zur selben Zeit auf den Magisterabschluß in Philosophie vorzubereiten. Freilich lag ihm nichts mehr am Herzen als sein neues Konzept des Afrikanismus. Er und Mda waren sich einig, daß die Befreiung der Schwarzen nur durch die Mobilisierung der Massen erreicht werden konnte. Sie gelangten allmählich zu der Überzeugung, daß Lembedes Afrikanismus geeignet war, die Massen zusammenzuschließen, damit sie geeint und mächtig die Herrschaft der Weißen angreifen konnten.

Mda schlug vor, ein Treffen der jungen Rebellen einzuberufen, von denen bekannt war, daß sie mit der Führung des ANC unzufrieden waren. Wenn die neue Theorie des Afrikanismus der Feuerprobe der Diskussion in einem größeren Kreis gleichgesinnter Reformer standhalte, erklärte er Lembede, könnten sie innerhalb des ANC eine Allianz bilden und damit dem afrikanischen Nationalismus eine neue Richtung geben.

Mda war seit vielen Jahren Mitglied des ANC. Er hatte die wachsende Ungeduld der jungen Mitglieder bemerkt und wußte, an wen man sich wenden mußte, wenn man über die Ablösung von Dr. Xumas vorsichtiger Führung diskutieren wollte. Walter Sisulus Mutter hieß Mda in Orlando im Haus Nr. 7372 willkommen und lud ihn zum Essen mit ihrer vielköpfigen Familie und ihrem Untermieter Nelson Mandela ein. Mda kannte die Anwesenden bereits, denn seine Frau machte zusammen mit Walters Verlobter Albertina und Nelsons Freundin Eveline eine Ausbildung als Krankenschwester. Diesmal skizzierte Mda Lembedes Theorie des Afrikanismus. Mandela und Sisulu waren sofort an weiteren Diskussionen interessiert.

Zu der Konferenz am Küchentisch gesellte sich ein gleichfalls begeisterter ANC-Reformer namens Oliver Tambo. Tambo hatte einen buschigen Kinnbart, und seine Wangen waren in der für seinen Stamm charakteristischen Weise eingeritzt. Seine Freunde nannten ihn „den Christen“. Tambo war Lehrer für Naturwissenschaften und Mathematik an der St. Peter’s School in Johannesburg und studierte Jura. Er stammte aus einem Dorf namens Bizana in der Transkei. Seine Eltern waren beide Analphabeten, und Oliver hatte sich um seine Ausbildung keine Gedanken gemacht, bis ein Priester der anglikanischen Mission in Holy Cross Bizana besuchte. Als der Priester sah, wie arm die Tambos waren, bot er an, Oliver in das Missionsinternat mitzunehmen.

Oliver kam in der Osterzeit in Holy Cross an, als gerade die Messe gesungen wurde. Er war so beeindruckt vom süßem Geruch des Weihrauchs und den reichgeschmückten Meßgewändern der Priester, daß er beschloß, nicht nur hart für eine gute Ausbildung zu arbeiten, sondern selbst Priester zu werden. Als er die oberste Klasse der Missionsschule erreicht hatte, galt er als besonders begabt. Er wußte freilich, daß seine Familie zu arm war, um ihm eine weitere Ausbildung zu ermöglichen. Aber wiederum war ihm das Glück hold: Ein Priester bot an, ihn auf die weiterführende Schule der Anglikaner zu schicken, nach St. Peter's in Johannesburg. Dort tat Oliver sich durch besondere Leistungen hervor und bekam ein Stipendium für Fort Hare.

Als Oliver sich in Fort Hare auf das Abschlußexamen in den naturwissenschaftlichen Fächern vorbereitete, geriet er mit der Verwaltung von Fort Hare über die Frage in Streit, ob sonntags Sport getrieben werden dürfe. Als Schriftführer der studentischen Vertretung wurde er aufgefordert, sich schriftlich zum geistigen Leben und zu den religiösen Pflichten der Studentenschaft zu bekennen. „Ich bat den Rektor, mir Zeit zu lassen, um zu beten", erzählte Tambo später Vater Trevor Huddleston. „Dann ging ich eine halbe Stunde in die Kapelle und betete. Ich wußte, daß ich das Gelöbnis nicht unterzeichnen konnte. Es zwang mich zu etwas, das ich nicht leisten konnte. Es hätte meinen Glauben zunichtegemacht. Allein schon die Vorstellung: ein Abkommen mit Gott, schriftlich fixiert und unterschrieben! Es war unmöglich."

Tambo teilte dem Rektor seine Entscheidung mit und wurde sofort vom College verwiesen. Völlig verzweifelt streifte er durch die Universitätsstadt und beschloß dann, „zur Kapelle zurückzukehren und zu beten ... Sie war völlig dunkel und verlassen. Es herrschte vollkommene Stille. Aber am anderen Ende der Kapelle, in der Nähe des Heiligen Sakraments, sah ich den Lichtschein der Lampe, die dort immer brannte. Das nahm ich als Zeichen, daß es überall, auch in der finstersten Nacht, ein Licht gibt ..."

Als Tambo in Durban nach einer Stelle als Lehrer suchte, hörte er, daß zufällig in St. Peter's, seiner alten Schule, ein Lehrer für den naturwissenschaftlichen Bereich gesucht wurde. Die Schule stellte ihn bereitwillig ein. Obwohl Tambo ein stiller, bescheidener Mann war und immer noch Priester werden wollte, konnte er sehr wütend werden, wenn etwas seinen Grundsätzen widersprach. Einmal verblüffte er einige schwarze und weiße Lehrer seiner Schule, die ihn davon überzeugen wollten, daß ein Lehrer sich nicht aktiv in die Politik einmischen solle. „Durch die gesamte Geschichte hindurch ergeht der Ruf des Schicksals an das Individuum, sich zu höheren Stufen weiterzuentwickeln", entgegnete Tambo ihnen. „Wo Menschen dazu nicht selbst in der Lage sind, müssen andere ihnen helfen, die dazu in der Lage sind. Ich möchte meinen Teil zum Kampf für die Befreiung Afrikas beitragen. Wie könnt ihr sagen, daß sei nicht Aufgabe eines Lehrers? Ich lasse mich nicht davon abbringen."

Mda berief das erste Treffen der Reformer ein. Außer Lembede, Mandela, Sisulu, Tambo und Ngubane nahm auch ein Medizinstudent namens William Nkomo daran teil. Nkomo war ein redegewandtes Mitglied der Kommunistischen Partei und war für seine eindrucksvollen Beiträge zu den ANC-Diskussionen bekannt (und wegen seines auffallend pinkfarbenen Cadillacs). In seiner Eröffnungsrede attackierte Mda die ANC-Führung und beschrieb sie als „aussterbende Garde des Pseudo-Liberalismus und Konservatismus, der Beschwichtigung und des Kompromisses". Mda hatte Lembede gebeten, seine Vorstellungen zunächst nur kurz zu skizzieren, um den jungen ANC-Mitgliedern die Chance zu geben, eigene Ideen einzubringen. Erst dann sollte Lembede ihnen seine kühne Vision eines selbstbewußten Afrikanismus als Mittel zur Rettung des ANC vor den tödlichen Gefahren der Herrschaft der Weißen vorstellen.

Der Themenkreis reichte von Ngubanes moralischer Konzeption eines Rechts aller Bürger auf umfassende Teilhabe an den Geschicken des Staates bis zu Mandelas Überzeugung, daß der öffentliche Protest mit allem Nachdruck weiterverfolgt werden müsse. Die Kriegsjahre hätten zu einem industriellen Boom geführt, erklärte Mandela, und der Anteil der Schwarzen am Arbeitskräftepotential des Landes habe sich dramatisch erhöht. Die Zeit sei nie günstiger gewesen, die unzufriedenen Massen in den Städten zu mobilisieren. Die Frage war nur: Wie konnte man die Massen mobilisieren? Nkomo sprach sich für den Ausbau des organisierten Gewerkschaftswesens aus. Lembede beteiligte sich nur zaghaft an der Diskussion. Er war wie Mda der Ansicht, daß die Schwarzen erst das Bewußtsein einer schwarzen Nation entwickeln mußten, bevor man zu Massenaktionen schreiten konnte. Sisulu warnte vor einem neuen auf Wunschdenken und Halbwahrheiten basierenden Vorstoß und meinte, es sei unbedingt notwendig, eine klare Analyse der sozio-ökonomischen Lage der Schwarzen und des wahren Charakters der Macht vorzunehmen, die sie herauszufordern gedachten.

Am Ende eines langen Abends waren sie sich in der Einschätzung einig, daß eine Verbesserung der Lage der Schwarzen nur durch außerparlamentarische Methoden zu erreichen sei. Es war nicht länger tragbar, daß von der Realität entfernte, im Ausland ausgebildete Führer, die in von der weißen Regierung unterstützten Institutionen wie dem Native Representative Council saßen, für die Masse der Schwarzen sprachen. Unter dem Gelächter der Versammelten wies einer der Anwesenden auf die Ähnlichkeiten zwischen der Angst der Weißen vor der Herrschaft des Mobs und der traditionellen Abneigung der Führung des ANC vor Massenprotesten hin. John Dube, der erste Präsident des ANC, hatte vor solchen Protesten gewarnt: „Wenn es nicht bald zu einem radikalen Wandel kommt, besteht die Gefahr, daß wir zur Brutstätte hitzköpfiger Agitatoren werden, die sich als eine viel größere Bedrohung unseres Landes erweisen könnten, als allgemein angenommen wird. Trachten wir gemeinsam danach, dies zu verhindern."

Die Anwesenden vereinbarten, daß jeder Freunde und Bekannte auf die Möglichkeit der Bildung einer Jugendbewegung ansprechen sollte, gedacht als „Denkfabrik" für die „alte Garde", die konservativen ANC-Führer. Die Bewegung sollte zunächst den moderaten Namen Congress Youth League (CYL, Jugendliga des Kongresses) erhalten. „Wir wollen Dr. Xuma nicht verärgern und uns entfremden", erklärte Mda. „Ohne seinen Segen können wir im Kongreß nichts ausrichten."

Während der nächsten Monate trafen die Reformer sich wiederholt und verfaßten ein Manifest für die Jugendliga. Mda, Lembede und Ngubane gingen mit dem fertigen Text nach Sophiatown, wo Dr. Xuma wohnte, um die Billigung des ANC-Präsidenten einzuholen. Madie Hall, Xumas geschäftige amerikanische Frau, war im Jahr zuvor zur Präsidentin der neugegründeten Frauensektion des ANC gewählt worden. Sie empfing die Delegierten an der Haustür. Das Haus des Doktors war riesig und lag inmitten der schäbigen Bruchbuden der Nachbarn. Während sie auf Dr. Xuma warteten, legte Madie Hall ihnen ihre eigene politische Philosophie dar. Obwohl Madie als Sozialarbeiterin tagtäglich mit den Nöten der schwarzen Bevölkerung konfrontiert war, glaubte sie fest daran, daß sich in Afrika die Erfahrungen der Schwarzen in Amerika wiederholen würden. Auch in Afrika würde die Befreiung der Schwarzen erst nach Jahrzehnten geduldigen Abwartens und wirtschaftlicher Selbsthilfe erreicht werden. Dr. Xuma verstand das Anliegen der jungen Männer besser. Er las das Manifest mit seiner umfassenden Zielsetzung sorgfältig durch und billigte dessen Inhalt.

Am Ostersonntag 1944 erfolgte die offizielle Gründung der Jugendliga auf einer Versammlung im Bantu Men's Social Centre in der Eloff Street. Die ungefähr 200 Anwesenden, fast alle Absolventen von Fort Hare und aus einfachen Verhältnissen stammend, lauschten aufmerksam einem packenden Vortrag Anton Lembedes über die Geschichte der Nationen. Trotz seines Stotterns war Lembede ein geborener Redner, der es verstand, seine Zuhörerschaft auf eine bewegte Reise durch die Geschichte zu führen. Sein Vortrag spannte den Bogen von der Ausbreitung der Zivilisation im antiken Griechenland und im Römischen Reich bis zu den Philosophien des Ostens. Er sprach über die Geburt des modernen Europa, seine Ausdehnung nach Amerika und die Jahrzehnte der Kolonisation. Die Menschheit verdanke sowohl dem Osten als auch dem Westen sehr viel, aber dieses Erbe gehöre allen. Die Schwarzen sollten von diesem weltweiten Kulturerbe nur das wirklich Wertvolle übernehmen und in ihre eigenen kulturellen Traditionen einfügen, statt sich als Unterlegene zu betrachten und zu versuchen, den persönlichen Lebensstil der Weißen blind zu imitieren. „Wenn wir Kulis sind, liegt das nicht an einem übermächtigen Schicksal, sondern an uns selbst", erklärte Lembede.

William Nkomo wurde auf einer späteren Versammlung zum Führer der CYL gewählt, er stand aber für die meisten Mitglieder zu weit links und wurde schon bald von Lembede abgelöst. Fast 60 ANC-Mitglieder kamen regelmäßig zu den Treffen, unter ihnen Mandela und Sisulu. Die beiden waren unzertrennlich und saßen immer nebeneinander, obwohl sie in ihrer äußeren Erscheinung so verschieden voneinander waren. Nelson war eine gepflegte Erscheinung, immer makellos gekleidet und gekämmt, mit einem weißen Halstuch und Schuhen, die wie Spiegel glänzten, und er war deutlich größer als der bebrillte, fröhliche Walter mit seiner alten Holzfällerjacke, den schweren Stiefeln und der breiten Zahnlücke, die bei jedem Lächeln sichtbar wurde, und er lächelte oft.

Lembedes Theorie des Afrikanismus schloß andere Rassen aus Afrika aus. „Afrika gehört den Schwarzen", erklärte er. „Afrikaner sind die Ureinwohner Afrikas, und sie leben seit undenkbaren Zeiten in Afrika, ihrem Heimatland. Afrika gehört den Afrikanern." Viele Mitglieder der Jugendliga mißbilligten diese Philosophie. Sie traten statt dessen für einen weiter gefaßten Nationalismus ein, der allen offenstand, die die Herrschaft der Weißen verurteilten. Der Streit über diese Frage führte verstärkt zu Spannungen innerhalb der Jugendliga, und das erste Grundsatzprogramm der Liga wurde daher auch abgelehnt, weil Weiße darin als „Fremde" bezeichnet wurden.

Über Monate diskutierte man über die jeweiligen Vorzüge des Afrikanismus und des Nationalismus. Oliver Tambo betrachtete den Afrikanismus als die Umkehrung der derzeit praktizierten Rassendiskriminierung und glaubte, daß der Nationalismus mit weniger Gefahren verbunden sei. Die Theorie des Nationalismus schloß Weiße ein, die man möglicherweise doch noch davon überzeugen konnte, Schwarze als Verbündete zu akzeptieren. Außerdem fürchtete Tambo, daß viele Schwarze, die in Missionsschulen erzogen worden waren, eine Politik der Rache gegenüber Weißen ablehnen würden, weil sie ihren christlichen Grundsätzen zuwiderlief. Tambo erinnerte die Mitglieder der Jugendliga immer wieder daran, daß unter Schwarzen der Wunsch nach Anerkennung durch die Weißen mindestens genauso stark ausgeprägt war wie der damit im Widerstreit liegende Wunsch, den Weißen ihre Privilegien zu nehmen.

Lembede, Mandela und Sisulu widersprachen Tambo. Sie glaubten, daß genau diese widersprüchlichen Wünsche die Entschlossenheit der Schwarzen schwächten und sie für mäßigende Einflüsse empfänglich machten. Sie machten geltend, daß liberale Weiße seit Jahren die Bildung einer wirksamen schwarzen Opposition behindert hätten: Aus Furcht vor einem Massenprotest der Schwarzen predigten sie ständig Mäßigung. Der Afrikanismus sei der sicherste Weg, den Schwarzen neues Selbstbewußtsein zu geben, den Stolz auf ihre Geschichte wiederzubeleben und jenes Vertrauen in die Zukunft zu schaffen, das sie durch die erniedrigende Erfahrung des Lebens in der Stadt am Rande der Welt der Weißen verloren hätten. Wenn man ihnen eine gemischtrassige Form des Nationalismus anbiete, würden die Schwarzen sich weiterhin von der Kultur der Weißen verführen lassen. Die Jugendliga solle zielstrebig auf ein Programm hinarbeiten, das so überzeugend sei, daß es die Masse der Schwarzen an sich binden könne.

Jordan Ngubane, der nach Natal zurückgekehrt war, um die Zeitung *Inkundla* herauszugeben, trug nun dazu bei, die Losungen der Jugendliga über Transvaal hinaus bekannt zu machen. In seinen Artikeln kommt die in der Jugendliga vorherrschende Einstellung deutlich zum Ausdruck. Er schreibt: „So lange das afrikanische Volk nicht zu einer festgefügten, organisierten Gruppe zusammengeschweißt ist, wird es seine Bestrebungen hinsichtlich einer afrikanischen Nation nie wahrmachen können. Wenn Afrikaner auf andere nicht-europäische Volksgruppen treffen, werden sie zu einem belastenden Hindernis und zu einem Stolperstein für die besser organisierten Volksgruppen."

Ngubanes Worte richteten sich gegen jene innerhalb der Jugendliga, die der Meinung waren, daß man sich das Organisationstalent der Inder in einem gemeinsamen Kampf zunutze machen solle, und gegen ANC-

Mitglieder, die gleichzeitig Mitglied der Kommunistischen Partei waren. Die meisten Mitglieder der Jugendliga lehnten den Einfluß der Kommunisten auf die „alte Garde“ des ANC ab. Sie mißtrauten den vorwiegend weißen Aktivisten der Kommunisten, deren Betonung des Klassenkampfes statt der Rassenkonflikte und ihrer Hoffnung auf die künftige sozialistische Revolution.

Im Jahr 1945 wurden drei Männer, die seit 20 Jahren aktive Kommunisten waren, in den nationalen Exekutivrat des ANC gewählt, nachdem das Führungsgremium zuvor auf Betreiben der Kommunisten von 11 auf 22 Mitglieder erweitert worden war. Es waren Moses Kotane, der Parteisekretär der Kommunistischen Partei, der einen Teil seiner Erziehung in Moskau genossen hatte, John „JB“ Marks, ein fähiger Redner, und Dan Thloome. Auch die Jugendliga war mit Anton Lembede und AP Mda erstmalig im nationalen Exekutivrat vertreten.

Die Wahl Marks’ fand vier Monate nach einem von ihm organisierten und mit spektakulärem Erfolg durchgeführten Bergarbeiterstreik statt, an dem sich 70 000 Bergleute beteiligt hatten. Manche Mitglieder der Jugendliga betrachteten die von Marks erreichte dramatische Mobilisierung der Massen mit Neid und widerwilliger Bewunderung und gelangten zu der Ansicht, daß eine Allianz mit den Kommunisten sich als einträglicher erweisen könnte, als sie geglaubt hatten. Andere freundeten sich mit der Vorstellung einer Kooperation mit den Indern an, nachdem der immer herausfordernder agierende South African Indian Congress 1947 in Natal eine erfolgreiche Kampagne des passiven Widerstands durchgeführt hatte. Dieser Erfolg führte dazu, daß ein Führer der indischen Volksgruppe Dr. Xuma nach New York begleitete, wo Xuma eine Rede vor den Vereinten Nationen halten sollte. Selbst Lembede, der Verfechter der rassischen Ausschließlichkeit, traf sich zu informellen Diskussionen mit Indern und erklärte ihnen: „Wir dürfen nicht nur zusammensitzen und reden. Wir müssen gemeinsam kämpfen.“

Die Mitglieder der Jugendliga registrierten jedoch auch Veränderungen anderer Art. Die Stimmung unter den Bewohnern der Townships war noch nie so aggressiv gewesen. Durch die Inflation hatten sich die Lebensbedingungen der Schwarzen in den Städten rapide verschlechtert. Die Löhne stagnierten, und seit dem Krieg waren keine Häuser mehr gebaut worden. In den Townships und Fabriken kam es immer öfter zu spontanen Protestkundgebungen. Die Mitglieder der Jugendliga erkannten, daß der ANC bei diesen Kämpfen von Anfang an in vorderster Front hätte stehen müssen, sie drängten daher auf ein Ende der internen ideologischen Auseinandersetzungen. Der ANC sollte endlich handeln.

Das Verhältnis zwischen Jugendliga und „alter Garde“ verschlechterte sich zusehends, als Mitglieder der Jugendliga sich für einen Boykott des Native Representative Council aussprachen, während Dr. Xuma vor den Vereinten Nationen sprach. Nach seiner Rückkehr versuchte Xuma verärgert, die Resolution abzuändern. Es drohte zu einer direkten Konfrontation zwischen älteren und jüngeren ANC-Mitgliedern zu kommen. Anfang 1947 erklärte Lembede auf einer Sitzung des nationalen Exekutivrats des ANC, die schwarze Bevölkerung sei zum Handeln bereit. Ihr einziges Problem sei, daß ihre Führer nicht den Mut hätten, sie anzuführen. Xuma war entsetzt, als Lembede zu einem Boykott des Besuchs des englischen Königspaares in Südafrika aufrief. Die Jugendliga hatte diesen Boykottaufruf auf einer Besprechung in Mandelas Haus beschlossen. Lembede hatte leidenschaftlich dazu aufgerufen, dem Staatsoberhaupt eines Landes, das seiner moralischen Verpflichtung gegenüber dem afrikanischen Volk nicht nachgekommen sei, die Reverenz zu verweigern. Mda nannte den königlichen Besuch „ein müßiges Picknick für Leute, die uns bei der Gründung der Südafrikanischen Union fallenlassen und uns auf Gedeih und Verderb weißen Wölfen ausgeliefert haben“. Mandela lehnte den Boykott zwar nicht ab, warnte jedoch vor zu großen Emotionen und erklärte, die englische Monarchie gehöre zu den großen und überdauernden Institutionen der Menschheit. Der König, die Königin und ihre Töchter kämen nicht als Vertreter der englischen Regierung nach Afrika, es handle sich vielmehr um den Besuch einer hochgestellten Familie. „Wir dürfen uns nicht wie Feiglinge verhalten und uns auf die Schwachen stürzen, auf diejenigen, die zu uns als Menschen kommen.“

Die Debatte über den Besuch des englischen Königspaares war typisch für die Offenheit, mit der Diskussionen innerhalb der Jugendliga geführt wurden. Dieser Diskussionsstil hatte sich unter dem Einfluß von Lembedes regem Geist entwickelt. Er und Mda lehnten gleichermaßen die Überbetonung der Person gegenüber der inhaltlichen Auseinandersetzung ab. Es war dies einer der Hauptpunkte ihrer Kritik an der „alten Garde“ des ANC. Lembede konnte starrköpfig sein, wenn es um die Durchsetzung der ihm wichtigen Dinge ging, aber er liebte die intellektuelle Herausforderung, die die Verteidigung seiner Position gegen die Angriffe anderer ihm bot.

Ein paar Monate später schlug das Schicksal zu: Anton Lembede starb mit 33 Jahren an einem nicht diagnostizierten Magenleiden. Walter Sisulu, der sich in den vier Jahren ihrer Zusammenarbeit in der Jugendliga besonders mit dem überschäumenden Lembede angefreundet hatte, war so erschüttert, daß er an Lembedes Grab gestützt werden mußte. AP Mda hielt die Grabrede, und auch er mußte des öfteren innehalten, um die Fassung wiederzugewinnen. JB Marks und Dr. Yusuf Dadoo, der Führer des South African Indian Congress, und ein bekannter Kommunist, weinten während des ganzen Gottesdienstes. In einem anläßlich der Beerdigung Lembedes erschienenen Leitartikel wurde Lembede beschrieben als „ein wunderbarer Vogel im Garten des Lebens, der singend auf dem höchsten Baum saß und sich dann in die Luft erhob". Dadoo pries den großen Beitrag Lembedes zum gemeinsamen Kampf und erklärte den versammelten Mitgliedern der Jugendliga, daß ihr Präsident sich in seinen letzten Lebensmonaten nicht mehr so feindselig gegen die Kommunisten gezeigt habe. Dadoo rief die Jugendliga dazu auf, eine taktische Allianz mit den Kommunisten und Indern einzugehen.

AP Mda trat die Nachfolge Lembedes an und ging sofort daran, in Fort Hare eine Ortsgruppe der Jugendliga aufzubauen unter der Führung von Godfrey Pitje, einem Professor für Anthropologie, und Professor Zachariah Matthews, dem herausragenden schwarzen Intellektuellen des Landes und langjährigem ANC-Mitglied. Er startete eine Werbekampagne auf dem Universitätsgelände und rekrutierte unverbrauchte Talente für die Jugendliga, darunter Joe Matthews, den Sohn von Professor Matthews, und einen anderen herausragenden Studenten namens Robert Sobukwe, der ein brillanter Redner war.

Im Jahr 1948 formulierte die Jugendliga schließlich ihr Programm. „Der Ausgangspunkt des afrikanischen Nationalismus ist der Blick auf die Geschichte oder sogar die Vorgeschichte", heißt es dort. „Afrika war und ist ein schwarzer Kontinent. Die Europäer … haben Afrika zerstückelt und untereinander aufgeteilt und die rechtmäßigen Besitzer mit Waffengewalt ihres Landes beraubt … Obwohl die Afrikaner besiegt und unterjocht worden sind, haben sie nicht aufgegeben. Sie werden ihren Anspruch und Rechtstitel auf Afrika niemals abtreten."

Das Programm entwirft die Vision „einer wahren Demokratie", in der „alle diskriminierenden Gesetze und Rassenschranken gefallen sind und den Afrikanern die vollen Bürgerrechte des Landes zugestanden werden, so daß jeder Afrikaner auf einer demokratischen Basis direkt durch das Parlament vertreten wird ... Die Mehrheit der Europäer zieht aus der Herrschaft der Weißen in diesem Land Nutzen. Sie haben ein direktes Interesse am Erhalt der ausbeuterischen Kastengesellschaft dieses Landes. Nur wenige von ihnen lieben die Gerechtigkeit und verdammen rassische Unterdrückung, aber ihr Protest fällt kaum ins Gewicht, er zählt in letzter Konsequenz nicht. Die Afrikaner werden im Kampf um Freiheit solange ihre Zeit vergeuden und ihre Kräfte verschwenden, wie sie von den Europäern Anregungen oder Hilfe erwarten." Die einzige Grundlage, auf der „Afrikaner den Europäern einen Anteil an den Früchten Afrikas zugestehen können", sei die Zustimmung der Weißen, „zur völligen Aufgabe ihrer Herrschaft über Afrika ... zu einer gerechten und angemessenen Neuverteilung des Landes ... [und] zur Mithilfe beim Aufbau einer freien Volksdemokratie in Südafrika im besonderen und in ganz Afrika im allgemeinen".

Was die heikle Frage der internen Auseinandersetzungen über die unterschiedlichen Konzepte des Nationalismus und Afrikanismus anbelangt, heißt es in der Erklärung: „Wir müssen hervorheben, daß zwei Strömungen des afrikanischen Nationalismus existieren. Die eine hat zum Motto: ‚Afrika den Afrikanern.' Sie basiert ferner auf dem Motto ‚Weiße raus aus Afrika' und dem Schlachtruf ‚Treibt die Weißen ins Meer'. Diese Ausprägung des afrikanischen Nationalismus ist extrem und ultra-revolutionär.

Es gibt jedoch noch eine zweite Ausprägung ... die gemäßigt ist und von der Jugendliga des ANC vertreten wird. Wir von der Jugendliga berücksichtigen die konkrete Situation in Südafrika und erkennen an, daß die verschiedenen rassischen Gruppen auf Dauer im Lande bleiben. Aber wir halten daran fest, daß die Grundlage für den Frieden und die Verständigung zwischen den verschiedenen Rassen der Verzicht der Weißen auf die Herrschaft und eine Veränderung der Grundstruktur der südafrikanischen Gesellschaft ist, damit Beziehungen zwischen den Menschen, die Ausbeutung und menschliches Leid produzieren, für immer ausgeschlossen sind."

Die allgemeinen Wahlen der Weißen am 26. März 1948 veränderten die Zukunft Südafrikas drastisch. Die Nationale Partei Dr. Daniel Malans, die im Wahlkampf vor der „um sich greifenden schwarzen Gefahr" mit Slogans wie *„Kaffer op sy plek"* (Kaffern auf ihren Platz) und *„Koelies uit die land uit"* (Kulis aus dem Land) gewarnt hatte, vertrieb die regierende United Party General Jan Smuts' aus dem Amt. Obwohl Smuts' Partei bei den Wahlen nur knapp unterlegen war, erkannte Smuts, daß das Afrikaandertum im Aufstieg begriffen war. Er beschrieb das von der Nationalen Partei verfochtene neue Programm der Apartheid als „ein verrücktes Konzept, geboren aus Vorurteilen und Angst". Smuts befürchtete, daß das Programm „unter den Eingeborenen den Kommunismus anfacht und schürt und sogar zu einem völlig schwarzen Südafrika führen kann".

Zum ersten Mal in der Geschichte des Landes bildete eine ausschließlich aus Afrikaandern bestehende Partei die Regierung. „Heute gehört uns Südafrika wieder" sagte Malan in seiner Ansprache nach dem Wahlsieg. „Zum ersten Mal seit der Gründung der Südafrikanischen Union gehört Südafrika uns, und möge Gott uns helfen, daß es immer so bleibt."

Malan ging sofort daran, englischsprachige Beamte aus öffentlichen Institutionen zu entfernen und durch Afrikaander zu ersetzen. Dann befaßte er sich mit der *„swart gevar"* („schwarze Gefahr"). 1949 erließ er das Gesetz zur Verhinderung von Mischehen (Prohibition of Mixed Marriages Act), 1950 einen Zusatz zum Gesetz gegen Unmoral (Immorality Act), das den Geschlechtsverkehr zwischen Schwarzen und Weißen verbot, und das Gesetz zur Registrierung der Bevölkerung (Population Registration Act), eine landesweite Liste, in der die Rassenzugehörigkeit aller Südafrikaner festgehalten war. Malan ernannte Berater, die nach Mitteln und Wegen forschen sollten, in der Kap-Provinz das Wahlrecht für Farbige abzuschaffen, und führte dann das Gesetz über räumliche Rassentrennung (Group Areas Act) ein, das den verschiedenen Rassen getrennte Wohnbereiche zuwies, für Malan „das Wesen der Apartheid". Er war entschlossen, die Wohngebiete der Schwarzen so weit wie möglich von weißen Wohngegenden zu trennen, und erklärte, daß „schwarze Flecken" – schwarze Siedlungen in einem städtischen weißen Wohngebiet – in einem Programm zum Abriß von Slums verschwinden sollten. Ganz oben auf der Liste mit zum Abriß freigegebenen Stadtvierteln stand Sophiatown, eine pulsierende Gemeinde mit 60 000 Menschen und eines der ältesten schwarzen Wohngebiete in Johannesburg. Zwar gab es in Sophiatown zahlreiche baufällige Baracken, aber es gab dort auch Schulen, Kirchen, Kinos und Läden, und das Viertel war im ganzen Land für seine Jazzclubs bekannt. „Was immer Sophiatown sonst noch war, es war ein Zuhause", schrieb ein Bewohner des Viertels, Bloke Modisane. „Wir haben die Wüste zum Blühen gebracht, wir haben gebaut, Veranden in Küchen verwandelt, Häuser geschmückt und Musik in ihnen gemacht ... Wir gewannen der Häßlichkeit des Lebens in einem Slum eine Art von Schönheit ab."

Die zunehmend massiveren Repressalien Malans versetzten den ANC in Schrecken. Mehr denn je war es notwendig, daß die Schwarzen untereinander einig waren. Die Mitglieder der Jugendliga mußten die „alte Garde" nicht mehr von dieser ins Auge springenden Tatsache überzeugen. Viele ANC-Mitglieder forderten das allgemeine Wahlrecht, und es schien, als ob die Vorschläge der Jugendliga problemlos die jährlich stattfindende Generalversammlung des ANC passieren würden.

Während die Afrikaander im Dezember 1949 die über 100 Jahre zurückliegende Niederlage der Zulu am Blood River feierten, entmachtete die Jugendliga Dr. Xuma und wählte statt seiner einen anderen Arzt, Dr. James Moroka, zum Präsidenten. Es war einigermaßen überraschend, daß der reformierte und militante ANC einen Mann wie Moroka zum Präsidenten wählte, denn Moroka war einer der reichsten Schwarzen des Landes und besaß riesige Farmen in Thaba 'Nchu, einem afrikanischen Reservat im Oranje-Freistaat. Er arbeitete eng mit Weißen zusammen, hatte eine Schule für arme schwarze Kinder im Oranje-Freistaat mitfinanziert und eine Arztpraxis für Weiße eröffnet. Aber Dr. Moroka nahm das Amt bereitwillig an, das Professor Matthews, die erste Wahl der Jugendliga, abgelehnt hatte. Walter Sisulu lehnte die Zusammenarbeit mit Weißen ab, und dies hatte ihm bei vielen Kongreßmitgliedern hohes Ansehen eingebracht. Er wurde daher zum Generalsekretär gewählt. Xuma war wütend und lancierte eine Kampagne zur Diskreditierung der neuen Führer. Es handle sich um eine „Machtübernahme durch Mischlinge", sagte Xuma unter Anspielung auf die Mischlinge Morok, Sisulu und JB Marks.

Malan setzte seine repressive Politik fort. 1950 erließ er ein Gesetz, das von seinen Anhängern als Patentrezept für den Frieden gefeiert wurde: das Gesetz zur Unterdrückung des Kommunismus (Suppression of Communism Act). Mit diesem Gesetz wurde nicht nur die Kommunistische Partei geächtet, sondern auch jeder, der soziale, wirtschaftliche und politische Veränderungen in Südafrika anstrebte. Das Gesetz stattete Malans Justizminister mit solch weitreichenden Vollmachten aus, daß er nicht mehr nachweisen mußte, ob jemand tatsächlich Kommunist war. Er brauchte nur noch Oppositionelle zu „benennen“. Bezichtigte der Justizminister jemanden als Kommunisten, so genügte das, um den Betreffenden aus dem öffentlichen Leben zu verbannen.

Der ANC berief sofort eine Versammlung ein, um über weitere Schritte zu beraten. Obwohl die alte Antipathie gegen den Kommunismus innerhalb der Jugendliga noch immer nicht überwunden war, kamen jetzt viele zu der Einsicht, daß das Gesetz zur Unterdrückung des Kommunismus eine so wirkungsvolle Waffe im Kampf gegen jegliche organisierte Opposition darstelle, daß ein gemeinsamer Kampf gegen die Apartheid im allgemeinen und das Gesetz zur Unterdrückung des Kommunismus im speziellen sinnvoll sei. Einige der schärfsten Antikommunisten waren mittlerweile aus der Jugendliga ausgetreten. Lembede war tot, AP Mda hatte sich aus gesundheitlichen Gründen von der Arbeit zurückgezogen. Eine neue Generation von Mitgliedern der Jugendliga war von Fort Hare abgegangen: junge Intellektuelle, die, obwohl sie für einen afrikanischen Nationalismus eintraten, mit vielen Teilaspekten des Kommunismus keine Schwierigkeiten hatten.

Mandela und Tambo, die inzwischen dem nationalen Exekutivrat des ANC angehörten, waren nach wie vor argwöhnisch gegenüber den Kommunisten. Walter Sisulu hatte mit Mitgliedern der aufgelösten Kommunistischen Partei und des Indian Congress neue Beziehungen angeknüpft. Als er von zwei Freunden, die der Kommunistischen Partei angehörten, aufgefordert wurde, an der Protestkundgebung am 1. Mai gegen das Gesetz zur Unterdrückung des Kommunismus teilzunehmen, berief Sisulu eine Versammlung des ANC ein. Er hoffte darauf, daß der ANC für eine umfassende Unterstützung der Initiative der Kommunisten stimmen würde.

Nach einer langen und zuweilen erbittert geführten Debatte beschlossen die Versammelten schließlich, daß der ANC einen von schwarzen und weißen Kommunisten und Indern organisierten Arbeitsausstand unterstützen sollte. Mandela gehörte zu denen, die den Streik mißbilligten und erfolglos versuchten, ihn zu verhindern. Der Streikaufruf zum 1. Mai wurde von den Schwarzen begeistert aufgenommen. Sie blieben zu Tausenden der Arbeit fern. Aber Malan ordnete harte Gegenmaßnahmen an. Er entsandte nahezu 2 000 Polizisten, um die Demonstration aufzulösen. Der Tag endete mit Blutvergießen, 18 Menschen wurden erschossen.

Trotz der fortgesetzten Opposition Mandelas und dem tragischen Ausgang des Streiks beschloß der Kongreß, eine weitere Protestkundgebung gegen das Massaker und das Gesetz zur Unterdrückung des Kommunismus zu veranstalten. Die Protestkundgebung fand am 26. Juni statt und wurde von Kommunisten beider Hautfarben, von Indern und dem ANC gemeinsam durchgeführt, eine Allianz, die noch vor wenigen Monaten undenkbar gewesen wäre. Die sehr gut organisierte Kundgebung beeindruckte Mandela, und er sah schließlich ein, daß ein Nationalismus auf breiter Basis dem auf Schwarze beschränkten Afrikanismus vorzuziehen sei. Auch er kam zu dem Schluß, daß die Schwarzen für den bevorstehenden Kampf auf alle erdenkliche Hilfe der anderen gegen die Apartheid kämpfenden Kräfte angewiesen waren.

Als der Gründungsvater des ANC, Dr. Pixley Seme, im Winter 1951 starb, war der ANC bereit, neue Methoden des Widerstands zu erproben. Vorbei war die Zeit der höflichen Proteste Dr. Semes und der Angst, weiße liberale Sympathisanten zu verprellen. Vergangen war, wenn auch nicht für immer, die Angst, daß Außenseiter den Kampf beherrschen und unterwandern könnten.

Nelson Mandela, Walter Sisulu und Oliver Tambo, mittlerweile die Schlüsselfiguren des ANC, unterbrachen eine wichtige Sitzung, um an der Beerdigung Dr. Semes teilzunehmen. Danach eilten sie in das ANC-Hauptquartier zurück, um die Vorbereitungen für eine Massenkampagne des zivilen Ungehorsams fortzusetzen.

5

Ziviler Ungehorsam

Nelson Mandela war bekannt für seine offene Verachtung der Apartheid. Sein Beruf als Anwalt bot ihm an den Gerichten die Möglichkeit, die Weißen und ihr System anzugreifen, und er nutzte jede sich bietende Gelegenheit. Schon als kleiner Anwaltsgehilfe ignorierte er absichtlich die Vorschriften zur Rassentrennung an den Amtsgerichten. Er betrat den Gerichtssaal stets durch die mit dem Schild „Nur für Europäer" gekennzeichnete Tür und hatte immer eine witzige Antwort parat, wenn er darauf aufmerksam gemacht wurde, daß er den falschen Eingang benutzte. Einmal rief ein „weißer" Angestellter, der jedoch ganz offensichtlich ein Mischling war, ihm zu: „Was machen Sie denn hier?" Mandela beugte sich über die Schranke, bis sein Gesicht fast das des erschreckten Angestellten berührte, und sagte ruhig: „Und was machen *Sie* hier?"

Nach seiner Zulassung als Anwalt stand Mandela bald im Ruf, vor Gericht eine gute Vorstellung zu bieten. Die Nachricht von einer bevorstehenden Verhandlung mit Mandela als Verteidiger machte in den Townships schnell die Runde, und da es in den meisten nicht einmal Kinos gab, strömten viele Schwarze in Erwartung einer amüsanten Vorstellung auf die Publikumsränge.

Sie wurden selten enttäuscht. Der gut gekleidete und sich gewählt ausdrückende Nelson begeisterte sein Publikum. Auch bei den weißen Richtern und Staatsanwälten war er wohl bekannt. Mandela beherrschte die Kunst des Kreuzverhörs meisterhaft. War ein Zeuge der Polizei im Zeugenstand, dauerte die Vernehmung oft stundenlang, und Mandela hatte seine wahre Freude daran, die feindselige Stimmung auf beiden Seiten zu schüren. Es gefiel ihm, die Spannungen zwischen den Rassen im Gerichtssaal auf den Höhepunkt zu treiben und den Schwarzen zu zeigen, daß sie sich dem Druck der Mißbilligung durch die Weißen nicht zu beugen brauchten.

Immer wieder zog Mandela vor Gericht eine bühnenreife Show ab. Er erntete dafür von den Zuschauerrängen Applaus, was die Gerichtsbeamten in Rage brachte. In Kempton Park unterbrach ein Richter ständig Mandelas Kreuzverhör mit belanglosen Zwischenrufen. Jedesmal, wenn der Richter wieder einen Einwurf machte, machte Mandela die übliche Verbeugung zur Richterbank. Sobald Mandela das Kreuzverhör wieder aufgenommen hatte, unterbrach der Richter ihn wieder. Nach einer Weile, als kein Zweifel am vorsätzlichen Verhalten des Richters mehr bestand, begannen die Schwarzen in den Zuschauerrängen zu buhen und mit den Füßen zu stampfen. Mandela setzte sich eine Weile und erhob sich langsam wieder. Er versuchte erneut, den Zeugen zu vernehmen, aber wieder wurde er vom Richter unterbrochen. Dieses Mal allerdings verbeugte Mandela sich nicht höflich zur Richterbank hin, sondern drehte dem Richter den Rücken zu und verbeugte sich vor dem Publikum.

Die Menge klatschte und johlte vor Freude, während der Richter wutschnaubend mit seinem Hämmerchen um Ruhe bat. Als der Staatsanwalt eine Strafe wegen Mißachtung des Gerichts beantragte, brach helles Chaos aus. Der Staatsanwalt mußte brüllen, um sich über dem Getöse von den Zuschauerrängen verständlich zu machen. Er behauptete, der Anwalt der Verteidigung habe sich dem Gericht gegenüber ungebührlich verhalten. Das sei unerhört, schrie er. Aber der Richter war sich darüber im klaren, daß sein eigenes Verhalten keiner juristischen Überprüfung standgehalten hätte, und ließ die Sache auf sich beruhen.

Mandela und Oliver Tambo arbeiteten beide in weißen Anwaltskanzleien, bevor sie zusammen ein eigenes Büro eröffneten. Nelson verbrachte oft die Mittagspause bei Tambo, und die beiden diskutierten dann bei verschlossener Tür in Tambos Büro über Politik. Die weiße Sekretärin Betty Shein beobachtete die beiden Schwarzen interessiert und stellte fest, daß Mandela sich in Gesellschaft von Weißen viel leichter tat als Tambo. Er schlenderte etwa in das Wartezimmer der Kanzlei und blickte in die Runde, um zu sehen, ob ihn jemand grüßte. Wenn er dann nur jene fragenden, leicht indignierten Blicke erntete, die einem Schwarzen beim Betreten eines weißen Büros gemeinhin begegnen, rief er: „Ich möchte zu Mr. Tambo, bitte“ und setzte sich in einen für Weiße reservierten Stuhl. Sein Benehmen erregte beträchtlichen Anstoß, nicht zuletzt deshalb, weil sonst niemand Oliver „Mister“ nannte. Er hieß einfach Tambo und verdiente kaum mehr als die weiße Sekretärin, die seine Briefe tippte, obwohl seine Stelle als Leiter des gut florierenden, für

Schwarze zuständigen Zweigs der Anwaltskanzlei seines Arbeitgebers mit sehr viel mehr Verantwortung verbunden war.

Betty klopfte in der Mittagspause regelmäßig an die Tür von Tambos Büro und fragte, ob sie ihm und Mandela aus dem Café im ersten Stock etwas zu essen bringen sollte. „Ich setzte mich manchmal zu ihnen, und wir unterhielten uns über dieses und jenes. Einmal holte ich ihre Teller ab, um sie wieder zurück ins Café zu bringen. Da sagte Mr. Tambo zu mir: ‚Stellen Sie sich vor, die Leute unten wüßten, wer von ihren schönen weißen Tellern gegessen hat.' Bei dem Gedanken mußten wir lachen."

Viele Jahre später sprach Betty Shein mit Tambo über einen kurz zuvor erschienenen Roman über Südafrika von Alan Paton. Der Roman trug den Titel *Denn sie sollen getröstet werden* und wurde international als Meisterwerk gepriesen und von Schwarzen als zeitgemäßer Durchbruch gegenüber den Groschenromanen betrachtet, die bislang als für schwarze Leser angemessen galten. Tambo freilich meinte, der Charakter von Patons Romanhelden Stephen Kumalo sei irreführend. Selbst wenn Kumalo sein Leid noch so fügsam und geduldig ertrage, könne er nicht alles vergeben, wie Paton das in seinem Roman schildere. Tambo hatte das Gefühl, daß der duldsame, einem Heiligen nahekommende Stephen Kumalo dem Wunschdenken weißer Liberaler vom Schlage Alan Patons entsprach und die vergebliche Hoffnung der Weißen widerspiegelte, für ihre Sünden schließlich doch nicht bezahlen zu müssen.

Im Juni 1951 fingen Mandela, Tambo und Sisulu an, eine Massenkampagne gegen die Apartheid vorzubereiten. Dr. Moroka war von seiner Arztpraxis und seinen Farmen im Oranje-Freistaat in Anspruch genommen, er war deshalb froh, wenn sich sein Generalsekretär Sisulu um die Geschäfte des ANC kümmerte. Sisulu bildete für die Kampagne einen gemeinsamen Planungsstab von ANC und Indian Congress. Der Stab bestand aus dem Führer und dem Parteisekretär des Indian Congress, Dr. Yusuf Dadoo und Yusuf Cachalia, und den drei ANC-Mitgliedern Dr. Moroka, JB Marks und Sisulu.

Man einigte sich auf eine nationale Kampagne des zivilen Ungehorsams als angemessene Protestform. Schwarze Freiwillige sollten Apartheidsgesetze mißachten und für Weiße reservierte Zugabteile, Wartesäle und Posteingänge benutzen oder nach der Sperrstunde ohne Genehmigung in der Stadt bleiben. Ein von Moroka und Sisulu unterzeichneter

Brief wurde an Premierminister Malan geschickt. In dem Brief wiesen sie den Premierminister auf die vierzigjährige Geschichte des ANC hin, in denen dieser immer wieder geduldig Enttäuschungen hatte hinnehmen müssen, und forderten ihn zu einer Rücknahme der sechs „ungerechten Gesetze“ auf, zu denen neben den Paßgesetzen das Gesetz über räumliche Rassentrennung (Group Area Act) und das Gesetz zur Unterdrückung des Kommunismus (Suppression of Communism Act) gehörten. Malans Privatsekretär verfaßte einen Antwortbrief, in dem er Sisulus Befugnis, für den ANC zu sprechen, in Zweifel zog und darauf verwies, daß diese Angelegenheit in den Zuständigkeitsbereich des Ministers für Eingeborenenfragen falle. Die angesprochenen Gesetze hätten Schutzcharakter und sollten nicht unterdrücken oder erniedrigen. Behauptungen, daß es zwischen Bantu und Europäern keine Unterschiede gebe, seien ein Widerspruch in sich, „zumal wenn man bedenkt, daß diese Unterschiede von Natur bestehen und nicht von Menschenhand gemacht sind“.

Die Abfuhr der Regierung markiert den Beginn der Kampagne des zivilen Ungehorsams. Nelson Mandela und Yusuf Cachalia wurden bei einem Treffen in Port Elizabeth zu den Anführern der Freiwilligen ernannt und beauftragt, durch ganz Südafrika zu reisen und zum Widerstand aufzurufen. Die beiden hielten Hunderte von Versammlungen im ganzen Land ab und verkündeten, daß die Zeit gekommen sei, wo die Schwarzen den Kampf mit ihren weißen Unterdrückern aufnehmen sollten. Sie erklärten, daß ANC-Funktionäre die Freiwilligenkorps jedes Disktrikts in die strengen Verhaltensregeln der Kampagne einweisen würden. Erst dann sollten die Korps zu Tausenden ausschwärmen und Akte zivilen Ungehorsams begehen. Die Gruppen sollten klein gehalten werden, damit sie von der Polizei nicht als Demonstrationen interpretiert werden konnten, die durch das Gesetz zur Verhinderung aufrührerischer Versammlungen (Riotous Assemblies Act) verboten waren.

Wenn eine genügend große Zahl von Gesetzesübertretern sich an der Kampagne beteilige, so Mandela, würden die Schwarzen die strafbaren Handlungen, die ihnen das Leben schwer machten, zum Gespött der Leute machen. Indem sie absichtlich das Gesetz übertraten und für ihr Vergehen ins Gefängnis gingen, konnten sie den kleinlichen Bestimmungen der Apartheid eine neue Bedeutung geben. Wenn eine Gefängnisstrafe erst einmal als Auszeichnung und nicht mehr als Strafe galt, war damit eine ganz neuartige Botschaft verbunden: Aus einem kriminellen und schändlichen Akt wurde eine stolze, mutige und ehrenhafte Tat.

Wo immer Mandela und Cachalia auftraten, betonten sie den gewaltlosen Charakter der Kampagne. Sie wiesen darauf hin, daß das Verhalten der Freiwilligen über jeden Zweifel erhaben sein müsse. Es dürfe keine Betrunkenen geben und keine Schlägereien oder Willkürakte einzelner. Jede Gruppe sollte einen Anführer haben, der die Polizei im voraus vor dem bevorstehenden Akt des zivilen Ungehorsams warnte, so daß die Verhaftung mit einer minimalen Störung der öffentlichen Ordnung vollzogen werden konnte. Nach der Verhaftung sollte der Anführer der Gruppe auf die Aufforderung, sich zur Verteidigung zu äußern, die Gründe für die Kampagne erläutern. Keiner der Freiwilligen sollte auf ein Kautionsangebot oder eine Geldstrafe eingehen: Sie sollten alle ins Gefängnis gehen und glücklich darüber sein.

Die Regierung reagierte auf die Vorbereitung der Kampagne durch den ANC mit der Verfügung, daß vier Kommunisten, unter ihnen JB Marks und Dr. Dadoo, von ihren Posten zurücktreten müßten und nicht an öffentlichen Versammlungen teilnehmen dürften. Die vier Gebannten beschlossen, die „Vorhut der Freiwilligen" zu bilden: Sie sprachen vor öffentlichen Versammlungen und wurden dafür folgerichtig verhaftet. Die Regierung verbot ferner die linksorientierte Zeitung *The Guardian*, die von der bekannten Kommunistin Ruth First herausgegeben wurde. Ruth First änderte daraufhin einfach den Namen der Zeitung in *The Clarion* um und ließ das Blatt wieder erscheinen.

Am Sonntag, dem 22. Juni, dem Tag, den der ANC zum Gebetstag für den glücklichen Verlauf der Kampagne des zivilen Ungehorsams bestimmt hatte, hielt Mandela in Durban vor einer riesigen Menschenmenge eine Rede. Er verkündete: „Wir können jetzt tatsächlich sagen, daß die Einheit aller Nicht-Europäer in diesem Lande Wirklichkeit geworden ist."

Vier Tage später, am 26. Juni 1952, verließ die erste Freiwilligengruppe das am Rand von Port Elizabeth gelegene Township New Brighton. Dies war das Startzeichen für die Kampagne. Die Freiwilligen trugen ANC-Armbinden und sangen das Lied *„Mayibuye! Afrika!"* (Laßt Afrika zurückkehren), das in den folgenden sechs Monaten zur Parole Tausender von Gesetzesübertretern werden sollte. Sie betraten die Bahnhöfe durch die für Weiße reservierten Eingänge, wo sie sofort von dort bereitstehenden Polizisten verhaftet wurden.

In Boksburg führten Walter Sisulu und Nana Sita, ein glühender Anhänger Mahatma Gandhis, gemeinsam die zweite Gruppe von Freiwilligen ohne Erlaubnis in ein Township. Sie wurden verhaftet und ins Gefängnis gesteckt.

In Johannesburg hielten Nelson Mandela und Yusuf Cachalia zur Feier des ersten Tages der Kampagne eine Kundgebung ab. Die beiden hatten nicht die Absicht, sich verhaften zu lassen, doch die Kundgebung dauerte bis nach 23 Uhr, dem Beginn der Sperrstunde. Die beiden wurden in Handschellen abgeführt und zum Polizeirevier am Marshall Square gebracht. Während sie darauf warteten, in ihre Zellen gebracht zu werden, sprach Mandela ruhig mit dem jungen weißen Polizeibeamten, der sie bewachte. Er redete den Afrikaander mit Major an, obwohl er ganz offenkundig nur einen niederen Dienstgrad hatte. Mandela fragte, ob der Beamte seinen Einfluß geltend machen könne, damit er und Cachalia in derselben Zelle untergebracht würden und Cachalia nicht in den für Inder vorgesehen Trakt gebracht würde. Der junge Polizist fühlte sich offensichtlich geschmeichelt und nuschelte etwas von Vorschriften, gegen die er nichts tun könne. Als die notwendigen Formulare ausgefüllt waren, führte der junge Polizist jedoch beide zu einer Zelle und befahl ihnen schüchtern, hineinzugehen.

Am nächsten Morgen kam der Wärter und brachte das Frühstück. Mandela war überrascht, daß Cachalia etwas anderes bekam als er. „Warum bekomme ich Maisbrei und Wasser und mein Freund Kaffee, Brot und Marmelade?“ fragte er. Der Wärter warf Mandela einen verächtlichen Blick zu und fauchte: „Halt's Maul und friß!“

Sie wurden bald aus dem Gefängnis entlassen und gingen sofort ins Hauptquartier der Widerstands-Kampagne, eine Wohnung über dem Orient House in der Commissioner Street. Es meldeten sich viele Freiwillige, und die Kampagne lief so gut, daß in der überfüllten Wohnung Feststimmung herrschte. Als einer von einem besonders geglückten Akt des zivilen Ungehorsam erzählte, entlud sich Walter Sisulus Hochgefühl in einem spontanen Xhosa-Tanz. „Er warf die Beine in die Luft, klatschte in die Hände und sprang und hüpfte“, erinnert sich Yusuf Cachalia. „Es gefiel mir so gut, daß ich ihn bat, noch einmal zu tanzen.“

Im ganzen Land wurden Kundgebungen abgehalten, zum Teil, um die verschiedenen Stadien der Kampagne zu markieren, aber vor allem, um die Berichterstattung über die Ereignisse in den Zeitungen zu gewährleisten. Die Zeitung *The Clarion* war dabei besonders wichtig, denn sie trug dazu bei, die Massen zu politisieren und eine große Zahl von Freiwilligen zu mobilisieren. Oft wurde nach einer solchen Kundgebung eine neue Gruppe freiwilliger Gesetzesübertreter ausgeschickt. Die Reden der einzelnen Sprecher wurden vom Schlachtruf der Kampagne *„Mayibuye! Afrika!"* und Rufen nach Freiheit unterbrochen und von der traurigen Frage: *„Senzeni na umnt 'onsundu?"* (Was hat der schwarze Mann getan?). Sympathisanten versammelten sich an dem für einen Akt zivilen Ungehorsams bestimmten Schauplatz und ließen die verhafteten Freiwilligen hochleben. Die Menschen streckten die Daumen in die Höhe, das vereinbarte Zeichen ihrer Solidarität, sangen Freiheitslieder und hörten sich weitere Ansprachen von Führern des ANC und des Indian Congress an. Ein oder zwei Tage später, wenn die Freiwilligen vor Gericht gebracht und verurteilt wurden, fand sich eine ähnlich große Zahl von Anhängern im Gericht ein.

Die Polizei fehlte nur bei wenigen Kundgebungen. Polizisten patrouillierten in Polizeifahrzeugen, die nicht als solche gekennzeichnet waren, langsam durch die benachbarten Straßen oder warteten in Gefängnislastern. Aber die Angst vor dem Gefängnis hatte ihren Stachel verloren. „Auch das größte Polizeiaufgebot konnte den Enthusiasmus nicht bremsen, mit dem die unterdrückten Massen die Kampagne unterstützten", sagt Yusuf Cachalia. „Früher nahm ein Schwarzer, der von einem Weißen geschlagen oder entlassen worden war, den Hut ab, schlug die Augen nieder und sagte: ‚*Ya dankie bass.*' Was er dabei im stillen dachte, war etwas ganz anderes. Die Kampagne des zivilen Ungehorsams gab den Schwarzen den Mut zu sagen: ‚Jetzt sehe ich dir in die Augen. Ich werde nicht auf den Boden schauen und den Hut ziehen. Ich stelle mich dir.' Sie gab den Schwarzen Gelegenheit, ihre Würde zu demonstrieren."

Der Anblick der Schwarzen und Inder, die freiwillig bis zu 40 Tage ins Gefängnis gingen, machte unter anderem einer schlanken Näherin namens Lilian Ngoyi Mut. Lilian Ngoyi legte bald ein ganz außergewöhnliches Rednertalent an den Tag. „Ich begann die Zeitungsberichte aufmerksam zu verfolgen und las über Menschen, die an verschiedenen Orten gegen die Gesetze verstießen", erzählte sie dem Journalisten Anthony Sampson. „Eines Tages ging ich in die Siedlung Orlando und sah die Wagen, die die Freiwilligen aufsammelten. Sie waren so ruhig und mutig. Ich fragte mich: ‚Woher haben sie diesen Mut?' Ich kehrte nach Hause zurück und sagte meiner Mutter, daß ich auch eine freiwillige

Gesetzesbrecherin werden wolle. Meine Tochter war damals sehr krank. Sie lag im Krankenhaus und war an viele Schläuche angeschlossen, und meiner Mutter gefiel es gar nicht, daß ich meine Tochter allein lassen wollte. Deshalb stieg ich mit meiner Mutter an diesem Abend auf eine Anhöhe und zeigte ihr die Lichter von Orlando. Ich fragte sie: ‚Soll ich diesen Lichtern dienen oder meiner Tochter? Die Kampagne des zivilen Ungehorsams dient dem ganzen Volk; meine Tochter betrifft nur mich.' Daraufhin sagte meine Mutter, ich solle mich der Kampagne anschließen."

Lilian Ngoyi erwies sich als außergewöhnlich geschickte Demonstrantin. Sie war äußerst einfallsreich, wenn es darum ging, die Polizei hinters Licht zu führen. Einmal stopfte sie sich ein Kissen unters Kleid und gab vor, schwanger zu sein, um einen riesigen Packen Flugblätter an den Sicherheitsbeamten vorbeizuschleusen.

Am 30. Juli 1952 führte die Polizei in 16 Städten des Landes in den Privatwohnungen und den Büros von Funktionären des ANC und des Indian Congress eine Razzia durch und beschlagnahmte viele Dokumente. Zwei Wochen später nahm die Polizei 20 Anführer der Kampagne fest, darunter Dr. Moroka, Nelson Mandela, Walter Sisulu, JB Marks, Dr. Dadoo, Yusuf Cachalia und Ahmed Kathrada, den Präsidenten der Indischen Jugendliga von Transvaal. Sie wurden wegen Propagierung des Kommunismus angeklagt und gegen eine Kaution freigelassen. Acht Wochen später wurden 15 weitere Anführer der Kampagne aus der Kap-Provinz unter derselben Anklage verhaftet.

Ende September war die Zahl der Verhafteten derart angestiegen, daß manche Gefängnisse, vor allem im Osten der Kap-Provinz, voll belegt waren. Eines Abends, nachdem sechs Gruppen Freiwilliger im Gebiet von Port Elizabeth festgenommen worden waren, suchten drei hochrangige Staatsbeamte die ebenfalls in Haft sitzenden ANC-Führer von Port Elizabeth im Gefängnis auf. Es handelte sich um den örtlichen Polizeichef und die Führer der regionalen Armee- und Polizeieinheiten. Die drei sagten, daß sie keine weiteren Inhaftierten aufnehmen könnten und klagten, daß die Verhafteten sich weigerten, nach Hause zu gehen, wenn man sie freiließ. Malans Männer verlangten vom ANC eine zeitweise Aussetzung der Kampagne.

Anfang Oktober trafen sich der ANC und der Indian Congress zu einer Konferenz im Township Lady Selbourne in Pretoria, um die Ausdehnung der Kampagne auf die ländlichen Gebiete zu planen. Die anwesenden Journalisten waren von der Begeisterung der Menschen beeindruckt. Ein Korrespondent fragte sich, ob „an der leidenschaftlichen Erklärung Dr. Nkomos anläßlich der Begrüßung der Delegierten am Freitag nicht etwas Wahres sei, nämlich ‚daß wir heute Zeugen eines Wendepunkts in der Geschichte Südafrikas sind'". In einem Bericht der Zeitung *The Star* hieß es: „Im ganzen Township machen die Kinder der Eingeborenen, selbst jene, die gerade erst sprechen können, das Zeichen [den erhobenen Daumen] und rufen mit strahlenden Gesichtern den Slogan des Widerstands ‚*Mayibuye! Afrika!*'."

Mitte Oktober wuchs jedoch die Spannung. Ein weißer Polizist erschoß im Bahnhof von New Brighton zwei Schwarzafrikaner, weil sie angeblich eine Farbdose gestohlen und sich der Verhaftung widersetzt hatten. Eine wütende Menschenmenge versammelte sich, warf der Polizei Amtsmißbrauch vor, warf Steine und griff ein Polizeirevier in der Nähe an. Vier weiße Zivilisten wurden von schwarzen Demonstranten getötet. Die Polizei erschoß sieben Schwarze, bannte einige und verschärfte die Sperrstunde.

Walter Sisulu eilte nach Port Elizabeth. Während er dort Nachforschungen über die Tragödie anstellte, wurde ihm gesagt, daß eine kleine Gruppe von Freiwilligen sich vom ANC losgesagt hatte und Kundgebungen gegen die Maßnahmen der Polizei plante. Sisulu wußte, daß die Behörden kaum bereit waren, eine so offene Herausforderung zu tolerieren, und fürchtete um das Leben von ANC-Anhängern. Soeben wollte Sisulu losgehen, um die Rebellen aufzusuchen, als von draußen ein lautes Krachen hereindrang. Sisulu hielt das Geräusch fälschlicherweise für Schüsse aus der nahegelegenen Gemeindehalle, sprang auf, rannte aus dem Zimmer und forderte seine Kollegen auf, ihm zu folgen. Mehrere Männer warnten ihn davor, die Gemeindehalle zu betreten, und versuchten ihn aufzuhalten, aber Sisulu riß sich, vor Zorn schreiend, los und sagte, er wolle sich lieber selbst erschießen lassen als zusehen, wie treue ANC-Anhänger dem Tod ins Auge sahen.

Am Anfang des folgenden Monats kam es zu einem zweiten Aufruhr in einem Wohnheim in Johannesburg, dann fünf Tage später zu einem dritten in Kimberley. Im November erhielt der ANC die Erlaubnis, in East London eine Gebetsversammlung abzuhalten. Während des Gottesdienstes tauchten Polizeieinheiten in Mannschaftswagen auf und erklärten, der Gottesdienst sei von einer politischen Kundgebung nicht zu unterscheiden. In dem sich anschließenden Durcheinander kam es zu Schüssen, und die ANC-Anhänger wurden von den Polizisten mit vorgehaltener Waffe in das Township zurückgetrieben. Die aufgebrachten Schwarzen drehten durch, ermordeten zwei weiße Zivilisten, darunter eine Krankenschwester, und verstümmelten ihre Körper.

Die weiße Bevölkerung war entsetzt – übrigens auch die meisten Schwarzen. Die Weißen hatten die Kampagne des zivilen Ungehorsams in den vergangenen Monaten kaum zur Kenntnis genommen. Die Regierung erklärte nunmehr der Bevölkerung, daß die Teilnehmer der Kampagne die Gewalttätigkeiten provoziert hätten. Die in der Kap-Provinz erscheinende Zeitung *Die Burger* schrieb: „Für eine Weile regierte das primitive Afrika, der Tünche der Zivilisation entledigt und frei vom zähmenden Einfluß des weißen Mannes." Führer des ANC und des Indian Congress waren bemüht, den Weißen zu versichern, daß sich ihr Widerstand gegen ungerechte Gesetze wandte und nicht gegen die weiße Bevölkerung. Daher luden sie weiße Bürger zu einer Kundgebung in Johannesburg ein. Zweihundert Weiße kamen, aber die meisten von ihnen waren sympathisierende Gewerkschafter und ehemalige Mitglieder der Kommunistischen Partei. Wenige Tage später schlossen sich jedoch sieben Weiße einer Gruppe von 30 Schwarzen an, darunter Mahatma Gandhis Sohn Manilal, und betraten illegalerweise das Township Germiston in der Nähe von Johannesburg. Die weißen Freiwilligen wurden von Patrick Duncan, einem Oxford-Absolventen, angeführt, dessen Vater Generalgouverneur in Südafrika gewesen war.

Die Widerstands-Kampagne hatte jedoch ihren Zenit überschritten. Auf dem Höhepunkt der Kampagne war die Mitgliederzahl des ANC von 7 000 auf 100 000 angestiegen, jetzt sank sie wieder, nachdem das Verbot der Behörden praktisch alle Versammlungen unmöglich gemacht hatte. Die Gerichtsverhandlung gegen die 20 Anführer, die wegen Verstoßes gegen das Gesetz zur Unterdrückung des Kommunismus angeklagt waren, fand in der letzten Novemberwoche statt. Alle zwanzig wurden des „satzungsgemäßen Kommunismus" im Unterschied „zu dem, was man sonst Kommunismus nennt" für schuldig befunden, wie Richter Rumpff es ausdrückte. Rumpff räumte freilich „aufgrund der vorgelegten Beweise" ein, „daß Sie Ihre Anhänger beständig vor der Anwendung von Gewalt in jeder Form gewarnt haben". Er verurteilte die Angeklagten zu neun Monaten Gefängnis, die für zwei Jahre zur Bewährung ausgesetzt wurden.

Nelson Mandela und Oliver Tambo beschlossen im Dezember jenes Jahres, eine gemeinsame Anwaltskanzlei zu eröffnen. Wie alle Schwarzen hatten auch sie Probleme, in Johannesburg einen Vermieter zu finden, der ihnen Büroräume zur Verfügung stellte. Das Gesetz über räumliche Rassentrennung behielt die Stadt weißen Mietern vor. Schwarze sollten ihre Geschäfte von Townships oder ländlichem Reservaten aus betreiben.

Nach zahlreichen Absagen fanden die beiden Männer schließlich Büroräume im Chancellor House in der Nähe des Amtsgerichts. Aber noch bevor sie ihr Messingschild an die Tür nageln konnten, mußte Nelson einen Versuch der Anwaltskammer abwehren, die ihm aufgrund seiner Verhaftung während der Kampagne seine Zulassung als Anwalt entziehen wollte. Mit Hilfe des weißen Anwalts Walter Pollak, des Vorsitzenden der Kammer, gelang es Nelson, seinen Namen reinzuwaschen. Die gemeinsame Kanzlei florierte schon bald. Viele Schwarze reisten von weit her an, um die angesehenste schwarze Anwaltskanzlei des Landes, Mandela & Tambo, zu konsultieren.

„Der allmorgendliche Weg zum Schreibtisch war für Nelson und mich ein Spießrutenlauf durch geduldig wartende Menschenschlangen, die von den Stühlen im Warteraum auf den Korridor hinaus reichten", schrieb Tambo im Vorwort zu *No Easy Walk to Freedom*, einer Sammlung von Schriften und Reden Mandelas. „Südafrika genießt den zweifelhaften Ruhm, über einige der vollbelegtesten Gefängnisse der Welt zu verfügen. Die Gefängnisse sind zum Bersten voll mit Afrikanern, die wegen ernst zu nehmender Delikte – Gewalttaten sind in der Gesellschaft der Apartheid im Ansteigen begriffen –, aber auch wegen geringfügiger Gesetzesübertretungen eingesperrt wurden, für die kein wirklich zivilisiertes Land Haftstrafen verhängt. Arbeitslosigkeit ist ein Verbrechen: Kein Afrikaner kann auf die Dauer einer Verhaftung entgehen, wenn er in seinem Paß nicht den Stempel einer behördlich genehmigten Arbeitsstätte nachweisen kann. Kein Land zu besitzen kann gleichfalls ein Verbrechen sein. Woche um Woche hörten wir die Klagen ganzer Delegationen von Bauern mit wettergegerbten Gesichtern, die uns berichteten, daß ihre Familien viele Generationen hindurch ein kleines Stück Land bebaut hätten, von dem sie jetzt vertrieben worden seien. Afrikanisches Bier zu brauen und zu trinken und die Einkünfte aus dem Verkauf des Biers zur Aufbesserung des mageren Familieneinkommens zu verwenden ist ein Verbrechen, und Frauen, die es begehen, müssen mit hohen Geld- und Haftstrafen rechnen. Einen Weißen zu betrügen kann ein Verbrechen sein. Im falschen Bezirk zu wohnen – einem Bezirk, der Weißen, Indern oder Mischlingen vorbehalten ist – kann für Schwarze ein Verbrechen sein. Die südafrikanischen Apartheidgesetze machen aus zahllosen unschuldigen Menschen ‚Verbrecher'."

Dr. Moroka wurde auf der jährlichen Generalversammlung des ANC im Dezember nicht als Präsident wiedergewählt. Nelson Mandela wurde stellvertretender Präsident, und der neue, mit überwältigender Mehrheit gewählte Präsident wurde Häuptling Albert Luthuli, ein grauhaariger, tiefreligiöser Stammesführer der Zulu und ehemaliger Lehrer. Luthuli hatte Berühmtheit erlangt, weil er sich geweigert hatte, dem Druck von seiten der Regierung nachzugeben und sich vom ANC loszusagen, um seine Stellung als vom Staat bezahltes Oberhaupt von Natal zu behalten.

Luthuli hatte der Regierung, die ihm ein Ultimatum gestellt hatte, folgendes geantwortet: „Wer wollte leugnen, daß ich 30 Jahre meines Lebens damit verbracht habe, vergeblich und geduldig und mit Mäßigung und Bescheidenheit an fest verschlossene Türen zu klopfen? Was waren die Früchte dieser Mäßigung? In den vergangenen 30 Jahren wurde die Mehrzahl jener Gesetze erlassen, die unsere Rechte und unsere Entwicklung einschränken. Es ist heute so weit gekommen, daß wir nahezu rechtlos sind ... Ich habe mich dem neuen Geist angeschlossen, der mein Volk heute bewegt, dem Geist, der offen und kühn gegen die Ungerechtigkeit revoltiert."

Mit diesen mutigen Worten hatte sich Luthuli auf die Seite der Widerstands-Kampagne gestellt und Tausende von Schwarzen dazu animiert, sich als Freiwillige zu melden. Luthuli war ein würdevoller und freundlicher Mann, der die Alltagsprobleme der Durchschnittsschwarzen wirklich verstand. Er bewahrte sich den Optimismus, daß Weiße in der Lage sein könnten, einen Gesinnungswandel durchzumachen, und er trug dazu bei, die im ANC nach wie vor bestehenden Vorbehalte gegen weiße Kommunisten abzubauen. „Ich werde gefragt, warum ich mit Kommunisten zusammenarbeite", erklärte Luthuli einmal, „und ich antworte, daß ich nur einen Feind habe, die nationalistische Regierung, und daß ich nicht an zwei Fronten kämpfen will. Ich werde mit allen zusammenarbeiten, die bereit sind, mit mir für die Befreiung unseres Landes zu kämpfen."

Der neue Präsident, auch „Chief" genannt, wurde kurz nach seinem Amtsantritt bei einem Besuch in Port Elizabeth von 35 000 ANC-Mitgliedern begrüßt. Binnen weniger Tage freilich hatte die Polizei über Luthuli und weitere 100 Schwarze, Inder und Weiße den Bann verhängt, der ihnen den Besuch öffentlicher Versammlungen verbot. Einige, wie beispielsweise Mandela, durften ein halbes Jahr lang Johannesburg nicht verlassen. Neue Gesetze wurden erlassen, die die Bannbestimmungen verschärften. Drei Jahre Gefängnis und/oder eine Geldstrafe von 300 Pfund und/oder zehn Peitschenhiebe erwarteten nun all jene, die sich schuldig machten, „indem sie gegen ein Gesetz protestierten oder eine Kampagne gegen ein Gesetz unterstützten". Jeder, dessen Worte oder Taten eine andere Person dazu anstifteten, gegen ein Gesetz zu protestieren, mußte mit einer zusätzlichen Strafe von 200 Pfund oder zwei Jahren Gefängnis rechnen.

Die ANC-Mitglieder hatten in diesem Jahr an Weihnachten allen Grund zu trübsinnigen Gedanken. Als Yusuf Cachalia, Walter Sisulu, Oliver Tambo, JB Marks, Dr. Diliza Mji und Jasmat Nanabhai zu einer kleinen Feier bei Walter Sisulu unterwegs waren, geschah freilich etwas unerwartet Komisches. Sie fuhren in zwei Autos vom Stadtzentrum auf einer Hauptstraße durch einen weißen Vorort. Vor ihnen fuhr ein bulliger Afrikaander mit einem Pferdekarren, auf dem ein junger Inder saß. Die Vier hatten den Verdacht, daß der Weiße nichts Gutes mit dem Inderjungen im Sinn hatte. Sie hielten daher an, stiegen aus und stoppten den Pferdekarren. Der Afrikaander war entrüstet darüber, daß ihn ein Haufen „Kaffern" ausfragte. Er schrie um Hilfe und war schon bald von mehreren schwergewichtigen Freunden umringt, die aus den Nachbarhäusern herbeigeeilt waren und die Fäuste schwangen. „Binnen weniger Minuten lagen wir am Boden", erinnert sich Cachalia. „Ich bin ein absolut gewaltloser Mensch: Ich kann mich physisch nicht wehren. Auch die meisten anderen konnten das nicht. Wenn Nelson dabeigewesen wäre, hätten wir uns besser geschlagen, denn er war ja Boxer. Der einzige, der wußte, wie man einen Fausthieb austeilt, war Walter, aber auch er machte seine Sache nicht allzu gut. Wir mußten alle um unser Leben rennen."

Während einer Weihnachtsfeier in Natal mit Chorgesang und einem geschmückten Tannenbaum mit flackernden Kerzen hatte der ANC-Präsident Häuptling Luthuli plötzlich eine Idee, wie man kommenden Generationen die Kampagne des zivilen Ungehorsams im Gedächtnis bewahren konnte. Luthuli wollte am 26. Juni des kommenden Jahres die Schwarzen im ganzen Land aufrufen, Kerzen oder Lampen vor ihren Häusern anzuzünden „als ein Symbol des Funkens der Freiheit, den wir alle in unseren Herzen bewahren wollen, und als ein Zeichen an alle Freiheitsliebenden, daß wir in dieser Nacht Wache halten“. Er rief die älteren Menschen auf, den Kindern „die Geschichte des Freiheitskampfes des afrikanischen Volkes im besonderen und der Nicht-Europäer im allgemeinen [zu erzählen], so weit sie ihnen bekannt ist“.

6

Das Freiheitsmanifest

Die in der Wüste Karoo gelegene graue Kleinstadt Cradock war wie alle Kleinstädte in Südafrika in zwei Sektoren geteilt. Die Reihenhäuser der kleinen weißen Gemeinde waren von durchhängenden Zäunen umgeben, an denen sich Kletterpflanzen und Bougainvillea hinaufrankten. Die Häuser hatten riesige Veranden, in denen die Bewohner an heißen Nachmittagen Schutz vor der Sonne fanden. Hinter jedem Haus befand sich ein wesentlich kleinerer, grob gezimmerter Bau für die zwei oder drei ständig im Hause wohnenden Bediensteten. Hinter den Häusern erstreckte sich eine Wiese mit Mango- und Maulbeerbäumen. Dieses Terrain war ein rassisches Niemandsland: Die Kinder der Herren und der Diener saßen im Sommer im Schatten unter den Bäumen, pflückten die herunterhängenden Früchte und freuten sich gemeinsam an deren süßem Geschmack. Den anderen Teil von Cradock bildete das schwarze Township. Es lag an einer staubigen Straße, auf der nur selten Weiße fuhren. Hier lebte die Mehrzahl der Einwohner von Cradock in Hütten aus Dreck und Stein, inmitten von Maisstengeln und vertrockneten Kürbissetzlingen.

Trotz seines bescheidenen Erscheinungsbildes konnte sich Cradock einiger Berühmtheiten rühmen. Cradock war der Geburtsort einer der bekanntesten südafrikanischen Schriftstellerinnen, Olive Schreiner. Ihr Roman *Die Geschichte einer afrikanischen Farm* war der erste Roman eines Schwarzafrikaners, der weltweit Anerkennung fand. Olive Schreiner hatte bis zu ihrem 15. Lebensjahr in einem weißgetünchten Bungalow in der Cross Street Nr. 9 gewohnt. Dann hatte ihr Vater bankrott gemacht, und sie hatte eine Stelle als Erzieherin bei einer wohlhabenden Familie im nahegelegenen Barkly East annehmen müssen.

Cradock war außerdem für seine schwarzen Sänger berühmt, die im ANC-Chor von Reverend James Calata sangen, einem ehemaligen ANC-Präsidenten. Der ANC-Chor diente einem doppelten Zweck. Der Erlös der Konzerte floß zu einem Teil in die Parteikasse, und vom anderen Teil konnte das Schulgeld für arme schwarze Schulkinder aus der Umgebung bezahlt werden. Der ANC war daher in Cradock bekannter als in den meisten anderen Landstädten vergleichbarer Größe. Jedesmal, wenn die grün-schwarz-goldene ANC-Fahne an einem hohen Baum gehißt wurde, strömte binnen einer Stunde eine Menschenmenge zusammen und wartete, was der ANC ihr mitzuteilen hatte.

Ebenfalls mit Cradock verbunden war Professor Zachariah Matthews. Er hatte hier die Idee gehabt, ein Volksparlament einzuberufen, das eine Verfassung für Schwarze ausarbeiten sollte. Das Parlament sollte ein Hoffnungsträger sein und die entrechteten Massen der Schwarzen hinter sich versammeln. In seiner Eigenschaft als ANC-Präsident der Kap-Provinz erklärte Matthews auf der Jahresversammlung: „Ich frage mich, ob es nicht an der Zeit ist, daß der African National Congress über die Frage der Einberufung einer Nationalversammlung nachdenkt, eines Volkskongresses, der alle Bürger dieses Landes vertritt, ungeachtet ihrer Rassenzugehörigkeit und Hautfarbe. Dieser Volkskongreß soll ein Freiheitsmanifest für das demokratische Südafrika der Zukunft entwerfen."

Matthews war nicht nur eine herausragende Persönlichkeit des politischen Lebens in Afrika, sondern auch ein international anerkannter Wissenschaftler und musterhafter Christ. Er wurde auf den Namen Zachariah getauft, weil sein strenggläubiger Vater, ein Ladenbesitzer, glaubte, daß ein „christlicher Name" ein biblischer Name sein müsse, wenn man sich nicht Schwierigkeiten nach dem Tod einhandeln wolle. Der junge Zachariah war der erste schwarze Student, der seinen Abschluß in Südafrika machte, und der erste schwarze Rektor einer High-School, dem Adam's College in Natal. Jahrelang opponierte er gegen die auf Boykotte zielenden Strategien der Jugendliga und löste bei vielen radikalen Schwarzen Zorn aus, weil er das englische Königspaar 1947 anläßlich seines Besuchs in Fort Hare herzlich empfangen hatte. Ein Jahr später, nach dem Sieg der Nationalen Partei, warf er seine gemäßigten Ansichten über Bord und wurde selbst militant. Matthews fühlte sich in der akademischen Welt von Fort Hare wohl, aber nach der Wiederwahl der nationalistischen Regierung im April 1953 zu einer zweiten Amtsperiode konstatierte er voller Mißtrauen das Erstarken der die Apartheid befürwortenden Kräfte. Er wußte, daß es die dringende Pflicht des ANC war, „dem Volk politisches Bewußtsein zu vermitteln und es zu politischem Handeln zu ermutigen". Er glaubte, daß ein schriftlich formulierter Pakt, ein „Freiheitsmanifest“, wie er es nannte, dem ANC helfen würde, seine Ziele zu erreichen.

Malan erließ damals weitere repressive Gesetze. Mit dem Bantu-Erziehungsgesetz (Bantu Education Act) von 1953 sollten die Missionsschulen unter die Kontrolle der Regierung gebracht werden. Bisher waren diese Schulen für Schwarze die einzige Möglichkeit, eine umfassende, liberale Ausbildung zu erhalten. Hunderte von Kirchen wurden angewiesen, die Lehrpläne der Regierung zu übernehmen und strenge Verhaltensregeln für Schüler und Lehrer einzuführen. Die Mißachtung dieser Regeln führte zum Entzug staatlicher Stipendien, und kaum ein Schüler oder Lehrer konnte sich eine derartige Bestrafung leisten. Die Schwarzen nannten das „Erziehung zur Dummheit“, eine Einschätzung, die Malans Minister für Eingeborenenfragen Dr. Hendrik Verwoerd offensichtlich teilte. Verwoerd erklärte: „Oberhalb bestimmter Formen der Arbeit gibt es für ihn [den Schwarzen] innerhalb der Gemeinschaft der Europäer keinen Platz.“

Die Verfolgungen aufgrund des Gesetzes gegen Unmoral gingen weiter. In den Zeitungen wurde des öfteren über Gerichtsverhandlungen gegen gemischtrassige Paare berichtet. Auch allerlei schmutzige Details kamen zur Sprache, die Polizisten dadurch in Erfahrung gebracht hatten, indem sie sich auf Bäumen oder unter Betten versteckt hatten. In den fünfziger Jahren wurde auch auf die Einhaltung der Paßgesetze besonders scharf geachtet. Jährlich wurden mehr als 300 000 Menschen wegen Vergehen gegen die Paßgesetze verurteilt, das heißt ungefähr ein Zehntel der gesamten schwarzen Bevölkerung der Städte. Schikanen von seiten der Polizei mitten in der Nacht waren an der Tagesordnung. Nach dem Gesetz über die räumliche Rassentrennung konnte ein Schwarzer nur im Haus eines Weißen wohnen, wenn er dort angestellt war. Weder Ehefrauen noch Ehemänner, noch Kinder durften bei ihren arbeitenden Familienangehörigen wohnen, wenn sie keine genehmigte Arbeitsstelle vorweisen konnten. Manche Weiße drückten ein Auge zu und bezahlten lieber die Strafe, als daß sie enge Verwandte aus dem Haus warfen. Aber die meisten Weißen paßten auf, daß sich keine Fremden in ihrem Bedienstetentrakt aufhielten.

Hunderte von schwarzen Aktivisten waren durch das Gesetz zur Unterdrückung des Kommunismus vom öffentlichen Leben ausgeschlossen worden. Unter ihnen war auch Häuptling Luthuli, dem man seinen Lebensunterhalt genommen und den man in einen abgelegenen Teil des

Landes verbannt hatte, wo er eine staatliche Unterstützung von 1 Pfund pro Monat bekam. Nelson Mandela, der ANC-Präsident von Transvaal und Stellvertreter Luthulis, durfte Johannesburg nicht verlassen und keine Versammlungen besuchen oder Reden halten. Er fand jedoch Mittel und Wege, diese Verbote zu umgehen. Im September 1953 bat er Robert Resha, statt seiner die Präsidentenansprache auf der Jahreskonferenz des ANC von Transvaal zu halten. „... Die alten Methoden, die Massen über öffentliche Versammlungen, Presseerklärungen und Flugblätter zu mobilisieren, sind äußerst gefährlich geworden und können kaum noch wirksam angewandt werden. Die Behörden werden nicht mehr eine unter der Schirmherrschaft des ANC einberufene Versammlung erlauben. Wenige Zeitungen werden Erklärungen veröffentlichen, die die Politik der Regierung offen kritisieren, aus Furcht vor dem ‚Gesetz zur Unterdrückung des Kommunismus' und ähnlicher Maßnahmen wird kaum eine Druckerei dazu bereit sein, Flugblätter zu drucken, in denen die Arbeiter zu Kampfmaßnahmen aufgerufen werden. Diese Entwicklung erfordert die Herausbildung neuer politischer Kampfformen, die uns in die Lage versetzen, den Kampf auf einer höheren Stufe als der der Kampagne zur Mißachtung der Apartheidgesetze fortzusetzen."

Mandelas neue Formen des politischen Kampfes kreisten um eine Kampagne zur Politisierung der Massen mit Hilfe des sogenannten „M-Planes" („M" für Mandela). Der M-Plan sah ein dezentralisiertes Organisationssystem vor, mit dem Versammlungsverbote umgangen werden sollten. Schwarze Wohngebiete wurden in unzählige kleine Zellen aufgeteilt, bestehend aus jeweils einer Straße unter der Aufsicht eines „Zellen-Aufsehers". Sieben Straßen bildeten eine Zone, der ein „Oberaufseher" vorstand. Der Oberaufseher konnte über die Zellen schnell politische Botschaften an die Massen weiterleiten.

In diesem Jahr griff der ANC bei seiner Jahreskonferenz in Bloemfontein Professor Matthews' Idee eines Volkskongresses zur Formulierung eines Friedensmanifestes auf, das die Ziele des Volkes in einer künftigen gemischtrassigen Gesellschaft ausdrücken sollte. Nelson Mandela und Walter Sisulu wurden dazu ausgewählt, die Kampagne zu planen. Obwohl Sisulu gebannt und in seiner Bewegungsfreiheit eingeschränkt war, machte er sich sofort in der für ihn typischen überschwenglichen und manchmal auch unvorsichtigen Art daran, den Volkskongreß zu organisieren. Er sprach so herausfordernd von alternativen Regierungsformen, daß Joe, der Sohn von Professor Matthews,

Anwalt und selbst sehr militant, seinem Vater in einem Brief von einer „gefährlichen Aussage“ Walters in Port Elizabeth berichtete. „Es ist völlig klar, daß keine Regierung etwas Derartiges tolerieren kann ... Diese Anspielungen auf unsere Regierung und unser Parlament machen mir angst.“

Walter beachtete die Mahner, die zur Zurückhaltung rieten, nicht. Er war einer der erfolgreichsten Organisatoren des ANC, vor allem deshalb, weil er aufgrund seiner bescheidenen Herkunft mit den einfachen Leuten, die in zunehmendem Maß die Speerspitze des Kampfes bildeten, gut zurechtkam. Ein altgedienter ANC-Aktivist berichtet: „Walter sagte immer: ‚Was meinst du, sollen wir dies oder das tun?‘ Oder: ‚Machen wir es doch so, einverstanden?‘ Oder: ‚Könntest du uns dabei helfen?‘ Andere ANC-Führer erteilten einfach Befehle und erwarteten, daß wir sofort bereitstanden.“

Walters Frau Albertina erinnert sich an unzählige Diskussionen mit Mandela, in denen sie und Walter versuchten, Mandela davon zu überzeugen, in der Öffentlichkeit mit weniger Stolz aufzutreten. „Aber er war ein Xhosa-Aristokrat, und seine Erziehung hat ihn zu dem gemacht, was er heute ist – reserviert und manchmal ein bißchen arrogant“, meint Albertina. „Es machte nichts, denn die Leute mochten es, zu einem Führer aufzublicken, der etwas Königliches hatte und zu dem vielleicht sogar eine gewisse Distanz bestand, obwohl Walters Art manchmal erfolgreicher war. Die beiden bildeten wirklich ein gutes Team.“

Zuweilen jedoch erschreckte Nelsons Härte seine Freunde. Robert Matji, einer der Hauptorganisatoren des ANC in der Kap-Provinz, erinnert sich an einen Besuch in Mandelas Haus in Johannesburg. Matji war gekommen, um sich Instruktionen über den Volkskongreß zu holen. Er schlief mit anderen ANC-Funktionären aus der Kap-Provinz auf dem Boden in Nelsons Wohnzimmer. Die beiden Söhne Nelsons hießen Tembi und Magatho, der Letzte nach einem früheren ANC-Präsidenten, der sich einmal aus Protest an einen Pfosten gekettet hatte. Eines Morgens nach der Schule spielten die beiden Jungen im Wohnzimmer zwischen den Schlafenden. Plötzlich entdeckte Tembi, daß ein wichtiges Buch nicht mehr in seinem Schulranzen war. Als Nelson auftauchte, war der Neunjährige den Tränen nahe, und Nelson beteiligte sich an der Suche nach dem Buch, das sich schließlich auch wieder fand. Nelson machte das Buch auf und sah, daß der Name eines anderen Jungen auf dem Namensschild stand. „Daraufhin nahm er seinen Sohn ins Kreuzverhör, als stünde er vor dem Obersten Gerichtshof", erinnert sich Matji. „Woher Tembi das Buch habe? Ob der Eigentümer des Buches wisse, daß er es sich ausgeliehen habe? Und so weiter. Er fing sogar an, verschiedene Gesetze zu zitieren. Wir saßen nur stumm da und hörten zu. Der Junge tat uns leid, denn dort, wo wir herkamen, war klar, daß man sich ein dringend benötigtes Schulbuch irgendwie beschaffte, ohne Rücksicht auf irgendwelche Gesetze. Nelsons juristische Ausbildung hat ihn sehr, sehr sensibel gemacht für Gut und Böse."

Mandela und Sisulu begannen ihre Vorbereitungen für den Volkskongreß damit, daß sie Versammlungen einberiefen und leitende ANC-Mitarbeiter instruierten und motivierten. Da diese Vorbereitungen über das Netzwerk des „M-Plans" abgewickelt wurden, fanden die Versammlungen gewöhnlich auf einem Werksgelände statt wie zum Beispiel in jener indischen Schneiderei, in der Walter unzählige ANC-Organisatoren instruierte. Die Teilnehmer an den illegalen Versammlungen wurden angewiesen, den Laden in vorher abgesprochenen Abständen zu betreten und sich eine Weile wie normale Kunden umzusehen und Stoffe zu begutachten. Erst wenn sie sicher waren, daß die Polizei ihnen nicht gefolgt war, sollten sie sich in den hinteren Teil des Ladens begeben, wo ihre Kollegen vom ANC sie erwarteten. Einmal hatte Walter wichtige Dokumente von Dan Thloomes Büro in der Johannesburger Innenstadt bei sich. Thloome gehörte dem Exekutivrat des ANC an. Walter brachte seine kleine Tochter mit, und als er im hinteren Raum war, hob er das Kleid des kichernden Mädchens hoch und holte die Papiere aus ihrem Höschen.

Im März 1954 wurde ein nationaler Organisationsstab gebildet, um die Kampagne für den Volkskongreß zu koordinieren. Diesem Stab gehörten der Indian Congress, die in der Kap-Provinz beheimatete South African Coloured People's Organization und eine kleine, aber einflußreiche Gruppe radikaler Weißer an, die sich zum Congress of Democrats zusammengeschlossen hatten. Der Zusammenschluß verschiedener Organisationen firmierte unter dem Namen „Kongreß-Allianz", und die Organisatoren riefen dazu auf, aus Freiwilligen bestehende „Stoß-Brigaden" zu bilden. Die Brigaden sollten von Männern und Frauen angeführt werden, die in der Lage waren, selbständig zu handeln, und mit den unterschiedlichsten Menschen gut umgehen konnten.

Eine solche Brigadenführerin war Dorothy Nyembe, eine Veteranin der Kampagne zur Mißachtung der Apartheidgesetze. Sie war 1952 als erste Frau für ihre Teilnahme an der Kampagne des zivilen Ungehorsams zu einer Gefängnisstrafe verurteilt worden. Damals war sie gerade 19 Jahre alt und mußte sich gegen skeptische ANC-Funktionäre durchsetzen, die sie als für den zivilen Ungehorsam zu jung erachteten. „Kind", sagte Luthuli damals zu ihr, „die Leute glauben nicht, daß du es schaffst. Es ist nicht leicht."

Dorothy Nyembe ignorierte auch diesmal die von der Polizei drohenden Repressalien und hielt Volkskongreß-Versammlungen im dicht bevölkerten Cato Manor in Natal ab. Dort redete und schimpfte sie so lange auf ihre Zuhörer ein, bis diese zustimmten, sich der wachsenden Armee von Freiwilligen anzuschließen. Sie ging zu Schwarzen nach Hause und erklärte: „Ich bin die Stimme von Häuptling Luthuli", was ihr für gewöhnlich einen herzlichen Empfang garantierte.

Die Aufgabe der Freiwilligen in ihren Khaki-Uniformen, die man bald im ganzen Land wiedererkennen sollte, war es, die Schwarzen für den Volkskongreß zu mobilisieren. Sie sollten ein ANC-Mitteilungsblatt mit dem Titel *The Call* verteilen und die Zeitung *New Age* verkaufen, in der die Werbetrommel für die Kampagne gerührt wurde. Außerdem sollten sie Anregungen von den Gruppen, mit denen sie gesprochen hatten, aufschreiben, damit sie in das Freiheitsmanifest Eingang finden konnten. Das Freiheitsmanifest sollte ein Dokument sein, „das als Leitlinie unserer künftigen Arbeit dienen wird ... und vom Volk selbst geschrieben wurde durch die Forderungen, die es uns zugeschickt hat". Die Kongreß-Allianz unterstützte die freiwilligen Helfer und gab regelmäßig neue Direktiven heraus: „Die Freiwilligen sollen die von den Menschen vorgebrachten Forderungen und Beschwerden aufschreiben. Sie sollen die Diskussion leiten, damit die Menschen nicht nur über ihre Leiden klagen, sondern auch sagen, was geändert werden müßte. Sie sollen die Leute ermuntern, von konkreten Dingen zu sprechen und nicht allgemein von ‚ungerechten Gesetzen' oder ‚Unterdrückung'. Die Freiwilligen sollen fragen, welche Gesetze die Menschen als ungerecht empfinden und wie sie geändert werden sollten; sie sollen fragen, was die Menschen unter Unterdrückung verstehen und wie diese abgeschafft werden kann." Wenn eine einzelne Gruppe das Konzept des Friedensmanifests begriffen hatte, durfte sie einen Vertreter zum Volkskongreß entsenden.

Wenn die Freiwilligen auf Ablehnung stießen, sollten sie das Hauptquartier der Kongreß-Allianz benachrichtigen. Dann wurden erfahrene Aktivisten zu weiteren Diskussionen mit den Betreffenden geschickt. Zu ihnen gehörte auch Roy Naidoo, ein altgedienter Aktivist und Adoptivsohn Mahatma Gandhis. Bei einem Inder, der auch nach tagelangen Diskussionen unbedingt politisch neutral bleiben wollte, verlor selbst Naidoo die Geduld. Er zeigte auf ein Bild Gandhis, das in den meisten indischen Haushalten an der Wand hing und brüllte: „Nimm das Bild ab! Was zum Teufel ist mit dir los? Wozu hängst du das Bild auf, wenn du so daherredest?"

Vielen der Freiwilligen, die bei Fabrikarbeitern für den Volkskongreß werben sollten, standen erfahrene Gewerkschafter zur Seite, darunter auch Mitglieder der Kommunistischen Partei. Sie rieten den Freiwilligen, sich von den Arbeitern der Fabrik einen alten Overall auszuleihen, damit sie bei Arbeitsbeginn in der Menge unerkannt die Torwachen passieren konnten. Sie sollten die Arbeiter vorzugsweise in der Mittagspause ansprechen, wenn eine Gruppe zusammenstehender Arbeiter nicht weiter auffiel, und sich zurückziehen, sobald ein weißer Vorarbeiter Verdacht schöpfte.

Obwohl Malans Arbeitsminister Ben Schoeman geschworen hatte, „die afrikanischen Gewerkschaften auszubluten", entstanden während der Kampagne zum Volkskongreß Dutzende neuer Arbeitervereinigungen. Sie wurden von tatkräftigen Männern wie Billiy Nair in Natal angeführt, der ständig dafür ins Gefängnis wanderte, daß er gegen Gesetze verstieß, die das Zusammenwachsen der schwarzen Arbeiterschaft verhindern sollten. Im März 1955, nur wenige Monate vor dem geplanten Termin des Volkskongresses, wurde der South African Congress of Trade Unions (SACTU) gegründet. In dieser Dachorganisation gingen jetzt viele kleinere Gewerkschaften auf, die über die Jahre hinweg entstanden waren. Das erste landesweite Projekt des SACTU war das Sammeln von Forderungen der Arbeiterschaft für das Freiheitsmanifest.

Anfang 1955 erschien in *New Age* ein Artikel, in dem es hieß, das Hauptquartier des Volkskongresses werde „nun schon seit Monaten mit den Forderungen der Menschen überschwemmt. Die Menschen schreiben ihre Forderungen auf alles, was ihnen zwischen die Finger kommt: auf aus Schulheften herausgerissene Blätter, auf kleine Zettelchen mit Eselsohren und auf Papierschnipsel von Flugblättern des Volkskongresses". Oliver Tambo erklärte im April gegenüber der Presse, daß das Freiheitsmanifest vom Aktionskomitee der Kongreß-Allianz „aus Tausenden von schriftlichen Äußerungen" zusammengestellt werde, „die auf Tausenden von kleinen Versammlungen gesammelt wurden". Wenn das Freiheitsmanifest vom landesweiten Exekutivkomitee des ANC gebilligt worden sei, werde der Volkskongreß, der am 25. und 26. Juni stattfinden solle, der Nation seine Ziele präsentieren.

Verzögerungen und Pannen kamen dazwischen, so daß der Zeitplan nicht eingehalten werden konnte. Als das Freiheitsmanifest endlich dem ANC zur Genehmigung vorgelegt werden konnte, waren es nur noch drei Tage bis zum Volkskongreß. Tausende von Exemplaren des Manifests waren gedruckt und bereits verteilt worden, was die Afrikanisten innerhalb des ANC besonders ärgerte, da sie die einleitende Erklärung des Manifests ablehnten. Dort hieß es: „Afrika gehört allen, die dort leben, Schwarzen und Weißen."

Der Volkskongreß sollte in Kliptown, einem 16 Kilometer südwestlich von Johannesburg gelegenen Township, auf einem privaten Fußballplatz stattfinden. Der Platz war schon Tage vor dem Kongreß mit Fahnen und Bannern geschmückt. Feuerstellen wurden vorbereitet, um die von einem Versorgungskomitee unter Leitung Ahmed Kathradas beschafften Essensberge zubereiten zu können. Kathrada oder „Kathy", wie er auch genannt wurde, hatte seit Monaten Töpfe, Teller und andere Utensilien organisiert. Er hatte außerdem eine große Lieferung kleiner Blechschüsseln geordert, die die Delegierten billig erstehen konnten, um während des Kongresses daraus zu essen. Danach konnten sie die Schüsseln als Andenken mit nach Hause nehmen. Vor wenigen Wochen hatte Kathy noch mit dem Fabrikanten über einen günstigen Preis für die Schüsseln verhandelt. Der Fabrikant hatte sich lange gesträubt, und Kathy war ungeduldig geworden und hatte zu einer versteckten Drohung gegriffen: „Wenn Sie mir die Schüsseln zu einem Schilling das Stück abgeben, garantiere ich Ihnen, daß die Metal Box Company in Ruhe gelassen wird, wenn wir in Südafrika an die Macht kommen." Der weiße Geschäftsmann hatte gezwungen gelächelt und eingewilligt.

In den frühen Morgenstunden des 24. Juni, einem Freitag, machten sich Tausende von Delegierten aus ganz Südafrika auf den Weg nach Kliptown. Viele von ihnen waren mit Decken und Proviant bepackt, denn sie hatten eine mehrtägige Reise mit Bussen oder Lastern vor sich. Dutzende von mittellosen Delegierten konnten dank der außerordentlichen Bemühungen eines siebzigjährigen, kränklichen Mannes finanziell unterstützt werden. Der Mann hieß John Mtini. Er hatte monatelang jeden Morgen seine winzige Hütte in Elsie's River verlassen und war von Haus zu Haus gegangen, um Reisegeld für die Delegierten zu sammeln.

Die Einfallstraßen nach Johannesburg waren voller Polizisten. Manche Fahrzeuge, die singende Delegierte zum Volkskongreß beförderten, wurden auf dem Weg nach Kliptown sechsmal angehalten. Als die Busse am frühen Sonntagmorgen in Kliptown ankamen, spielte eine Band Freiheitslieder und Märsche.

Das Treiben glich einem riesigen Karneval. Einige der 2 884 Delegierten und 700 Zuschauer trugen Stammestrachten aus Tierhäuten und bunten Perlen; andere waren in den ANC-Farben Grün, Schwarz und Gelb gekleidet oder trugen die Khaki-Uniform der Freiwilligen. Die indischen Frauen stellten glänzende Saris zur Schau. Alte, sich auf Stöcke stützende Männer brüllten sich Mitteilungen ins Ohr, und Babys, die auf dem Rücken ihrer Mütter festgeschnallt waren, plärrten. Jugendliche waren mit Plakaten und Fahnen unterwegs, Geschäftsleute in Anzügen und Hüten sahen ihnen zu. Man sah ältere, halbnackte Xhosa aus Pondoland, die in ihren gemusterten Decken groß und furchteinflößend aussahen und die ihre Wangen mit Lehm bemalt hatten. Oben auf der Tribüne saßen die Hauptorganisatoren der Kongreß-Allianz vor einem Rad mit vier Speichen, dem Symbol für die Einheit des Bündnisses. „Vielleicht war dies die erste wirklich repräsentative Versammlung in der Geschichte der Südafrikanischen Union", schrieb Häuptling Luthuli. „In der Geschichte der Befreiungsbewegung in Südafrika hat kein Ereignis die Phantasie des Volkes so beflügelt wie der Volkskongreß, nicht einmal die Kampagne des zivilen Ungehorsams."

Der Volkskongreß begann um drei Uhr nachmittags. Am Eingang zum Fußballplatz standen Gruppen von Polizisten der Special Branch mit gezückten Füllern und Notizblöcken. Häuptling Luthuli hatte Premierminister Malan eine freundlich formulierte Einladung zukommen lassen. Malan hatte sich nicht einmal die Mühe gemacht, zu antworten. Er hatte als einzige Vertreter seine Polizisten nach Kliptown geschickt.

Einige wichtige gebannte Führer hatten sich unweit vom Ort des Geschehens in einem Haus in Kliptown versammelt. Es waren Walter Sisulu, Dr. Dadoo, JB Marks, Maulvi Cachalia und sein Bruder Yusuf. Sie wollten an diesem Tag unbedingt dabeisein, auch wenn sie damit eine Gefängnisstrafe riskierten. Obwohl sie das Geschehen auf dem Fußballplatz nicht überblicken konnten, hörten sie doch das Tosen der Menschenmassen. Außerdem hatten sie für Boten gesorgt, die ihnen in regelmäßigen Abständen Bericht erstatten mußten. Dr. Dadoo, Häuptling Luthuli und Father Trevor Huddleston, ein anglikanischer Priester, der sich während der Kampagne zur „Entfernung der schwarzen Flecken" in Sophiatown dem ANC angeschlossen hatte, sollten den „Isitwalandwe", die höchste Auszeichnung des ANC, erhalten. Aber nur Father Huddleston stand nicht unter dem Bann und konnte am Volkskongreß teilnehmen.

Eines der gebannten Mitglieder des ANC wagte sich sogar in das Fußballstadion, das Gesicht mit einem wollenen Kopfschutz verhüllt. Es war Gert Sibande, der „Löwe des Ostens", der plötzlich neben einem Weißen namens Muller stand, dem Leiter der Sicherheitspolizei. Als Sibande mit seiner Rede an der Reihe war, sprang er auf die Tribüne und zog sich den Kopfschutz vom Gesicht. Muller schrie: „Das ist Sibande", worauf seine Polizisten eine Absperrkette um die Tribüne bildeten. Aber Muller beschloß, nicht zuzugreifen, und befahl seinen Männern, sich wieder zu verteilen.

Der Prozeß der Ratifizierung des Freiheitsmanifests begann. Jeder Abschnitt wurde verlesen und diskutiert, und jeder Delegierte war berechtigt, für diejenigen zu sprechen, deren Vertreter er war. Dadurch dauerte die Ratifizierung natürlich sehr lange, zumal immer wieder Freiheitslieder angestimmt wurden. Nachdem die Versammelten allen Bürgern das aktive und passive Wahlrecht und die Gleichheit vor dem Gesetz zugesprochen hatten, wurde im Freiheitsmanifest die Gleichheit aller Volksgruppen, das Ende der diskriminierenden Gesetzgebung, die Neuaufteilung des Landes und die Verstaatlichung der Bergwerke, Banken und der Monopolindustrien festgelegt. Den älteren Mitbürgern wurden unentgeltliche Schulausbildung, medizinische Betreuung und Altersversorgung und die Einführung von Mindestlöhnen versprochen. Zuweilen verstieg man sich jedoch auch zu unrealistischen Versprechungen. So heißt es im Freiheitsmanifest unter anderem: „Die Mieten und Preise sollen gesenkt werden, und es soll für alle genug zu essen geben, und niemand soll mehr hungern."

Am Ende des zweiten Sitzungstages machte die Polizei plötzlich eine Razzia. Das für Sonntag vorgesehene Pensum war nahezu absolviert, und man wollte gerade den Abschnitt besprechen, der zum Frieden und der Freundschaft zwischen allen Völkern der Erde aufrief. Polizeieinheiten fuhren in Lastern bis an die Absperrung für die Delegierten vor und eskortierten ein Dutzend Detektive der Special Branch zur Tribüne. Dort präsentierten sie Durchsuchungsbefehle und erklärten, es handle sich um eine Untersuchung in Sachen Hochverrat. Mehrere Panzer fuhren in das Stadion. Ida Mtwana auf der Tribüne war gerade aufgestanden, als ein Schrei der Entrüstung aus der Menge aufstieg. Mtwana rief den Menschen zu: „Genossen! Die Stunde ist gekommen! Bleibt ruhig! Laßt uns singen!“ Sie stimmte die ersten Töne von *Nkosi Sikelela iAfrika* an, und bald fielen die Versammelten mit voller Kehle ein.

Die Polizei beschlagnahmte jedes Stück Papier, das ihr zwischen die Finger kam, und nahm zahlreiche Leibesvisitationen vor. Währenddessen riegelten berittene Polizisten die Eingänge ab. Mit Maschinengewehren bewaffnete Polizeieinheiten gingen durch die Menge und trieben die Delegierten und Zuschauer einzeln aus dem Stadion. Sämtliche anwesenden Weißen – es handelte sich vorwiegend um Mitglieder des Congress of Democrats – wurden erkennungsdienstlich behandelt. Manilal Gandhi berichtet, die Polizisten hätten „mit stierem Blick“ um sich gesehen. „Einige der Polizisten verhöhnten die Delegierten, und als diese ‚Afrika‘ riefen und mit erhobenen Daumen das Siegeszeichen machten, zeigten manche Polizisten mit den Daumen nach unten.“

Als es dunkel wurde, holten die Polizisten Sturmlampen aus ihren Fahrzeugen. Sie setzten die Verhöre bis acht Uhr abends fort. Schließlich war der Fußballplatz leer, und die Polizisten luden Kisten mit beschlagnahmter Literatur auf ihre Lastwagen und schafften das „des Hochverrats verdächtige“ Material fort. Sie waren guter Stimmung, hatten sie doch gefunden, was sie suchten. Zumindest glaubten sie das.

7

Hochverrat?

Unpolitische sprach, nachdem er am 27. September 1935 [illegible] über 1.000 Polizisten die größte Polizeiaktion der [illegible] durch. Hunderte von Gewerkschaftern, der [illegible] Arbeitslosen und [illegible]

[illegible]

Drei Monate später, im Morgengrauen des 27. September 1955, führten über 1 000 Polizisten die größte Polizeirazzia in der Geschichte Südafrikas durch. Hunderte von Durchsuchungsbefehlen waren für diese Aktion ausgestellt worden. Sie ermächtigten die Polizei, Bücher, Briefe, Aufzeichnungen und Tagebücher zu beschlagnahmen – alles, was in den Augen der Regierung der Nationalen Partei Beweismaterial für Hochverrat sein konnte.

Die Büros und Privatwohnungen von mindestens 500 Menschen an verschiedenen Orten in Südafrika wurden durchsucht, und es wurde alles beschlagnahmt, was auf Aufwiegelung oder Verletzung der Gesetze gegen den Kommunismus und gegen aufrührerische Versammlungen hinwies. Die Polizei karrte stapelweise beschlagnahmte Dokumente ab und packte sie zu den Bergen beschlagnahmten Materials von der Razzia in Kliptown anläßlich des Volkskongresses. Die Durchsuchung von Professor Matthews' Wohnung und Büro in Fort Hare dauerte Stunden. Das gesamte Material, das Matthews für eine Dokumentation der ANC-Geschichte gesammelt hatte, einschließlich seiner Schreibmaschine, wurde in Kisten verpackt und abtransportiert. Matthews bekam es nie wieder zurück. Ein paar der Durchsuchten riefen ihre Anwälte an, aber die meisten hatten kein Telefon und sahen hilflos zu, wie Polizisten stumm ihre Wohnungen durchwühlten. Als sich bei der Durchsuchung von Roy Naidoos Wohnung ein erschöpfter weißer Polizist auf einen Stuhl im Wohnzimmer setzte, befahl Naidoos Tochter ihm, wieder aufzustehen. Diese Stühle seien nur für Freunde des Hauses bestimmt.

In den Redaktionen von *New Age* in Johannesburg und Kapstadt wurden praktisch sämtliche Unterlagen und Akten beschlagnahmt. Govan Mbeki, Chefredakteur und wichtigster Reporter der Zeitung in Kapstadt, verlor dadurch wissenschaftliches Material, in dem mehrere hundert Stunden Arbeit steckten. Zu dem beschlagnahmten Material gehörte etwa ein Dossier über die im Kartoffelanbau arbeitenden Landarbeiter in Bethal. Die Arbeiter trugen Säcke, aus denen Löcher für Kopf und Arme herausgeschnitten waren. Sie arbeiteten von vier Uhr morgens bis Sonnenuntergang, ständig bewacht von weißen Farmern, die mit *sjamboks* (Schlagruten) fuchtelten.

Mbeki gehörte früher der Kommunistischen Partei an und war eines der bekanntesten ANC-Mitglieder in der östlichen Kap-Provinz. Er war im Jahr zuvor in die Redaktion der von Ruth First herausgegebenen Zeitung *New Age* eingestiegen, der Nachfolgerin der von der Regierung verbotenen Zeitungen *The Clarion* und *Advance*. Mbeki wurde 1910 im Nqamakwe-Distrikt in der Transkei als Sohn eines Xhosa-Häuptlings geboren. Seine politische Bewußtwerdung begann im Alter von 15 Jahren, als er für seinen Cousin dolmetschte, den Führer der Industrial and Commercial Workers' Union. In den zwanziger Jahren besuchte Mbeki die High-School in Healdtown. Dort sah er mit Empörung, daß sowohl arme Afrikaander als auch schwarze Bauern unter dem Niedergang der kleinbäuerlichen Landwirtschaft in der Transkei litten. „Damals klopften viele Weiße bei uns an und bettelten um Essen und Unterkunft", erzählt Mbeki.

Mbeki legte 1933 im weiterführenden Zug von Fort Hare die Zulassungsprüfung zum Universitätsstudium ab, absolvierte ein Studium der Wirtschaftswissenschaften und wurde Lehrer. In den dreißiger Jahren las er das Buch *Time Longer Than Rope* des Universitätsprofessors Dr. Edward Roux, in dem die Geschichte des schwarzen Befreiungskampfes in Südafrika beschrieben wird. Mbeki begann sich daraufhin für den Kommunismus zu interessieren. Ende der dreißiger Jahre engagierte er sich in der in Natal entstehenden Gewerkschaftsbewegung und wurde aus dem Schuldienst entlassen. Danach kaufte er sich einen Laden in Idutywa in der Transkei, schrieb Bücher über die Ausbeutung der Arbeiterschaft und war als gewähltes Mitglied in der Verwaltung der Provinz Transkei tätig.

Seit seinem ersten Besuch in Johannesburg im Jahr 1929 war Mbeki immer wieder in den frühen Morgenstunden von der Polizei unsanft geweckt worden. „Wo ich auch wohnte, in der Stadt oder in einem der Vororte, immer fanden Polizeirazzien statt", erinnert er sich. „Entweder wollten sie unsere Pässe überprüfen, oder sie suchten nach illegalem Alkohol. Diese Razzien machten mich wütender als alles andere zuvor, und ich war fest entschlossen, mich dem Kampf gegen dieses System anzuschließen und es zu Fall zu bringen."

Die Proteste gegen die Apartheid rissen trotz der Razzien vom September nicht ab. Als die Nationalisten beschlossen, die Paßbestimmungen auch auf Frauen auszudehnen, verurteilte die Federation of South African Women (FEDSAW) diesen Schritt aufs schärfste. Die beiden herausragenden Gestalten dieser Frauenvereinigung waren Helen Joseph, eine ehemalige Lehrerin, die jetzt als Sozialarbeiterin tätig war, und Bertha Mashaba, die Sekretärin der ANC-Frauenliga von Transvaal. Im Oktober 1955 organisierten die beiden einen Protestmarsch von 2 000 Frauen zum Sitz der Regierung in den Union Buildings in Pretoria. Nacheinander stiegen die Frauen die Stufen des imposanten Gebäudes empor, um ihre Petition abzugeben. Dadurch wurde erfolgreich das vom Stadtrat in Pretoria verhängte Versammlungsverbot für die FEDSAW umgangen.

Ein Jahr später, am 9. August 1956, führte die FEDSAW eine noch größere Protestveranstaltung durch. Die Organisatorinnen hatten 20 000 Frauen aller Hautfarben und aus allen Teilen des Landes auf die Beine gebracht und sie mit Hunderten von Fahrzeugen nach Pretoria gebracht – unter anderem war in Port Elizabeth ein ganzer Eisenbahnwagen reserviert worden. Einige der Frauen waren viele Kilometer weit zu Fuß gegangen, um die vereinbarten Sammelstellen zu erreichen. Andere Frauen aus abgelegenen Gebieten hatten ihre wenigen Habseligkeiten verkauft, um das Geld für die Fahrkarte aufbringen zu können.

Jede der Frauen, die im Gefolge ihrer Führerinnen Lilian Ngoyi, Helen Joseph, Rahima Moosa und Sophie Williams die Stufen der terrassenartig angelegten Gärten vor den Union Buildings hinaufstiegen, hielt eine Petition gegen die Paßgesetze in der Hand. Die Frauen versammelten sich in dem steinernen Amphitheater und sahen zu, wie ihre Vertreterinnen Stapel von Protestbriefen in das Büro von Premierminister Johannes Strijdom trugen. Es hieß, Strijdom, Malans Nachfolger, sei nicht im Hause, aber viele der Demonstrantinnen und ein Journalist behaupteten, sie hätten eine Person hinter den Vorhängen der Präsidentensuite hervorspähen sehen, die sehr große Ähnlichkeit mit Strijdom gehabt habe.

Nachdem die Vertreterinnen die Protestschreiben in Strijdoms Büro abgegeben hatten, kehrten sie in den überfüllten Vorhof zurück, wo Lilian Ngoyi die Frauen dazu aufrief, mit zum ANC-Gruß erhobenen Armen dreißig Minuten Stillschweigen zu wahren. „Die Uhr schlug drei und dann Viertel nach drei; das Schlagen der Uhr war das einzige

Geräusch“, schrieb Helen Joseph. „Ich sah auf die vielen Gesichter vor mir, bis diese Gesichter zu einem einzigen Gesicht wurden, dem Gesicht des leidenden schwarzen Volkes von Südafrika. Ich weiß, daß ich Tränen in den Augen hatte, und ich glaube, daß es vielen so gegangen ist wie mir.“ Als es halb vier schlug, stimmte Lilian Ngoyi ein Lied an, und die 20 000 versammelten Frauen fielen ein. Als erstes sangen sie *Nkosi Sikelela iAfrika*, dann folgte ein Lied, das die Frauen eigens für diesen Anlaß einstudiert hatten: *Wathint' abafazi, wa uthint' imbolodo uzo kufa'* (Jetzt seid ihr mit Frauen in Berührung gekommen, und ihr werdet auf Granit stoßen). Daraufhin löste sich die Versammlung friedlich auf.

Auch 1956 fanden in den Büros und Privatwohnungen von politischen Führern immer wieder Polizeirazzien statt. Manchmal amüsierten sich selbst die Polizisten über den unersättlichen Appetit ihrer Vorgesetzten auf jedes nur erdenkliche Dokument der Opposition. Einmal sickerte durch, daß nachts eine Polizeirazzia in den Büroräumen des Indian Congress in Johannesburg bevorstand, und die Aktivisten beschlossen, vor dem Gebäude Wache zu stehen, um den nächtlichen Eindringlingen die Arbeit zu erschweren. Stunden vergingen, und die Inder sahen immer wieder Polizeifahrzeuge vorbeifahren. Schließlich traf eine Einheit von Polizisten in Zivil ein und beobachtete die Inder. „Wir saßen auf der einen Seite, sie auf der anderen“, berichtet Suliman Esakjee. „Sie beobachteten uns, und wir beobachteten sie. Sehr viel später in der Nacht wurde den Polizisten Kaffee in Thermoskannen gebracht. Wir stierten sehnsüchtig auf den Kaffee, und dann kamen zu unserer Überraschung einige der Polizisten zu uns herüber und schenkten uns von ihrem Kaffee ein.“

Ende 1956 fand die Polizei endlich die Beweise, die sie schon so lange suchte. Die Polizei hatte ein Mikrofon in der Decke des Zimmers versteckt, wo ein ANC-Treffen stattfand. Mit ihm zeichneten sie die Rede eines der Führer der ANC-Sektion in Transvaal, Robert Resha, auf. Resha sagte den Organisatoren der Unterabteilungen: „Wenn ihr diszipliniert seid und eure Organisation euch befiehlt, auf Gewalt zu verzichten, dann müßt ihr auf Gewalt verzichten. Aber wenn ihr wahre Freiwillige seid und man euch befiehlt, Gewalt anzuwenden, dann müßt ihr Gewalt anwenden. Dann müßt ihr sogar morden! Ja, morden! So einfach ist das.“

Am 5. Dezember 1956 um 2 Uhr morgens wurden Hunderte von Polizisten im ganzen Land in ihre jeweiligen Reviere zu einer letzten Einsatzbesprechung vor dem bevorstehenden Großeinsatz mit dem Codenamen „Operation T" gerufen. Drei Militärflugzeuge aus Pretoria ließen in der Dunkelheit ihre Motoren warmlaufen und starteten dann nach Durban, Kapstadt und Port Elizabeth, um Verhaftete einzusammeln. Im Morgengrauen waren bereits 140 Personen verhaftet und ins Zentralgefängnis nach Johannesburg gebracht worden, wo sie des Hochverrats angeklagt wurden, eines Kapitalverbrechens. Ende der Woche saßen 156 Inhaftierte in den überfüllten Zellen des Zentralgefängnisses.

Vor dem nahegelegenen Polizeihauptquartier fuhren Streifenwagen mit heulenden Sirenen vor. Die Beamten luden Kisten mit beschlagnahmtem Material aus, darunter eine Biographie über Dr. Johnson, eine Anthologie englischer Lyrik und einen seidenen Morgenmantel, dessen Tasche mit chinesischen Schriftzeichen verziert war.

Die Verhafteten waren Frauen und Männer aller Rassen: Rechtsanwälte, Ärzte, Priester, Geschäftsleute, Sozialarbeiter und Hausfrauen. Alle 156 Inhaftierten waren anfangs in zwei Zellen untergebracht und wurden scherzhaft mit dem 159köpfigen Parlament Südafrikas verglichen und zum Ober- und Unterhaus erklärt. Die kollektive politische Erfahrung dieser Männer und Frauen umfaßte die ganze 44jährige Geschichte des ANC: ein Siebzigjähriger war Gründungsmitglied des ANC gewesen; Reverend James Calata war seit den zwanziger Jahren aktives ANC-Mitglied; Professor Matthews und Häuptling Luthuli waren 1935 anläßlich der Abschaffung des Wahlrechts für Schwarze in der Kap-Provinz zum ANC gestoßen; Nelson Mandela, Walter Sisulu und Oliver Tambo gehörten dem ANC seit den vierziger Jahren an. Warum ein Mann namens Tshungungwa zu den Inhaftierten gehörte, war ziemlich unverständlich, denn er hatte eine von der Regierung bezahlte Arbeit angenommen und war deshalb aus dem ANC ausgeschlossen worden. Umgekehrt fehlten Männer wie Yusuf Dadoo, ein allerorts bekannter Kommunist und einer der Hauptorganisatoren der Kampagne des zivilen Widerstands und der Volkskongreß-Kampagne. Er wurde weder verhaftet, noch stand er auf der Liste der Mitverschwörer.

Die Voruntersuchungen begannen zwei Wochen später. Da die Verhandlung wegen der großen Zahl der Angeklagten in keinem regulären Gerichtssaal stattfinden konnte, wurde die Johannesburger Drill Hall in der Twist Street als Notbehelf ausgewählt. Der Saal war 28 Meter breit und 37 Meter lang und denkbar ungeeignet, wollte man darin 156 Angeklagte, eine Richterbank, Zuschauerränge und Tische für das umfangreiche Pressekorps unterbringen. Als die Gefangenen in die Drill Hall geführt wurden, waren die Verhältnisse so chaotisch, daß Journalisten das Verfahren scherzhaft zur „Twist Street Affair" erklärten. Die Gefangenen saßen auf zehn Stuhlreihen verteilt, wobei die 23 weißen Mitglieder des Congress of Democrats räumlich von den schwarzen, indischen und farbigen Gefangenen abgesondert worden waren.

Als das Mittagessen ausgeteilt wurde, herrschte in dem Saal Karnevalstimmung. Die Gefangenen spazierten lachend durch den Saal und hielten hier und dort ein Schwätzchen. Sie unterhielten sich mit anderen Gefangenen, die gebannt worden waren und die sie deshalb schon seit längerem nicht mehr gesehen hatten. Es stellte sich heraus, daß im Saal keine Lautsprecheranlage installiert worden war und die Angeklagten die gegen sie vorgebrachte Anklage nicht verstehen konnten. Der Richter ordnete daraufhin eine Unterbrechung der Sitzung bis zum Nachmittag an. Zu diesem Zeitpunkt hatten sich bereits 5 000 Menschen vor der Drill Hall versammelt. Die Menge johlte und sang und rüttelte an den Gittern um das Gebäude. Die Polizei riet Anwälten und Journalisten, die den Saal verlassen wollten, über die Gitter zu klettern, statt zu riskieren, im Angesicht der unruhigen Menge eines der Tore zu öffnen.

Als die Angeklagten und ihre Anwälte am nächsten Morgen die Drill Hall betraten, waren sie baß erstaunt: Die Anklagebank war von einem 1,8 Meter hohen Maschendrahtkäfig umgeben. Der Verteidiger Maurice Franks, QC, protestierte sofort. Der ansonsten ruhige und mit ausdruckslosem Gesicht auftretende Franks konnte seine Wut diesmal kaum beherrschen. „Dieser Vorgang ist ohnegleichen", erklärte er. „Die Gefangenen sitzen in einem Käfig. Ich muß mich sehr beherrschen, daß meine Empörung mich nicht übermannt ... Sie sitzen in einem Käfig wie wilde Tiere ... Es ist eine Schande für alle Verantwortlichen ..." Einige der Angeklagten konnten ihre Belustigung nicht verbergen. Sie schrieben kleine Zettel mit Aufschriften wie „Nicht füttern!" oder „Keine Erdnüsse" und befestigten sie an dem Käfig. In seiner Überraschung über den Schauplatz des historischen Hochverratsprozesses beschrieb ein ausländischer Journalist die Regierung der Nationalisten als „eine durch ihre eigene Unzulänglichkeit gemilderte Tyrannei".

Die Verteidiger der Angeklagten drohten, ihre Ämter niederzulegen, wenn der Käfig nicht entfernt werde. Erst nachdem Gerichtsbeamte den

Maschendraht heruntergelassen und vor der Anklagebank völlig entfernt hatten, waren sie bereit, fortzufahren. Der Staatsanwalt begann sein Beweismaterial vorzutragen, wurde jedoch immer wieder vom Gelächter der Angeklagten unterbrochen, die sich über die ihnen unterstellten Aussagen lustig machten. Besonders amüsiert waren die Angeklagten über den Satz: „Der ANC will Geld, um Maschinengewehre kaufen zu können."

Dann brach auf der Straße vor der Drill Hall das Chaos aus. Dort hatte sich seit den Morgenstunden eine große Menschenmenge versammelt, die in ihrer Verärgerung über die wenigen im Gerichtssaal zugelassenen Zuschauer die Gitter zu stürmen versuchten. Die Polizei setzte Knüppel ein, um die Demonstranten zurückzudrängen. Daraufhin hagelte es Steine und Orangen, und einige der Polizisten drehten durch. Schüsse fielen: zuerst fünf einzelne Schüsse, dann Salven aus einem Dutzend Gewehre. Die Menge stob in alle Richtungen auseinander. Frauen kreischten, fielen hin und wurden von Flüchtenden niedergetrampelt. Ambrose Reeves, der anglikanische Bischof von Johannesburg, rief: „Sie haben die Beherrschung verloren!" Mit erhobenen Händen lief er auf die zurückweichende Menge zu und mahnte sie, Ruhe zu bewahren. Die Polizei behauptete, sie habe nur Warnschüsse über die Köpfe der Demonstranten weg abgeben wollen. Über Funk wurden Krankenwagen herbeigerufen. Dreiundzwanzig Verletzte mußten ins Krankenhaus gebracht werden.

Im August 1958 wurde unter dem Davidstern einer alten Synagoge in Pretoria das Hauptverfahren eröffnet. Die Polizei hatte diesen Verhandlungsort ausgewählt, weil sie sich erhoffte, daß der Prozeß dort weniger öffentliches Interesse erregen würde. Der Prozeßort bedeutete für die meisten der inzwischen gegen Kaution auf freien Fuß gesetzten Angeklagten, daß sie bis zu 145 Kilometer täglich von ihrem Wohnort in Johannesburg nach Pretoria zurücklegen mußten. Die meisten verloren ihre Arbeit, weil sie nicht zu den normalen Bürostunden arbeiten konnten. Andere, wie beispielsweise Nelson Mandela und Helen Joseph, setzten sich jeden Morgen gegen sechs Uhr an den Schreibtisch, kehrten am frühen Abend aus Pretoria zurück und arbeiteten dann noch bis neun Uhr abends.

Die Staatsanwaltschaft behauptete, die Angeklagten hätten „den Umsturz des bestehenden Staates durch revolutionäre Methoden" geplant, unter anderem durch „Gewaltanwendung und Errichtung einer sogenannten Volksdemokratie". Der Großteil der Beweisführung der Staatsanwaltschaft basierte auf dem Freiheitsmanifest, das nach ihrer Meinung zum Kommunismus führte. Von der Polizei bei verschiedenen Versammlungen aufgezeichnete Aussagen wie „Organisierung des Volkes gegen faschistische Reaktionäre" und Befürwortung eines „Programms zur politischen Erziehung" wurden als Beweis für eine vom internationalen Kommunismus angezettelte „landesweite Verschwörung" gewertet. Die Staatsanwaltschaft war ganz offensichtlich nicht in der Lage, die Anklage auf den Punkt zu bringen. Sie präsentierte allein im ersten Monat der Hauptverhandlung unzählige Zeugen und rund 12 000 Dokumente. Viele der Angeklagten dösten oder strickten währenddessen.

Trotz des in der Synagoge stattfindenden Hochverratsprozesses ging der Protest der politisierten Schwarzen weiter. Im Januar 1957 veranstalteten die Bewohner von Alexandra, die die Hauptmasse des Arbeitskräftepotentials von Johannesburg bildeten, einen Busboykott als Reaktion auf eine geplante Erhöhung der Fahrpreise. Die Organisatoren des Boykotts verteilten nachts Flugblätter mit der Aufschrift *Azikwelwa!* (Wir gehen zu Fuß!) und stellten an sämtlichen Bushaltestellen des Townships, der sogenannten „dunklen Stadt", Streikposten auf.

Am frühen Morgen machten sich die Schwarzen zu Fuß auf den Weg in die Innenstadt. Nach einer Woche kamen bereits 45 000 Menschen zu Fuß oder mit dem Fahrrad zur Arbeit; viele von ihnen legten täglich 36 Kilometer zurück. Verkehrsminister Schoeman, der frühere Arbeitsminister, blieb hart und erklärte, die Regierung werde niemals Boykotteuren nachgeben. Der Boykott habe politische, nicht wirtschaftliche Gründe: „Der ANC erprobt seine Stärke." Schoeman rief weiße Autofahrer dazu auf, keine schwarzen Boykotteure mitzunehmen. Arbeitgeber sollten zu spät zur Arbeit kommende Boykotteure entlassen. Polizisten hielten Fahrradfahrer an, die andere auf der Fahrradstange mitnahmen, und ließen ihnen manchmal die Luft aus den Reifen.

Die Schwarzen in Port Elizabeth entschlossen sich zu einem Solidaritätsstreik mit ihren Kollegen, obwohl in Transvaal keine Fahrpreiserhöhung ins Haus stand. Der Streik beeinträchtigte allmählich die Produktivität in den Fabriken und Büros. Sechs Wochen später erklärte der Leiter der Handelskammer von Johannesburg, die Mitglieder der Kammer hätten 25 000 Pfund zur Subventionierung der Bustarife aufgebracht. Alle, die mit dem Bus zur Arbeit fuhren, sollten abends den Differenzbetrag zum alten Fahrpreis zurückerstattet bekommen. Aber dies galt selbstverständlich nur für die arbeitende Bevölkerung; Frauen und Kinder mußten den vollen Fahrpreis bezahlen. Das Boykottkomitee befragte die Einwohner von Alexandra. Sie lehnten das Angebot ab. Die Menge skandierte *Azikwelwa!*, und der Boykott ging weiter.

Am Anfang des dritten Boykottmonats zogen einige Boykotteure einen Generalstreik in Erwägung. „Wenn wir müde sind, ruhen wir uns aus", lautete drohend ein Slogan. Bischof Ambrose Reeves beschloß einzuschreiten und beriet sich mit einigen der ANC-Führer, die in Pretoria vor Gericht standen und daraufhin einen Vorschlag zur Beendigung des Boykotts ausarbeiteten. Als dieser jedoch den verbitterten Einwohnern von Alexandra vorgelegt wurde, lehnten sie ihn entrüstet ab.

Die Suche nach einer anderen Lösung löste einen Streit innerhalb der Führung des ANC aus. Für die linken Afrikanisten unter Führung Robert Sobukwes konnte es keinen besseren Ausgang des Busboykotts geben als einen Generalstreik. Gemäßigte wie Häuptling Luthuli dagegen schreckten vor dem Leid zurück, das bei einem solchen Streik über die Familien der Schwarzen hereinbrechen würde. Schließlich forderte der ANC die Boykotteure in einem Flugblatt auf, den Vorschlag der Handelskammer zu akzeptieren. Gleichzeitig versprach er, eine gemeinsame Kampagne für Lohnerhöhungen zu starten. Die vom täglichen Fußmarsch erschöpften Einwohner von Alexandra stimmten diesem Vorschlag widerstrebend zu und fuhren am nächsten Tag wieder mit dem Bus.

Als die Gelder der Handelskammer drei Monate später verbraucht waren, hatte die Regierung beschlossen, es nicht zu einem Generalstreik kommen zu lassen. Sie erließ die Native Services Levy, die die Arbeitgeber dazu verpflichtete, die Fahrtkosten ihrer Arbeiter zu subventionieren. Damit hatte sich der Gesetzgeber zum ersten Mal seit 50 Jahren dem Willen der schwarzen Bevölkerung gebeugt. Die Schwarzen hatten eine wertvolle politische Erfahrung gemacht: Wenn die Profite der Weißen auf dem Spiel standen, hatte die Stimme der Schwarzen plötzlich Gewicht, auch wenn sie diesmal nur mit den Füßen abgestimmt hatten.

In den fünfziger Jahren glaubten die Schwarzen, Reformen stünden unmittelbar bevor. Sie glaubten, daß die wachsende Sympathie von seiten der Weißen der Apartheid ein Ende bereiten werde. Viele maßen der Tatsache, daß auch einige Weiße des Hochverrats angeklagt waren, eine zu große Bedeutung zu. Außerdem fühlten sie sich durch den Erfolg der Befreiungsbewegungen in anderen Teilen Afrikas ermutigt. Sie sprachen deshalb offen vom Verfall der Macht der Afrikaander. „Was die Nationale Partei anbelangt“, schrieb Walter Sisulu 1957, „wird man nach eingehender Analyse zu dem Schluß kommen, daß sie ihren Zenit überschritten hat. Die Nationalisten können nicht mehr stärker werden, als sie es zum jetzigen Zeitpunkt sind.“ Der Journalist Lewis Nkosi beschrieb die fünfziger Jahre „als eine Zeit unendlicher Hoffungen und Möglichkeiten; es schien nicht im geringsten übertrieben, den baldigen Fall der Regierung der Nationalisten vorauszusagen, wenn nicht durch den Druck der außerparlamentarischen Opposition, dann sicherlich durch die immer zahlreicheren undurchführbaren Gesetze.“

In Wirklichkeit aber wurden die Afrikaander immer mächtiger. Die Regierung verfolgte bereits seit Jahren ein Ziel, das ihnen besonders am Herzen lag: die Abschaffung des Wahlrechts für Mischlinge. Diese Gesetzesänderung war nur möglich, wenn beide Häuser des Parlaments in einer gemeinsamen Sitzung mit Zwei-Drittel-Mehrheit für die Abschaffung des Wahlrechts für Mischlinge stimmten. Da die Regierung die erforderliche Mehrheit nicht zustandebrachte, erließ sie 1951 mit einfacher Mehrheit das Gesetz zur getrennten Vertretung von Wählern (Separate Representation of Voters Act). Die weiße Opposition des Landes legte gegen diese Gesetzesänderung Widerspruch ein, und das Berufungsgericht in Bloemfontein erklärte das Gesetz für ungültig. Im Jahr darauf griff die Regierung daher zu einem verfassungswidrigen Trick und sprach dem Parlament die souveräne Gewalt eines „obersten Gerichts“ zu, um das abgelehnte Gesetz doch noch rechtswirksam zu machen. Auch dieser Schritt wurde von den Gerichten für ungültig erklärt.

Die Regierung beschloß daraufhin, sich die nötige Mehrheit für das Gesetz dadurch zu verschaffen, daß sie den Senat mit eigenen Leuten besetzte. Dies geschah durch den Senate Act. Durch dieses Gesetz wurde der Senat von 48 auf 89 Mitglieder vergrößert. Die Nationale Partei stellte davon 77 Senatoren. Als die Opposition sich wiederum an das Berufungsgericht in Bloemfontein wandte, um das Gesetz zu Fall zu bringen, stellte sich heraus, daß auch dieses Gremium von ehemals sechs auf elf Richter erweitert worden war. Entrüstete liberale Politiker und Zeitungen sprachen von illegalen und undemokratischen Tricks. Der Premierminister erklärte, das Gesetz habe verabschiedet werden müssen, um das konstitutionelle Patt zu beenden. Dann sprach das Berufungsgericht sein Urteil: Zehn von elf Richtern stimmten für die Regierung. Nur Richter Schreiner stimmte gegen den Gesetzentwurf und erinnerte daran, daß es für Gesetze moralische Grenzen gebe.

Die Schlacht war vorbei, die Nationale Partei hatte gesiegt. Die Mischlinge hatten das Wahlrecht in der Kap-Provinz verloren. „Wir haben diesen Schritt getan“, erklärte ein Parlamentarier frohlockend, „weil wir Calvinisten sind und daran glauben, daß Gott der oberste Souverän ist und daß die Regierungsgewalt von ihm den rechtmäßigen Herrschern des Landes übertragen wird.“

Der Hochverratsprozeß schleppte sich über mehr als vier Jahre hin. Ausländische Diplomaten und Verwandte der Angeklagten saßen in den Zuschauerrängen und warteten gespannt darauf, ob die Angeklagten zu der gefürchteten Strafe für Hochverrat verurteilt würden. Unter den Zuschauern war eine sehr hübsche junge Frau aus Pondoland. Sie trug die farbenprächtigen Kleider und Turbane ihres Stammes und hatte fast nur Augen für den eleganten Nelson Mandela. Sie hieß Nomzamo und war Sozialarbeiterin. Ihre Freunde nannten sie Winnie. Winnie war Mandelas zweite Frau. Seine Ehe mit Eveline war durch seine ständige Abwesenheit von zu Hause in die Brüche gegangen, und die beiden hatten sich kurz nach der Geburt ihres dritten Kindes, der Tochter Makaziwe, scheiden lassen.

Allein das Beweismaterial gegen Mandela umfaßte 400 Seiten. Richter Bekker war ein leidenschaftlicher Afrikaander, der einmal sagte, er habe als Schüler am liebsten irgendwo in der Innenstadt von Johannesburg auf dem Bordstein gesessen und unter den Passanten die *Engelse* (Engländer) ausgemacht. Bekker fragte Mandela im Kreuzverhör: „Ist eure Freiheit nicht eine direkte Bedrohung für die Europäer?“

„Nein, das ist sie nicht“, antwortete Mandela. „Wir sind nicht gegen die Weißen; wir sind gegen die Vorherrschaft der Weißen, und in unserem Kampf gegen die Vorherrschaft der Weißen werden wir von Teilen der europäischen Bevölkerung unterstützt … Es ist ganz offensichtlich, daß der ANC schon immer eine Politik der Rassenharmonie predigt und den Rassismus ganz gleich welcher Provenienz ablehnt.“

Um zu zeigen, wie die Angeklagten „bewußt eine explosive Situation geschaffen haben“, las ein Vertreter der Anklage Passagen aus den Werken von Alex La Guma vor, einem farbigen ANC-Mitglied: „Überall in Südafrika liegt trockenes Brennholz verstreut, das sich bald in einem Großbrand entzünden wird. Denken wir nur an ... die Kampagne des zivilen Ungehorsams, die Streiks von Arbeitern nichteuropäischer Herkunft und den Volkskongreß, und wir werden erkennen, daß diese Funken sich bald zu einem Steppenbrand ausdehnen werden."

Die Verteidigung brachte dagegen vor, sie „weise entschieden" den Vorwurf zurück, daß der Wortlaut des Freiheitsmanifests strafbar oder des Hochverrats verdächtig sei. „Die Verteidigung möchte ganz im Gegenteil behaupten, daß die im Freiheitsmanifest zum Ausdruck kommenden Ideen und Überzeugungen, obwohl sie im Widerspruch zu der Politik der gegenwärtigen Regierung stehen, von der überwältigenden Mehrheit aller Rassen und Hautfarben und auch von der überwältigenden Mehrheit der Bürger dieses Landes vertreten werden ... Wir werden uns bemühen zu zeigen, daß hier nicht 156 Individuen vor Gericht stehen, sondern die Ideen, für die sie und Tausende anderer in unserem Land offen eingetreten sind und die sie vertreten haben."

Die Aufgabe, das Freiheitsmanifest gegen den Vorwurf der kommunistischen Infiltration zu verteidigen, fiel Jack Simons von der Universität Kapstadt zu. Er war Mitglied der neu formierten Kommunistischen Partei und schien schon den Vorwurf als solchen als eine Beleidigung für den Marxismus zu empfinden. Simons charakterisierte das Freiheitsmanifest mit Wörtern wie „reaktionär", „sinnlos" und „konfus" und hob hervor, daß in dem Dokument nicht ein einziges Mal von der Abschaffung der Klassen und der Überführung der Produktionsmittel in den Besitz der Allgemeinheit gesprochen werde. Die im Freiheitsmanifest vorgeschlagene Verstaatlichung des Privateigentums sei eher für den Staatskapitalismus als für den Kommunismus charakteristisch. Für einen Marxisten, so Simons, sei die Nichterwähnung spezifischer Begriffe für die Umverteilung des Reichtums unentschuldbar. Häuptling Luthuli verteidigte ebenfalls den umstrittenen Passus des Freiheitsmanifests, der die Verstaatlichung der Bergwerke, Banken und Monopolindustrien forderte. Er sagte: „Es ist sicherlich nicht die Politik des ANC, den Privatbesitz an Produktionsmitteln abzuschaffen."

Ende 1957 erklärte der erste Kronanwalt plötzlich, er habe beschlossen, die Vorwürfe gegen 61 Angeklagte zurückzuziehen. Zu diesen gehörten Oliver Tambo, der von Bischof Reeves kurz vor seiner Verhaftung im Jahr davor als Kandidat für die Priesterweihe angenommen worden war, und Häuptling Luthuli. „Ich habe die Nachricht meiner Entlassung mit gemischten Gefühlen aufgenommen", sagte Luthuli. „In

Wirklichkeit würde ich die ganze Sache am liebsten mit meinen Freunden zusammen durchstehen.“ Ein knappes Jahr später wurde die Anklage gegen weitere 64 der verbliebenen 95 Angeklagten fallengelassen. Damit mußten sich nur noch 31 Angeklagte den in rote Roben gekleideten Richtern stellen.

1960, ein Jahr vor Ende des Prozesses, verhängte die Regierung als Reaktion auf ausgedehnte Aufstände nach dem Massaker in Sharpeville den Notstand. Bei landesweiten Razzien im Morgengrauen hatte die Polizei 1 800 Aktivisten verhaftet, darunter auch die 31 restlichen Angeklagten des Hochverratsprozesses. Als Zeichen des Protestes baten die Angeklagten ihre Verteidiger, ihr Mandat mit dem Argument niederzulegen, daß sie unter den Bedingungen des Staatsnotstandes nicht mehr in der Lage seien, den Prozeß wirksam fortzuführen. Die Angeklagten arbeiteten daraufhin mit einem eigenen Team von Verteidigern, das von Duma Nokwe, dem ersten schwarzen Anwalt Südafrikas, angeführt wurde und zu dem unter anderem Nelson Mandela, Robert Resha und Ahmed Kathrada gehörten. Am 29. März 1961 verkündete das Gericht schließlich sein Urteil. Richter Rumpff brauchte 38 Minuten, um das einstimmig gefaßte Urteil zu verlesen. Er erklärte: „Sie werden als nicht schuldig im Sinne der Anklage befunden und entlassen. Sie können gehen.“

Einer der Verteidiger der Angeklagten sprach später von der Sinnlosigkeit dieses Marathonverfahrens und betonte, daß 12 der 29 Polizisten, die während der ersten beiden Monate ausgesagt hatten, zugegeben hätten, der ANC habe sich öffentlich zur Gewaltlosigkeit bekannt. Alfred Hutchinson, einer der Angeklagten, schrieb: „Wie war der Vorwurf des Hochverrats begründet? Ist es etwa Hochverrat, wenn man fordert, daß Schwarze und Weiße als Brüder und Landsleute zusammenleben sollen? Ist es Hochverrat, wenn man etwas zu essen fordert? Ist es Hochverrat, wenn man die Abschaffung der Paßgesetze fordert? Und ist es Hochverrat, wenn man fordert, daß man sich in seinem Heimatland frei bewegen darf?“

8

Die Schüsse von Sharpeville

Im Jahr 1958 erhob eine lautstarke Minderheit von Afrikanisten im Kongreß die Forderung, alle Nicht-Weißen aus der Bewegung auszuschließen. Ihr Sprecher war ein hochgebildeter Mann mit einem reservierten Lächeln und einer Vorliebe für Miltons *Das verlorene Paradies*. Er klagte die weißen Kommunisten an, „mit einer fremden Stimme" für die Schwarzen zu sprechen, und er verurteilte die Führung des ANC, weil sie sich spontanen Protesten angeschlossen hatte, anstatt sie zu dirigieren. Der Mann hieß Robert Mangaliso Sobukwe, von seinen Freunden kurz „Prof" genannt.

Sobukwe wurde in der burischen Stadt Graaf Reinet in der Kap-Provinz als Sohn eines Arbeiters und methodistischen Laienpredigers geboren. Sein Vater legte großen Wert auf strenge Disziplin und brachte seinen sechs Kindern bei, ein karges Leben als Gottes Willen zu akzeptieren. Obwohl tuberkulosekrank, war Sobukwe von Anfang an ein hervorragender Schüler. Er erhielt ein Stipendium für Healdtown, und danach wurde er von seinem Schuldirektor finanziell unterstützt, damit er in Fort Hare Literatur studieren konnte. An der Universität war er ein aktives Mitglied der Jugendliga des ANC und ein ausgezeichneter Redner. Im Gegensatz zu den meisten seiner Gesinnungsgenossen lernte er afrikanische Sprachen, so daß er auf Versammlungen meist in der Muttersprache seiner Zuhörer reden konnte statt in Englisch. Er arbeitete als Lehrer im Osten von Transvaal, lehrte später Sprachen an der Universität von Witwatersrand und gab die Zeitschrift *The Africanist* heraus.

Dort schrieb er in Anlehnung an Äußerungen seines politischen Vorbilds Anton Lembede folgendes: „Wir glauben, daß die Afrikaner aufgrund ihrer materiellen Lage die einzigen Menschen sind, die an einer radikalen Erneuerung der gegenwärtigen gesellschaftlichen Strukturen Interesse haben können. Zwar gibt es Europäer, die sich intellektuell auf die Seite der Afrikaner gestellt haben, aber da sie von den gegenwärtigen Verhältnissen materiell profitieren, können sie sich mit dem Anliegen der Afrikaner nicht vollständig identifizieren."

Einer der Hauptkritikpunkte Sobukwes am ANC war dessen Freiheitsmanifest, vor allem deswegen, weil Schwarze und Weiße darin „Brüder" genannt wurden.

Die meisten Schwarzen sehnten sich noch immer vor allem nach Anerkennung durch die Weißen, obwohl sie inzwischen wüßten, daß die falschen Annäherungsversuche halbherziger Liberaler eher darauf abzielten, sie in Schach zu halten, als sie zu befreien. Wenn Weiße sich aufrichtig darum bemühten, mit Schwarzen auf gleicher Ebene zu verkehren, reagierten diese oft mit einer geradezu peinlichen Dankbarkeit, wie sie der Schriftsteller Alan Paton in einem Text über eine Tagung christlicher Studenten in Fort Hare schildert: „Auf der Tagung übernachteten Weiße und Schwarze getrennt, aber die Mahlzeiten nahmen sie gemeinsam ein ... Am Sonntagmorgen fand ein gemeinsamer Abendmahlsgottesdienst statt ... Für einige war das die wichtigste Erfahrung ihres Lebens; sie konnten kaum den Gefühlssturm beherrschen, der sie zu überwältigen drohte. Die unsichtbare geistige Einheit ist etwas sehr Schönes, aber die sichtbare Einheit geht ans Herz und verschlägt einem den Atem. Sie erfüllt die Menschen mit einer unaussprechlichen und schmerzhaften Freude; unaussprechlich, weil die Herrlichkeit unaussprechlich ist, und schmerzhaft, weil alles nur ein Traum ist. Wer weiß, wieviele Jahre noch vergehen müssen, wieviele Leben noch geopfert und wieviele Leiden noch erduldet werden müssen, bis dieser Traum Wirklichkeit wird."

Die Führer des ANC glaubten, daß ihre Politik der Kooperation mit den weißen Gegnern der Apartheid den Schwarzen helfen könne, den Widerspruch zwischen dem Traum von Einheit und der Realität der Rassentrennung in ihrem Land zu verarbeiten. Sisulu schreibt dazu: „Die meisten Schwarzafrikaner werden politisch aktiv, weil sie über die Weißen empört sind. Aber erst durch die Erziehung, die der ANC ihnen gibt, und die Erfahrung echter Kameradschaft im gemeinsamen Kampf mit Organisationen wie dem Kongreß der Demokraten werden sie an den umfassenden, nicht-rassischen Humanismus unserer Kongreß-Bewegung herangeführt."

Joe Matthews, der während seiner Zeit in Fort Hare Sobukwes afrikanistische Position geteilt hatte, beschrieb seine Konversion zu einer solchen über den Rassen stehenden Position als „Erweckung": „Man begegnet auf einmal … Menschen, denen zu begegnen man nie erwartet hätte. Weiße, die sagen, daß sie einen voll und ganz unterstützen … und man hat das Gefühl, eigentlich kann es doch solche Weiße gar nicht geben, aber trotzdem sie sind einfach da. Und dann erlebt man, daß sie festgenommen werden, daß ihnen schlimme Sachen zustoßen, daß sie gebannt werden …“

Im April 1959 spalteten sich unter Robert Sobukwes Führung die Afrikanisten vom ANC ab und gründeten eine eigene Organisation, den Pan-Africanist Congress (PAC). Sobukwe wurde zu ihrem Präsidenten gewählt. Den Rest des Jahres und in den ersten Monaten von 1960 reiste er durch das Land und rief die Schwarzen zum aktiven Widerstand gegen die Paßgesetze auf – „dem Symbol der weißen Vorherrschaft“.

Als sich der PAC der Unterstützung einer Aktion gegen die Paßgesetze sicher war, plante er für Montag, den 21. März 1960 die erste Protestaktion. Am Wochenende davor wurden Tausende von Flugblättern landesweit in den Townships verteilt. Die Einwohner wurden darin aufgefordert, der Arbeit fernzubleiben und ihre Pässe bei den Behörden abzugeben. Am Montag rannten in aller Frühe Aktivisten des PAC durch die Straßen der Townships, klopften an die Türen und forderten die Einwohner auf, sich den Demonstrationszügen anzuschließen. Zur Eröffnung der Kampagne maschierte Sobukwe feierlich an der Spitze einer Reihe von PAC-Kollegen zum Hauptquartier der Polizei von Soweto in Orlando. Dort gaben sie ihre Pässe ab, erklärten, sie seien die Anführer der Streikbewegung, und wurden prompt wegen Aufwiegelung verhaftet.

Was dann im Township Sharpeville 50 Kilometer südlich von Johannesburg passierte, erfüllte auf tragische Weise eine Prophezeihung Sobukwes. Einige Tage zuvor hatte er gesagt: „Der Baum der Freiheit wird mit Blut gegossen.“

In Reaktion auf den Aufruf des PAC, sich in den Straßen zu versammeln, waren die Einwohner von Sharpeville am Morgen ausgeschwärmt. Die meisten wußten jedoch nicht genau, was von ihnen erwartet wurde. Die Menge strömte zum Büro des Superintendenten des Township und zum Schulhof und versammelte sich schließlich vor der Polizeiwache. Einige behaupteten, ein hoher Regierungsbeamter aus Pretoria werde eine Stellungnahme zu den Paßgesetzen abgeben. Das Gerücht zirkulierte stundenlang und wurde immer mehr ausgeschmückt, bis ein Teil der Menge vor der Polizeiwache schließlich glaubte, daß in

Kürze die endgültige Abschaffung der Paßgesetze bekanntgegeben würde.

Bis zum Mittag war die Menge nach einer Schätzung der Polizei auf 20 000 Personen gewachsen. Die Schwarzen sagten, es seien nie mehr als 5 000 gewesen. Johannesburger Zeitungen gingen Berichte zu, denen zufolge unter den Demonstranten eine feindselige Stimmung herrschte. Tatsächlich wurden Steine auf zwei Autos mit Journalisten geworfen, als sie sich der Polizeiwache näherten. In Evaton, einem benachbarten Township, zerstreute sich eine Menge von Tausenden von Demonstranten schnell, als Düsenflugzeuge über ihre Köpfe hinwegdonnerten. Die Menge von Sharpeville war jedoch mit derartigen Methoden nicht aufzulösen. Im Gegenteil, als eine Staffel von Flugzeugen wiederholt im Sturzflug auf die Menge zuraste, jubelten die Kinder, und es kamen noch mehr Leute, um zu sehen, was los war.

Während die Menge weiter anschwoll, entdeckte die örtliche Polizei, daß ihr Telefon nicht funktionierte. Die Beamten nahmen über Funk Kontakt mit der zehn Kilometer entfernten Stadt Vereeniging auf und warteten auf Verstärkung. Schließlich trafen fünf Panzerwagen vom Typ Saracen ein. Sie bahnten sich einen Weg durch die Demonstranten und erhöhten die Zahl der Polizisten, die am frühen Morgen noch 12 betragen hatte, bis zur Mittagszeit auf 200.

Um 13 Uhr traf Oberst Spengler ein, Chef der Special Branch, und kurz darauf Oberstleutnant Pienaar, ein hoher Beamter vom Polizeihauptquartier in Witwatersrand. Spengler versuchte zu den Demonstranten zu sprechen, aber seine Stimme ging im Lärm unter. Die Menge drängte nach vorn, und der Zaun um die Polizeiwache begann nachzugeben. Pienaar befahl seinen bewaffneten Leuten, vor den Demonstranten eine Kette zu bilden. Dann wurde Spengler an einem der Tore der Polizeiwache in ein kurzes Handgemenge verwickelt. Als Pienaar sah, wie sein Kollege sich stolpernd zurückzog, befahl er den Polizisten, fünf Schuß zu laden. Er wußte nicht, daß einige ihre Waffen bereits ganz durchgeladen hatten.

Pienaar und Spengler beschlossen, die Rädelsführer festzunehmen. Sie zerrten drei Leute des PAC über den Zaun in den Hof der Wache. Als jedoch das Tor geöffnet wurde, um einen vierten Organisator festzunehmen, drängten Dutzende von Demonstranten mit herein. Der Polizeikordon taumelte unter einem Hagel von Steinen zurück. Ein schwarzer Polizist rief den Demonstranten zu: „Lauft weg! Sie schießen!“

Zwei einzelne Schüsse knallten, gefolgt von einer ohrenbetäubenden Gewehrsalve. Spengler und Pienaar erreichten durch wildes Schreien und Gestikulieren, daß das Feuer nach 20 Sekunden eingestellt wurde. In dieser Zeit waren jedoch bereits 743 Kugeln abgefeuert worden. 69 Tote lagen vor der Polizeiwache auf dem Boden, 178 Menschen waren verwundet. Über die Hälfte der Opfer waren in den Rücken getroffen worden, als sie davonlaufen wollten. Zehn Minuten später machte ein Fotograf ein Bild von der Szene, das am nächsten Tag in praktisch allen Zeitungen rund um die Welt erschien. Es zeigte einen mit Leichen übersäten Platz und zwei mit Gewehren bewaffnete Polizisten, die über den Platz sahen. Es war das erste Bild aus dem Südafrika der Apartheid, das internationale Aufmerksamkeit erregte, und es beschwor einen Alptraum, der noch viele Jahre lang auf dem kollektiven Gewissen der Welt lasten sollte.

Noch während die internationale Aufmerksamkeit nach dem Massaker von Sharpeville auf Südafrika gerichtet war, brachte die Polizei Südafrika durch einen weiteren schweren Fehler im Ausland noch mehr in Verruf. Die Sirenen der Krankenwagen, die in nicht abreißender Folge die verwundeten Männer, Frauen und Kinder aus Sharpeville ins Baragwanath Hospital in Soweto brachten, waren noch nicht verklungen, als ein Polizeioberst mit einigen untergebenen Beamten unaufgefordert das Büro von Superintendent Dr. Isidore Frack betrat. Frack hatte in aller Eile Stationen und Operationssäle für die Notaufnahme freigemacht, und als er jetzt in sein Büro stürmte, saß ein Polizist auf seinem Schreibtisch. Wütend verlangte Frack eine Erklärung. Der Oberst antwortete: „Bitte nehmen sie zur Kenntnis, daß die Verwundeten, die hier eingeliefert werden, unter Arrest stehen."

Frack protestierte. Der Oberst wiederholte seine Erklärung. Er wandte sich an einen Sergeant, der Stempelkissen dabeihatte, und befahl ihm, auf die Stationen zu gehen und Fingerabdrücke von den Opfern des Massakers zu nehmen. Einem anderen Offizier befahl er, neben jedem Bett zwei Polizisten zu stationieren. Frack war entsetzt. „Haben Sie doch etwas Mitgefühl!" bat er. „Einige von den Leuten liegen im Sterben. Andere werden einen Arm oder ein Bein verlieren. Wie können wir auf den Stationen eine Behandlung durchführen, wenn neben jedem Bett zwei Polizisten stehen?"

Frack blieb bis spät in die Nacht im Krankenhaus, terminierte Operationen, machte Rundgänge auf den Stationen und tröstete die entsetzten Patienten. Er beschloß, einen Priester kommen zu lassen, und rief Bischof Ambrose Reeves an. Am nächsten Morgen kam der Bischof selbst. Da der Oberst wußte, daß Reeves sich für die Rechte der Schwarzen einsetzte, forderte er Frack auf, ihn vor die Tür zu setzen. Dieser weigerte sich. Am Wochenende war er auf Befehl aus Pretoria seines Postens enthoben. Frack informierte sofort die internationale Presse und teilte der Welt mit, daß er seinen Job verloren habe, weil er für die Opfer der Polizeigewalt eingetreten sei. Der darauf folgende Aufschrei in den Medien machte der Regierung klar, daß sie einen Fehler begangen hatte. Frack wurde nach Pretoria zitiert und wieder ins Amt gesetzt.

Am Abend nach dem Massaker von Sharpeville erschossen Polizisten im Township Langa in der Kap-Provinz sechs Demonstranten. Eine disziplinierte Menge von 30 000 Menschen marschierte am nächsten Tag nach Kapstadt und verursachte eine Panik unter den Weißen. Die von Philip Kgosana angeführten Demonstranten wurden von Oberst Ignatius Terblanche empfangen. Dieser ignorierte den Befehl aus seinem Hauptquartier, auf die Menge zu schießen, und verhandelte mit Kgosana. Er überredete ihn, die Demonstration aufzulösen, und versprach ihm dafür ein Gespräch mit dem Polizeiminister. Als Kgosana jedoch wegen des versprochenen Gesprächs in die Stadt zurückkehrte, wurde er festgenommen und neun Monate lang interniert. Auch Terblanche mußte seinen Versöhnungsversuch teuer bezahlen. Im folgenden Jahr hätte eigentlich seine Beförderung zum Brigadegeneral angestanden, aber er blieb für den Rest seiner Karriere Oberst.

Die Polizei wurde für ihr Vorgehen in Sharpeville und Langa von Regierungsbeamten öffentlich gelobt. Trotzdem war Polizeichef Generalmajor Rademeyer in den Tagen nach dem Massaker besorgt, denn er registrierte die gespannte Stimmung in den Townships. Als sich Häuptling Luthuli dem Aufruf des PAC anschloß, einen Tag der Trauer für die Opfer abzuhalten, rechnete Rademeyer mit weiteren Unruhen. Er verhandelte deshalb mit dem PAC und verkündete überraschend, daß die Paßgesetze eine Zeitlang milder gehandhabt werden sollten. Das war angesichts der Umstände eine vernünftige Geste, aber sie kostete Rademeyer seinen Job: Er erklärte wenig später überraschend, daß er vorzeitig in Pension gehen werde.

Die Regierung ernannte eine Kommission zur Untersuchung des Massakers von Sharpeville. Bischof Reeves empfahl den Anwälten der Kommission, für die Angehörigen der Toten und Verletzten Zeugen ins Kreuzverhör zu nehmen.

Als Oberst Pienaar gefragt wurde, warum er die Menge nicht aufgefordert habe, nach Hause zu gehen, brachte er zu seiner Rechtfertigung vor, seine Stimme sei bei dem Versuch, zur Menge zu sprechen, nicht durchgedrungen. Ein Anwalt fragte: „Sie hätten doch in ihrer auffallenden Uniform auf einen Panzerwagen steigen und mit erhobener Hand um Ruhe bitten können. Und dann hätten Sie sagen können: ‚Geht jetzt nach Hause, oder ihr werdet erschossen.' Das hätten Sie doch tun können, oder?"

Pienaar antwortete: „Ich kann nur sagen, daß die Zeit dafür nicht ausreichte." Der Anwalt bohrte weiter: „Aber Sie hätten es tun können." Pienaar stimmte schließlich zu: „Ja, ich hätte es tun können."

Die einzige plausible, aber ungenügende Erklärung, die für das Massaker gegeben wurde, war die Angst der in Sharpeville eingesetzten Polizisten, besonders der jüngeren Beamten. Man nahm an, daß sie das Feuer eröffnet hatten, weil sie sich daran erinnerten, daß einige Wochen zuvor in Cato Manor in Natal eine wütende Menge neun Polizisten ermordet hatte.

Insgesamt waren die Zeugenaussagen vernichtend für die Polizei, aber Oberst Pienaar zeigte keine Reue. Er wurde gefragt: „Glauben Sie, daß Sie aus den Zeugenaussagen über die Vorgänge in Sharpeville irgendeine Lehre ziehen können?" Und er antwortete: „Na ja, vielleicht bekommen wir eine bessere Ausrüstung."

Die Lehre, die Premierminister Dr. Hendrik Verwoerd aus den auf das Massaker von Sharpeville folgenden Aufständen in den Townships zog, war absolut eindeutig: In Zukunft durfte es keine politischen Aktivitäten der Schwarzen mehr geben. Verwoerd hatte zwei Jahre zuvor die Führung der Nationalen Partei übernommen. Er war seit 1950 Minister für Eingeborenenangelegenheiten und war die treibende Kraft hinter der Rassenpolitik der Regierung. Er war ein fähiger Politiker, hatte ein fotografisch genaues Gedächtnis und besaß einen brillanten analytischen Geist. Seine Arbeitskraft schien unerschöpflich. Außerdem war er die Intoleranz in Person: Er haßte englischsprachige Menschen genauso leidenschaftlich, wie er Schwarze verachtete. Als Herausgeber der einflußreichen auf Afrikaans erscheinenden Zeitung *Die Transvaler* hatte er in den Jahren, bevor die Nationalisten an die Macht kamen, öffentlich Hitler unterstützt und gegen die Teilnahme Südafrikas am Zweiten Weltkrieg auf seiten der Briten protestiert. Als der britische Monarch 1947 Südafrika besuchte, brachte *Die Transvaler* lediglich eine Notiz, in der sie ihre Leser vor Verkehrsstaus in bestimmten Gebieten Johannesburgs warnte, da „ausländische Besucher" in der Stadt seien.

Alan Paton nannte Verwoerds Plan zur Durchsetzung der Apartheid die „erlesenste Mischung aus Grausamkeit und Idealismus, die je ein Mensch erdacht hat". Der Plan sah vor, die schwarzen Stammesreservate in acht getrennte „Bantustans" umzuwandeln, die später die nationale Unabhängigkeit erhalten sollten. Die erste Region, die auf diese Weise umgewandelt wurde, war die Transkei. Dort konnte Verwoerd die Loyalität des Häuptlings Kaiser Matanzima kaufen. Als die Transkei freilich einen semi-autonomen Status erhalten sollte, war sie alles andere als unabhängig von Südafrika, das die meisten Beamten stellte und den Großteil des Staatshaushalts bestritt. Die Transkei hatte praktisch keine Industrie, ihre Böden waren unfruchtbar und erodiert, und ihre Straßen waren lediglich für Ochsenkarren angelegte Pfade.

Mit den benachbarten Territorien spielte Vewoerd ein geschicktes diplomatisches Spiel. Er gewährte den britischen Protektoraten Betschuanaland, Basutoland und Swasiland großzügige technische Hilfe, da er sehr genau wußte, daß ihr ökonomisches Überleben dann im Fall der Unabhängigkeit von Südafrika abhing. Es gab keine weiße Opposition, die Verwoerd hätte behindern können, denn die einstmals mächtige United Party war, wie sich Verwoerd ausdrückte, zu einem „kopf- und bodenlosen Nichts" zusammengeschmolzen. Verwoerd hatte großes Vertrauen in seinen eigenen politischen Instinkt. „Ich werde nie von Zweifeln gequält", hatte er einmal erklärt, „daß ich unrecht haben könnte."

Verwoerd reagierte schnell auf das Massaker von Sharpeville. Er erließ die repressivsten Gesetze, die Südafrika je gekannt hatte: Er rief den Notstand aus und verbot sämtliche Versammlungen außer zum Gottesdienst. Beamte und Polizisten wurden ermächtigt, jede Person festzunehmen, die als Risiko für die öffentliche Sicherheit galt. Aus diesem Grund verhaftete Personen konnten maximal 180 Tage oder bis zur Beendigung des Notstands ohne Prozeß und ohne Anklageerhebung gefangengehalten werden.

Verwoerds nächster Zug bestand darin, daß er den African National Congress und den Pan-Africanist Congress zu gebannten Organisationen erklärte. In der Folge wurden 1 800 Aktivisten festgenommen, darunter zwei Anwälte, die bei der Untersuchung des Massakers von Sharpeville für Bischof Reeves gearbeitet hatten. Oliver Tambo befand sich gerade auf einer Konferenz in einem Gewerkschaftsbüro in Kapstadt, als es laut an die Tür klopfte und eine schwarze Frau hereinstürzte. Die Frau warnte ihn, daß die Polizei gerade ein in der Nähe gelegenes Büro durchsuche. Begleitet von Ronald Segal, einem befreundeten Journalisten, schlich Tambo auf Zehenspitzen ins Treppenhaus und die Treppe hinunter. Als er draußen keine verdächtigen Geräusche hörte, rannte er auf die Straße hinaus. Auf dem Gehweg klebte an einem Gestell ein Plakat mit der neuesten Nachricht der Spätausgabe der Abendzeitung: Verwoerd hatte den ANC für illegal erklärt.

In der nahegelegenen Wohnung eines Freundes informierte Tambo Segal über eine schon vor längerer Zeit beschlossene Direktive des ANC. Sie sah vor, daß im Fall einer Bannung des ANC in Südafrika Tambo als einer der ANC-Führer heimlich außer Landes gehen sollte. Segal bot Tambo an, ihn zur Grenze zu fahren, und nachdem sie das Telefon zum Schutz gegen Abhörmaßnahmen der Polizei in eine Decke gewickelt hatten, planten sie die Flucht.

Sie packten einige Sandwiches ein und fuhren dann mit dem Wagen von Segals Mutter los – Segals eigener Wagen war dem Special Branch gut bekannt. Der erste Abschnitt der Reise verlief unter dem Schutz der Nacht. Tambo trug einen weißen Staubmantel, um wie Segals Chauffeur auszusehen: Die Polizei hätte Verdacht geschöpft, wenn sie einen Weißen und einen Schwarzen in einem Auto zusammen gesehen hätte, ohne daß zwischen den beiden eine klare Herr-Diener-Beziehung bestand. Nach einer Fahrt von 1 600 Kilometern kamen sie frühmorgens in Johannesburg an. Tambo zog los, um sich mit Kollegen vom ANC zu beraten, Segal schlief, um sich auf die nächste lange Fahrt vorzubereiten. Um 23 Uhr kam Tambo in Begleitung seiner Frau Adelaide zurück. Die beiden wußten nicht, wieviele Monate oder Jahre vergehen würden, bis sie sich wiedersehen konnten. Traurig umarmten sie sich. Segal startete den Wagen, und die beiden Männer machten sich auf den Weg zur Grenze von Betschuanaland.

Sie wußten nicht, ob sie das Auto zurücklassen und zu Fuß und illegal in das benachbarte Territorium übertreten oder einen legalen Grenzübertritt riskieren sollten. Schließlich entschieden sie sich für den legalen Weg. Zu ihrer enormen Erleichterung tat an dem Grenzposten nur ein schläfriger schwarzer Beamter Dienst. Um 3.30 Uhr waren sie in Betschuanaland. Sie parkten neben einem verlassenen Hotel in Lobatsi acht Kilometer hinter der Grenze, streckten sich erschöpft aus und schliefen im Wagen. In der Morgendämmerung gingen sie in das Büro des örtlichen Polizeichefs und informierten ihn, daß Oliver Tambo, der stellvertretende Generalpräsident des African National Congress, politisches Asyl beantragen wolle. Als Tambo mit einem Gefühl der Sicherheit zum Hotel von Lobatsi zurückkehrte – er hatte seine Anwesenheit in dem britisch verwalteten Land registrieren lassen –, mußte er zu seinem Erstaunen feststellen, daß der Rassismus bis hierher reichte: In dem Hotel gab es keine Unterkunft für Schwarze.

Schließlich erhielt er die Erlaubnis, in einem staatlichen Gästehaus zu wohnen. Dann schickte er ein Telegramm an den Generalsekretär der Vereinten Nationen und bat um die Erlaubnis, vor dem Sicherheitsrat zu erscheinen. Vom Postamt aus gingen Tambo und Segal zum Mittagessen in das Restaurant des Hotels, dem einzigen in der Stadt. Wenige Minuten, nachdem sie das Gebäude aus der Kolonialzeit betreten hatten, stürzte ein weißer Mann auf sie zu, der an der Bar getrunken hatte, und brüllte wüste rassistische Beschimpfungen. Entsetzt sah Segal, wie der Mann die Fäuste ballte, auf Tambo einschlug und ihm befahl, das Haus zu verlassen. Dem Direktor des Hotels war der Vorfall peinlich. Er entschuldigte sich, aber Tambo wollte nicht noch mehr Staub aufwirbeln und verließ sofort das Haus.

Solange er noch in Lobatsi auf Reisepapiere wartete, die ihm die indische Regierung in Aussicht gestellt hatte, hörte er, daß jemand auf Verwoerd geschossen hatte, als er im Milner Park in Johannesburg eine landwirtschaftliche Ausstellung besuchte. Tambo wartete gespannt auf weitere Nachrichten. Er wagte kaum, sich vorzustellen, welche Konsequenzen es haben könnte, wenn der Mordanschlag gelungen war. Zu seiner Überraschung erfuhr er, daß der Mordversuch nicht von einem Schwarzen, sondern von einem weißen Farmer unternommen worden war. Spätere Sendungen brachten die Nachricht, daß das Leben des Premierministers nicht in Gefahr sei: Er sei an Ohr und Kiefer getroffen worden, würde aber bald wiederhergestellt sein.

9

Der Speer der Nation

„Vorherrschaft bedeutet, daß man die politische Macht in Händen hält und nur durch eine Revolution gestürzt werden kann", sagte Transportminister Ben Schoeman während der Wahlen von 1958. Er wußte nicht, daß auch die Führer der schwarzen Bevölkerung schon bald zum selben Schluß kommen sollten.

Als letzten Versuch, Gewaltanwendung zu vermeiden – nach Verwoerds brutalen Notstandsmaßnahmen erschien Gewalt den Schwarzen als die einzige noch verbliebene Handlungsmöglichkeit –, bildeten der ANC, der PAC, die Liberal Party und die Progressive Party eine „All-afrikanische Konferenz". Ihr Ziel, die Agitation für eine nationale Verfassunggebende Versammlung, wurde am 25. und 26. März 1961 auf einer Versammlung in Pietermaritzburg diskutiert, an der 1 400 Anti-Apartheid-Aktivisten teilnahmen. Höhepunkt der Versammlung war der unerwartete Auftritt Nelson Mandelas, dessen Bann in der Nacht zuvor ausgelaufen war und der seine erste öffentliche Rede hielt, seit er 1952 zum ersten Mal gebannt worden war.

Ein nationaler Aktionsrat unter Führung von Mandela wurde gebildet, um die erste Phase der Kampagne für die Verfassunggebende Versammlung zu organisieren: einen dreitägigen Streik, der am 31. Mai enden sollte, dem Jahrestag der Ausrufung der weißen Republik Südafrika.

[illegible] im Hochverratsprozeß [illegible] Verhaftung und bediente sich dabei einer Verkleidung [illegible] Die Polizei konnte [illegible] Mai [illegible]

„Vorherrschaft bedeutet, daß man die politische Macht in Händen hält und nur durch eine Revolution gestürzt werden kann", sagte Transportminister Ben Schoeman während der Wahlen von 1958. Er wußte nicht, daß auch die Führer der schwarzen Bevölkerung schon bald zum selben Schluß kommen sollten.

Als letzten Versuch, Gewaltanwendung zu vermeiden – nach Verwoerds brutalen Notstandsmaßnahmen erschien Gewalt den Schwarzen als die einzige noch verbliebene Handlungsmöglichkeit –, bildeten der ANC, der PAC, die Liberal Party und die Progressive Party eine „All-afrikanische Konferenz". Ihr Ziel, die Agitation für eine nationale Verfassunggebende Versammlung, wurde am 25. und 26. März 1961 auf einer Versammlung in Pietermaritzburg diskutiert, an der 1 400 Anti-Apartheid-Aktivisten teilnahmen. Höhepunkt der Versammlung war der unerwartete Auftritt Nelson Mandelas, dessen Bann in der Nacht zuvor ausgelaufen war und der seine erste öffentliche Rede hielt, seit er 1952 zum ersten Mal gebannt worden war.

Ein nationaler Aktionsrat unter Führung von Mandela wurde gebildet, um die erste Phase der Kampagne für die Verfassunggebende Versammlung zu organisieren: einen dreitägigen Streik, der am 31. Mai enden sollte, dem Jahrestag der Ausrufung der weißen Republik Südafrika.

Mandela wartete immer noch auf das Urteil im Hochverratsprozeß gegen ihn. Er organisierte den Streik von Verstecken aus und bediente sich dabei diverser Verkleidungen. Als die Kampagne anlief, reagierte Verwoerd rasch und erließ noch nie dagewesene Gesetze: Die Polizei konnte ohne Gerichtsverfahren Menschen internieren, auf den bloßen Verdacht hin, daß sie mit der bevorstehenden Arbeitsniederlegung zu tun hatten. Tausende wurden eingesperrt. Am 29. Mai, dem ersten Streiktag, patrouillierten Panzerfahrzeuge durch die Townships, und viele Schwarze wurden gezwungen, zur Arbeit zu gehen. Am dritten

Tag brach der Streik zusammen. Es war der Anfang vom Ende einer Ära des gewaltfreien Protests.

„Kein anderer Aspekt des Streiks wurde so hitzig und emotional diskutiert wie unsere Betonung der Gewaltlosigkeit", sagte Mandela später. „... Es stellt sich die Frage: Ist es politisch richtig, weiterhin Frieden und Gewaltlosigkeit zu predigen? ... Oder müssen wir in diesem Punkt ein neues Kapitel beginnen?"

Im Ausland rechtfertigte Oliver Tambo die von vielen Mitgliedern des ANC nur widerstrebend getroffene Entscheidung für revolutionäre Kampfmethoden: „Wir hatten mit allen verfügbaren gewaltfreien Mitteln versucht, die Befreiung unseres Volkes zu erreichen ... Aber unsere Gegner sind den Traditionen der Kolonialherrschaft und dem Glauben an die Überlegenheit der weißen Rasse verhaftet geblieben. Sie haben die Forderungen unseres Volkes nicht beachtet und unsere Anstrengungen in einem Meer von Blut und Tränen ertränkt. Das Massaker von Sharpeville im März 1960 hat diese Realität klar zum Ausdruck gebracht ... Wir wußten jetzt, daß Wut allein uns nicht den Sieg bringen würde."

Einen knappen Monat nach dem Streik trat der nationale Exekutivrat des ANC zusammen und erörterte Mandelas Vorschlag, in Zukunft Gewalt anzuwenden. Der ANC unter Führung des überzeugten Pazifisten Luthuli weigerte sich, von seinem Bekenntnis zur Gewaltfreiheit abzugehen, gestand jedoch seinen Mitgliedern zu, sich einer separaten Organisation anzuschließen, die Gewalt anwendete.

Im Gegensatz zum ANC traf die Kommunistische Partei gegen den erbitterten Widerstand einiger ihrer Mitglieder die formelle politische Entscheidung, sich am Aufbau einer bewaffneten Bewegung zu beteiligen. Zu den stärksten Befürwortern dieser Politik gehörte der Anwalt John Slovo, der Mann von Ruth First und getreuer Anhänger des ANC. Er begann zusammen mit Mandela die Planung einer revolutionären Kampagne.

Angesichts der landesweiten Menschenjagd der Polizei operierte Mandela im Untergrund. Er war bald bei Schwarzen und Weißen für seinen Mut berühmt. Weiße Journalisten verglichen ihn mit Scarlet Pimpernell aus der Zeit der Französischen Revolution. Oft ging er im Overall eines Mechanikers durch belebte Straßen, über einen Reifen gebeugt, den er vor sich herrollte, damit keiner sein Gesicht sah. Auf einem Treffen mit Mitstreitern im Central Park erschien er als Priester an der Spitze einer Prozession von Aktivisten. Für ein anderes Treffen unweit des Hauptquartiers der Johannesburger Polizei verkleidete er sich als Medizinmann; er wickelte sich Perlenschnüre ins Haar und bemalte sich das Gesicht. Nach Einbruch der Dunkelheit trug er meist die typische Berufskleidung eines Nachtwächters: einen weiten grauen Mantel und eine in die Stirn gezogene Mütze, die er gelegentlich durch ein Paar überdimensionaler Ohrringe ergänzte.

Manchmal gelang es ihm auch, seine Frau und seine beiden kleinen Töchter zu sehen. Zeni, Zinzi und Winnie wußten nie vorher, wann sie ihn treffen würden. „Jemand kam und befahl mir, ihm zu folgen", schrieb Winnie Jahre später. „Wir fuhren etwa einen Kilometer vom Haus weg, dann nahmen wir ein anderes Auto und wechselten kurz darauf wieder den Wagen. Bis ich Nelson endlich erreichte, hatte ich etwa zehnmal das Auto gewechselt ... Er hatte im ganzen Land Verstecke. Die Leute, die das arrangierten, waren natürlich zumeist Weiße. Ich weiß bis heute nicht, wer sie waren."

Mandela gab eine Reihe von Interviews und ließ die Journalisten wissen, daß spektakuläre Entwicklungen bevorstünden. Dann veröffentlichte er unter dem Titel „Brief aus dem Untergrund" eine Presseerklärung. „Über die genaue Form der von uns in Betracht gezogenen Aktionen werden wir Sie zu gegebener Zeit informieren", stand darin. „Gegenwärtig genügt es zu sagen, daß wir das Land unregierbar machen wollen."

Fünfzehn Monate lang war Mandela auf der Flucht vor der Polizei. Trotzdem gelang es ihm, für die neue Untergrundorganisation Mitglieder zu rekrutieren und Strategien zu entwickeln, und außerdem machte er noch eine Reise ins Ausland. Sehr zum Verdruß der südafrikanischen Polizei erschien er unangekündigt auf einer Konferenz der Panafrikanischen Freiheitsbewegung in Adis Abeba. Dort hieß ihn der Kaiser von Äthiopien herzlich willkommen und lud ihn ein, zu den afrikanischen Führern über deren geplante Kampagne für internationale wirtschaftliche Sanktionen gegen Südafrika zu sprechen. „Es wäre ... verhängnisvoll", erklärte Mandela, „die Illusion zu verbreiten, daß äußerer Druck uns von der Notwendigkeit entbinden könnte, den Feind von innen heraus anzugreifen. Das Zentrum und der Grundstein des Kampfes für Demokratie in Südafrika liegen in Südafrika selbst ... Südafrika ist jetzt ein Land, das mit dem Gewehr regiert wird ... Eine Führung vergeht sich an ihrem Volk, wenn sie zögert, ihre politischen Waffen, die stumpf geworden sind, wieder zu schärfen."

Von Adis Abeba reiste Mandela in den Sudan, nach Tanganjika, Tunesien, Mali, in den Senegal, nach Guinea, Liberia und Uganda, und er absolvierte einen militärischen Kurzlehrgang im Armeehauptquartier des späteren Ministerpräsidenten Ben Bella in Algerien.

In London, wo er sich zusammen mit Oliver Tambo und Yusuf Dadoo aufhielt, führte er Gespräche mit den Führern der Labour Party und der Liberal Party. In einer Gesprächspause schlenderte er über den Parliament Square und ließ sich neben der Cromwell-Statue fotografieren. Tambo hatte während seines ersten Jahres im Exil Großbritannien und Europa bereist und war bestürzt über das Ausmaß von Unwissenheit, auf das er außerhalb der städtischen Zentren Großbritanniens gestoßen war. Bei einer Veranstaltung in Sheffield hatte das Publikum nur eine einzige Frage an ihn gehabt: Was gedenke er für die weißen Frauen zu tun, die im Kongo vergewaltigt würden?

Am 16. Dezember 1961 wurde der Gedenktag der Afrikaander an die Niederlage des Zulu-Häuptlings Dingane 1838 in der Schlacht am Blood River durch eine Serie von Explosionen gestört. Die eilig durchgeführten Untersuchungen der Polizei ergaben, daß selbstgebastelte Bomben und Dynamit die elektrischen Einrichtungen von Regierungsgebäuden in Johannesburg, Durban und Port Elizabeth beschädigt hatten.

Am nächsten Morgen wurde aus einem Versteck im Untergrund die Gründung des Umkhonto we Sizwe (MK) bekanntgegeben – des „Speers der Nation", des bewaffneten Arms des ANC. Das Oberkommando der Organisation hatte der gerade im Ausland weilende Nelson Mandela. „Im Laufe ihrer Geschichte", so das Manifest, „wird jede Nation einmal vor die Entscheidung gestellt: sich zu unterwerfen oder zu kämpfen. Dieser Zeitpunkt ist nun in Südafrika gekommen. Wir werden uns nicht unterwerfen, und wir haben keine andere Wahl, als mit allen uns zur Verfügung stehenden Mitteln zurückzuschlagen, um unser Volk, unsere Zukunft und unsere Freiheit zu verteidigen."

Ironischerweise war damals gerade Häuptling Luthuli aus Oslo zurückgekehrt, wo er den Friedensnobelpreis empfangen hatte. Während der Umkhonto we Sizwe Bomben bastelte, hatte Luthuli der Welt mitgeteilt, daß es dem ANC gelungen sei, einen Rassenkrieg zu verhindern: „Wie einfach wäre es gewesen, in Südafrika den natürlichen Groll über die Vorherrschft der Weißen in Haß zu verwandeln und Rachegelüste gegenüber allen Weißen zu wecken ... Daß dies nicht passiert ist, ist kein Zufall. Es rührt daher, daß die politische Führung der Afrikaner sich, inspiriert vom African National Congress ..., in den letzten 50 Jahren entschieden und in voller Absicht gegen jede Art von rassischem Hochmut gestellt hat ... Unsere Vision ist immer die eines demokratischen Südafrika gewesen, in dem alle Menschen unabhängig von ihrer Rasse die gleichen Rechte haben."

In einem Bericht über die ersten Tage des Umkhonto we Sizwe schrieb Joe Slovo, einer ihrer strategischen Köpfe: „In unserem ganzen Kreis gab es niemanden, der eine Pistole besaß. Wir kannten niemand, der je an Sabotageakten beteiligt gewesen wäre, die in der Stadt mit selbstgebastelten Bomben verübt wurden. Einige von uns waren in der Armee gewesen, aber in allen praktischen Bereichen war unsere Kenntnis der Techniken, die man für dieses frühe Stadium des Kampfes benötigt, rudimentär."

Der erfahrenste Soldat der Organisation war Jack Hodgson, ein kommunistisches Mitglied des Johannesburger MK-Kommandos und ein Veteran des Abessinien-Feldzugs im Zweiten Weltkrieg. „Die Wohnung von Jack und [seiner Frau] Rica wurde unsere Johannesburger Bombenfabrik", erinnert sich Slovo. „Wir kauften Säcke mit Kaliumpermanganat und brachten Tage damit zu, die Substanz in Mörsern zu feinem Pulver zu zerstoßen. Nach dem 16. Dezember durchsuchte die Polizei die meisten unserer Häuser nach belastendem Material. Wir hatten das enorme Glück, daß das Haus der Hodgsons nicht auf ihrer Liste stand. Wäre die Polizei dort erschienen, hätte sie auf Wänden, Vorhängen und Teppichen und in jeder kleinen Ritze Kaliumpermanganat gefunden."

In stundenlangen Experimenten wurde in Hodgsons Küche ein Zeitzünder entwickelt. Verwendet wurden dazu die dünnen Röhrchen eines bestimmten Kugelschreibers, den die Gruppe in großen Mengen in Johannesburger Geschäften kaufte. Mit einer kleinen, mit Säure gefüllten Flasche improvisierte Hodgson einen Zündmechanismus. Die Flasche war mit einem Stück Karton einer bestimmten Dicke verschlossen und wurde, unmittelbar bevor man den Sprengsatz im Zielgebiet deponierte, auf den Kopf gestellt.

„Mit diesem primitiven Sprengsatz", schreibt Slovo in einer Publikation des Umkhonto „wollte ich die Drill Hall in Johannesburg niederbrennen, in der 1956 die Voruntersuchung zum Hochverratsprozeß stattgefunden hatte. Ich hatte das Terrain bei mehr als einer Gelegenheit sorgfältig erkundet und den Ort ausgewählt, an dem ich die Bombe deponieren wollte ... Als jedoch der Augenblick gekommen war, waren außer mir noch ... etwa 50 schwarze Putzfrauen anwesend ... Auf der Suche nach einer anderen geeigneten Stelle kam ich im ganzen Komplex herum. Es war bereits nach 17 Uhr, und es schien niemand mehr in den Büros der Verwaltung zu sein. Ich wählte ein Büro mit großen Holzschränken, stellte die Flasche auf den Kopf und wollte gerade die Plastiktüte mit der Flasche hinter einem Schrank deponieren, als eine militärisch klingende Stimme hinter mir fragte: ‚Kann ich etwas für Sie tun, Sir?'"

Slovo hatte Angst, die Bombe könnte explodieren, solange er mit dem Sergeant sprach. Deshalb sagte er schnell, sein Bruder habe einen Einberufungsbescheid erhalten, bitte jedoch um Befreiung vom Militärdienst. „Der Sergeant hatte offensichtlich nicht die geringste Ahnung von meinen wirklichen Absichten und bat mich höflich, ihm zu folgen. Ich gehorchte, aber das Herz schlug mir bis zum Hals, weil ich wußte, daß die Säure in der Flasche sich unaufhaltsam durch die dünne Pappe fraß ... Zum Glück für uns beide war der für Befreiungen vom Militärdienst zuständige Offizier schon gegangen, und der Sergeant riet mir höflich, am nächsten Tag wiederzukommen. Ich reichte ihm meine schweißnasse Hand und entfernte mich so schnell wie möglich. Sobald ich mich halbwegs unbeobachtet fühlte, öffnete ich den zylinderförmigen Tennisballbehälter, in den der Sprengsatz eingebaut war, und nahm die Flasche heraus."

Die ersten Molotow-Cocktails des Umkhonto wurden ebenfalls in Hodgsons Küche hergestellt und von Mandela in einer stillgelegten Ziegelei in der Nähe von Johannesburg getestet. „Wir waren an unserem Bestimmungsort angekommen", erinnert sich ein Kollege, der Mandela in jener Nacht begleitete, „und hatten das Auto versteckt, als ein Mann aus einem Gebäude aus verzinktem Eisen trat und drohend auf uns zukam. Es war der Nachtwächter des Geländes. Das war gefährlich, und ich glaubte schon, daß wir unseren Plan nicht würden ausführen können. Aber ich hatte nicht mit der Überredungskunst unseres Anführers gerechnet ... Er bedeutete uns, die Ausrüstung zu holen, und nahm den Mann beiseite ... Bald waren die beiden in ein intensives Gespräch vertieft. Genosse Nelson hatte seinem neuen Freund sogar den Arm um die Schultern gelegt. Wir sahen, daß der Nachtwächter lebhaft mit dem Kopf nickte und dann wegging. Genosse Nelson erklärte uns, daß er den

Mann überredet habe, unsere Anwesenheit auf dem Fabrikgelände zu dulden."

Die Freiwilligen für die Operationen des Umkhonto we Sizwe wurden gewöhnlich von den Mitgliedern des Oberkommandos der Organisation rekrutiert. Diese verwendeten sorgfältig ausgewählte Kontakte, um kleine Versammlungen von ANC-Aktivisten einzuberufen. Die Aktivisten mußten sich im Kampf bewährt und sich ausdrücklich zur neuen Taktik der Gewaltanwendung bekannt haben. Ein typisches Treffen dieser Art fand Ende Oktober 1961 statt. Einige militante Mitglieder des Indian Congress waren aufgefordert worden, sich um 19.55 Uhr in einem Haus in Fordsburg in Johannesburg zu versammeln. Als sie dort eingetroffen waren und erwartungsvoll der weiteren Dinge harrten, betrat ein unbekannter Mann das Haus, durchsuchte es wortlos und ging wieder weg. Wenige Sekunden später erschien er wieder, dicht gefolgt von einem großen Mann in einem dreckigen Caltex-Overall. Die Gruppe erkannte Mandela zunächst nicht: Sein charakteristischer Mittelscheitel fehlte, und er trug einen Schnurrbart. „Aber als er sagte: ‚Setzt euch, Genossen', da wurde mir klar, wer er war, und mein Herz machte einen Sprung", sagt Indres Naidoo, einer der ersten Saboteure der MK. „Er sagte, er sei gekommen, um uns etwas über den bewaffneten Kampf zu erzählen, und sprach dann von seiner Auslandsreise. Nach etwa einer Stunde stand er auf und verabschiedete sich. Wir stürzten alle zu ihm, um ihm die Hand zu schütteln."

Wer deutlich zum Ausdruck gebracht hatte, daß er Umkontho beitreten wollte, wurde später nochmals kontaktiert und in einer speziellen Zeremonie aufgenommen: Die Rekruten stellten sich mit zum MK-Gruß erhobener rechter Faust auf, schworen, Stillschweigen zu bewahren, wiederholten die Worte „Amandla Ngawethu" (Alle Macht dem Volk) und sangen „Mayibuye, iAfrika!". Man sagte ihnen, sie dürften nach ihrer Aufnahme nie einen Auftrag ablehnen, und warnte sie, daß bei einer Verweigerung von Befehlen des Oberkommandos die Exekution drohe.

In den rangniederen „Kampfgruppen" des MK hatten viele Mitglieder Schwierigkeiten, Stillschweigen zu bewahren. Die Tatsache, daß die Identität der Umkhonto-Führer nur dem obersten Kommandokreis bekannt war, ermöglichte es vielen Organisatoren des bewaffneten Kampfes, weiterhin legal in ihren Gemeinden zu leben. Sogar enge Freunde wußten nichts von ihrer Rolle im Untergrund. Indres Naidoo ärgerte sich schon kurz nach seiner Aufnahme über Mac Maharaj, einen Mitstreiter aus dem Indian Congress. Dieser predigte schon seit Jahren militantes Vorgehen, schien jedoch von der Existenz des MK nichts zu wissen. Naidoo sprach mit zwei Freunden vom MK über seinen Verdacht, daß Maharaj feige sei, und beschloß, ihn zur Rede zu stellen. Notfalls wollte er Maharaj solange verprügeln, bis dieser sich bereitfand, dem MK beizutreten. Zu Naidoos Glück fand die Auseinandersetzung nie statt. In Wirklichkeit war Mac Maharaj nämlich ein Mitglied des regionalen Kommandos von Umkhonto.

Das Hauptquartier der Organisation war die Farm Lilliesleaf in Rivonia, einer der äußeren Vorstädte Johannesburgs. Nur die vertrauenswürdigsten Genossen hatten dort über ein kompliziertes System von Kontakten Zugang. Die höchste Führungsspitze bestand aus Nelson Mandela, Walter Sisulu, Govan Mbeki, Joe Slovo und zwei besonders treuen Anhängern aus dem ANC, Andrew Mlangeni und Raymond Mhlaba. Kathy Kathrada und die beiden Kommunisten Arthur Goldreich und Dennis Goldberg bildeten zusammen mit Jack Hodgson, Mac Maharaj und dem alten ANC-Mitglied und Gewerkschafter Elias Motsoaledi das Johannesburger Regionalkommando.

Die führenden Umkhonto-Mitglieder nahmen Decknamen an und veränderten ihr Aussehen. Ahmed Kathrada gab sich ein eher portugiesisch als indisch wirkendes Aussehen und nannte sich „Pedro“. Später färbte er seine Haare rot. Walter Sisulu wurde unter dem Namen „Allah“ bekannt. Govan Mbeki nannte sich „Dhlamini“, und Dennis Goldberg hatte gleich zwei Decknamen, „Williams“ und „Barnard“.

Um bei den Nachbarn keinen Verdacht zu erregen, betrieb das Oberkommando auf Lilliesleaf Landwirtschaft, wenn auch in kleinem Rahmen, und verkaufte die Produkte auf der Straße vor dem Tor der Farm – gelegentlich auch an die in der Nähe stationierten Polizisten. Die Farm war elf Hektar groß. Sie war über Arthur Goldreich gekauft worden, der sie sodann mit einem Radioempfänger, mit einem Sender und mit Schreibmaschinen und Kopiergeräten ausgerüstet hatte. Sie hatte einen geheimen Zufahrtsweg, der nur den Mitgliedern des Oberkommandos und einigen wenigen Verbindungsleuten bekannt war. Die Verbindungsleute überbrachten die Befehle des Oberkommandos an die Kampfgruppen und lieferten deren Berichte im Hauptquartier ab. In Krugersdorp erwarb Umkhonto ein zweites Haus auf einem Grundstück von viereinhalb Hektar, das als Waffenfabrik dienen sollte. Ein drittes Haus wurde in Mountain View angemietet, einer Vorstadt von Johannesburg, und sollte als Versteck dienen. Das Geld für die Häuser stammte von der Kommunistischen Partei und aus Spenden afrikanischer Staaten, die Mandela auf seiner Auslandsreise gesammelt hatte.

Trotz strenger Sicherheitsmaßnahmen gab es auf Lilliesleaf so viel Kommen und Gehen, daß die Nachbarschaft Verdacht schöpfte. „Es war unvermeidlich, daß das Versteck in Rivonia irgendwann entdeckt und zerstört werden würde", meinte Joe Slovo Jahre später. „Leute wie ich waren dreimal am Tag dort. Ich kam von meinem Anwaltsbüro herüber. Auch Bram Fischer und andere kamen so oft." Die Geheimhaltung des MK-Hauptquartiers war auch durch Informanten gefährdet, die zur Polizei gingen, und durch gefangene Kämpfer, die der Folter der Polizei nicht standhielten und ihre Mitstreiter verrieten. „Wenn die Rede darauf kam, wie man sich im Fall einer Festnahme verhalten sollte, lautete die Parole: ‚Einsam sterben'", erinnert sich Steve Tshwete, ein junger MK-Rekrut aus der östlichen Kap-Provinz. Für einige der festgenommenen Männer war dieses Opfer freilich zu groß. Im Austausch gegen Informationen wurden ihnen Polizeischutz und Straffreiheit angeboten.

Außerdem wurden in den sechziger Jahren in einem nie dagewesenen Umfang Informanten rekrutiert. Die Polizei ging soweit, mittels einer Anzeige in der *World,* einer schwarzen Zeitung, Spitzel anzuwerben. „Jeder verläßliche Informant", versprach die Anzeige, „kann dank seiner Tätigkeit ein bequemes Leben führen. Ein Mann, der die Ohren offenhält, verdient als Informant leicht Summen um 250 Rand netto ... Wir behandeln alle Informationen vertraulich und schützen die Identität unserer Informanten. Es ist von großer Wichtigkeit, daß die Männer, die uns Informationen anbieten wollen, sich nur an unser weißes Personal wenden." Da der durchschnittliche Township-Bewohner monatlich nur zwischen 24 und 42 Rand verdiente, war es kein Wunder, daß die Polizei zahlreiche Helfer fand.

Auch weiße Informanten wurden angeworben. Ein junger Journalist, der behauptete, ein Sympathisant der Kommunistischen Partei zu sein, geriet in Verdacht, ein solcher Spitzel zu sein, weil er darauf bestand, bei einem konspirativen Treffen Notizen zu machen. Walter Sisulu erfuhr davon und beschloß, ihm eine Falle zu stellen. Man gab dem Journalisten einen versiegelten Brief „von größter Wichtigkeit", den er sofort abliefern sollte. Er wurde von Sisulus Leuten beschattet und dabei ertappt, wie er den Brief, den er mit Dampf geöffnet hatte, an einen

Kontaktmann der Polizei weitergab. Auf dem Weg zum eigentlichen Adressaten des Briefs wurde er abgefangen und gewarnt, sich nie wieder in der Nähe einer politischen Versammlung blicken zu lassen.

Einigen Informanten gelang es, Kampfgruppen des MK zu infiltrieren. Indres Naidoo und zwei loyale Genossen wurden bei einem Sabotageakt auf frischer Tat ertappt, weil das vierte Mitglied ihrer Einheit ein Polizeispitzel war. Trotzdem mußte die Polizei zwei Jahre lang jeden Hinweis sammeln, bis sie genug über Umkhonto wußte, um seine Führung zu identifizieren.

Nelson Mandelas Zeit lief schneller ab. Im August 1962 wurde er verraten, vermutlich von einem CIA-Agenten. Er war als Chauffeur des Theaterintendanten Cecil Williams verkleidet und trug einen knielangen weißen Staubmantel und eine schwarze Schirmmütze, als er auf dem Weg von Durban nach Johannesburg in eine Straßensperre geriet. Die Polizei hatte den Tip erhalten, daß sich „eine bestimmte Person" in dem Wagen befinde.

Auch als Mandela im Gefängnis saß und auf einen Prozeß wegen Aufwiegelung zum Streik und unerlaubten Verlassens des Landes wartete, setzte Umkhonto die Sabotageaktionen unter der Leitung von Raymond Mhlaba fort. Joe Modise hatte seinen Beruf als Lastwagenfahrer aufgegeben, um seine ganze Energie den Umkhonto-Operationen widmen zu können, und arbeitete eng mit Mhlaba zusammen. Er war einer der erfolgreichsten Saboteure. Nacht für Nacht war er mit seiner Einheit unterwegs und zerstörte Telefonverbindungen und elektrische Leitungen. Von einer Unternehmung erzählt er: „Wir hatten Kneifzangen und große Scheren dabei, mit denen wir die Drähte durchtrennten. Auf dem Heimweg hatten wir plötzich das Gefühl, daß wir noch nicht genug getan hatten ... Wir beschlossen, auch die oberirdischen Telefonleitungen zu zerstören. Also schnitten wir etwas Stacheldraht von einem Zaun am Straßenrand ab, banden ihn an einen Stein und warfen ihn über die Telefonleitungen. Dann banden wir den Draht hinten ans Auto und gaben Gas ... Am nächsten Tag stand in der Zeitung, daß Saboteure sowohl die Hauptverbindung als auch die oberirdischen Telefonleitungen zwischen Vaal-Dreieck und Johannesburg zerstört hätten."

Bei einem Treffen in einem Zuckerrohrfeld bei Durban kam es zu einer Auseinandersetzung zwischen Modise und Mitgliedern des Regionalkommandos von Natal. Ronnie Kasrils erinnert sich: „„Ihr tut nicht genug', beschimpfte der bullige Modise uns … In Transvaal hatte es einige spektakuläre Aktionen mit Dynamit gegeben, das aus den Minen geschmuggelt worden war. Einer von uns setzte sich zur Wehr: ‚Wenn wir Dynamit hätten wie ihr Genossen vom Reef …' Modise unterbrach ihn: ‚Wir bekommen kleine Mengen Dynamit von Minenarbeitern, die mit uns sympathisieren. Ihr habt in Natal Steinbrüche … Also versorgt euch selbst, und zwar schnell.'"

So herausgefordert, versuchte das Kommando von Natal Dynamit aufzutreiben. Außerhalb von Pinetown fanden die Männer ein Straßenbaulager, wo Sprengstoff eingesetzt wurde. Das Tor des Lagers war nur mit einem gewöhnlichen Vorhängeschloß gesichert. In einem Eisenwarengeschäft kauften sie dasselbe Schloß noch einmal, dann warteten sie, bis es dunkel war.

„Wir schlichen zum Tor", erinnert sich Kasrils. „Wir müssen wie eine Bande von Desperados ausgesehen haben. Ich griff nach dem Schloß und steckte den Schlüssel hinein. Er paßte hervorragend. Eine Drehung, und das Schloß sprang klickend auf. Was für ein schönes Geräusch! Wir waren drin! Wir arbeiteten schnell, wie professionelle Safeknacker. Funken sprühten in die Nacht, als wir die Tür des Magazins aufstemmten. Wir holten eine Sprengstoffkiste nach der anderen heraus, bis das Magazin leer war. Wir hatten nicht mit einer solchen Menge gerechnet und merkten, daß wir mit einem Lastwagen hätten kommen sollen."

Sobald der Lieferwagen, mit dem sie gekommen waren, voll war, trat Mannie Isaacs aufs Gaspedal. Kasrils und Eric Mtshali lagen oben auf den Dynamitkisten, als der Wagen über die holprige Schotterstraße jagte. Am nächsten Morgen erschienen die Zeitungen von Durban mit folgender Schlagzeile: „Halbe Tonne Dynamit bei Pinetown gestohlen." Als Isaacs auf dem Weg zur Arbeit die Plakate mit der Schlagzeile sah, erschrak er so, daß er eine rote Ampel überfuhr und einen Auffahrunfall hatte.

„Wir wußten so gut wie nichts über Dynamit und hatten keine Ahnung, wie man es lagert", erinnert sich Kasrils. „Ich wurde in die Stadtbücherei von Durban geschickt und sollte Bücher über Bergbau und Sprengstoff lesen. Ich war entsetzt, als ich die Sicherheitsvorschriften las. Eine lautete: ‚Fahren Sie nicht schneller als 25 Kilometer, wenn Sie Dynamit transportieren.' Eine andere: ‚Wo Dynamit gelagert wird, darf man kein Streichholz anzünden oder Funken schlagen.' Besonders aufregend war diese: ‚Dynamit muß in kühlen, gut belüfteten Räumen gelagert werden.‘

Was mich noch mehr entsetzte als der Gedanke an die rüde Art, wie wir das Magazin geknackt hatten, und an unsere schnelle Flucht, war der schreckliche Gedanke, daß der Sprengstoff jetzt in drückender Hitze in dem kleinen schwülen Lagerraum einer Schule lag … Wir installierten sofort einen Ventilator und begannen in der Umgebung von Durban geeignete Lager einzurichten."

Mandelas Prozeß begann am 22. Oktober 1962. Obwohl Mandela nicht wegen Anwendung von Gewalt angeklagt war, da die Polizei von seiner Mitgliedschaft bei Umkhonto nichts wußte, sprach er offen vom bewaffneten Kampf: „Staatlicher Terror hat vor allem eine Auswirkung: Er erzeugt Gegengewalt … wenn die Regierung keine Vernunft annimmt, wird der Konflikt schließlich in einem gewaltsamen Schlagabtausch entschieden." Mandela ging auch auf seine eigenen Lebensumstände ein: „Es ist mir seinerzeit nicht leicht gefallen, mich von meiner Frau und meinen Kindern zu trennen, den guten alten Zeiten Lebewohl zu sagen, als ich mich nach einem anstrengenden Tag im Büro auf das gemeinsame Abendessen mit meiner Familie freuen konnte. Statt dessen mußte ich das Leben eines Mannes führen, der von der Polizei gejagt wird, der in seinem eigenen Land von seinen nächsten Angehörigen und engsten Freunden getrennt lebt und ständig vor einer Entdeckung und Verhaftung auf der Hut sein muß … Aber es gibt Zeiten, in denen einem Menschen das Recht auf ein normales Leben verweigert wird. Er wird gezwungen, das Leben eines Ausgestoßenen zu führen, weil die Regierung das Recht mißbraucht, um ihn mit Acht und Bann zu belegen. Ich wurde in diese Lage gebracht, und ich bedaure meine damalige Entscheidung nicht. Dieselbe Verfolgung … wird auch andere Menschen dazu bringen, meinem Beispiel zu folgen."

Mandela wurde jeden Morgen bei der Ankunft im Gericht von jubelnden Anhängern empfangen, und nach jedem Verhandlungstag hob er, bevor er in den Polizeiwagen stieg, die geballte Faust und rief *„Amandla"*, worauf die Menge antwortete: *„Ngawethu!"*

Gegen Ende seiner Aussage vor Gericht sagte er jene Worte, die den Anhängern des ANC noch jahrzehntelang im Ohr bleiben sollten: „Welche Strafe mir Euer Ehren für die Verbrechen, derer ich vor diesem Gericht für schuldig befunden worden bin, auch auferlegen mag, seien

Sie versichert, daß ich mich nach Abbüßung meiner Strafe weiterhin von meinem Gewissen leiten lassen werde; ich werde mich weiterhin von meiner Abscheu gegenüber der Rassendiskriminierung meines Volkes leiten lassen. Wenn ich aus dem Gefängnis herauskomme, werde ich nach bestem Wissen und Gewissen den Kampf für die Beseitigung dieser Ungerechtigkeiten wieder aufnehmen, bis sie eines Tages restlos vom Erdboden verschwunden sind."

Mandela wurde zu fünf Jahren Zwangsarbeit verurteilt und in einer Einzelzelle im Zentralgefängnis von Pretoria untergebracht, wo er Postsäcke nähen mußte.

Der Umkhonto we Sizwe setzte den Kampf fort. Einem der gewagtesten Sabotageakte der Organisation fielen drei Strommasten in Natal zum Opfer, und fast ganz Durban versank in Dunkelheit. Einige Zeitungen vermuteten hinter dem Anschlag eine kubanische oder algerische Verschwörung. Einer der beteiligten MK-Saboteure, Ebrahim Ismail Ebrahim, arbeitete damals für *New Age*. Sein Chefredakteur wußte nichts von Ebrahims Beteiligung an dem Anschlag und schickte ihn an den Ort des Geschehens. „Mit der Kamera zog ich nachmittags los, um den gesprengten Mast zu fotografieren. Damit niemand auf den Gedanken kommen konnte, daß ich die Stelle schon kannte, fragte ich Leute aus der Umgebung nach dem Weg."

Inzwischen bereitete sich die Umkhonto-Führung in Lilliesleaf auf eine ehrgeizigere Art der Kriegsführung vor. „Als uns im Lauf der Kampagne die Notwendigkeit klar wurde, langfristig eine echte Volksarmee aufzubauen", sagt Slovo, „verwendete das Oberkommando einen großen Teil seiner Energie und der vorhandenen Strukturen darauf, viele Hunderte erfahrener politischer Kader aus allen Ebenen der Organisation außer Landes zu schicken, damit sie im Ausland eine Ausbildung als Guerillas und in militärischer Kriegsführung erhielten."

Die erste Gruppe, die zu diesem Zweck ins Ausland geschickt wurde, bestand aus den treuen ANC-Mitgliedern Milton Mkwayi, Raymond Mhlaba, Joe Gqabi und Andrew Mlangeni aus dem Osten der Kap-Provinz. Spätere Einheiten kamen aus Natal, aus dem Westen der Kap-Provinz und aus Transvaal. Die Gruppen sammelten sich in Johannesburg, wo sie in den Townships in Häusern von Sympathisanten untergebracht wurden. Dann wurden sie mit Lastwagen entweder an die rhodesische Grenze bei Plumtree gebracht oder durch Betschuanaland nach Kazungula. Von dort aus ging es über Lusaka in Sambia weiter nach Tansania. Der Weg über Rhodesien erwies sich als zu riskant: Eine Gruppe von Studenten, zu der auch Govan Mbekis Sohn Thabo gehörte, wurde auf dieser Route festgenommen und nach Betschuanaland deportiert.

Zur Guerilla-Ausbildung wurden nicht nur Mitglieder der traditionellen Organisationen des ANC herangezogen. Seit der ANC unter dem Bann stand, waren eine Reihe von Ablegern gegründet worden, darunter Olutja, eine Bewegung von Jugendclubs, und verschiedene gewerkschaftliche Organisationen wie die General Workers' Union. Da der Transport der Männer zu Militärbasen in Algerien und in die Sowjetunion sehr kostspielig war, richtete das Oberkommando in Südafrika eine Reihe von Vorbereitungslagern ein, wo unter den Kandidaten eine Vorauswahl getroffen wurde. Nur besonders geeignete Rekruten sollten ins Ausland gehen.

Eines der ersten derartigen Lager im Inland wurde in der Nähe von Mamre in der westlichen Kap-Provinz im dichten Busch errichtet. Das Ausbildungsprogramm begann am Tag nach Weihnachten 1962. Die Leitung hatte Dennis Goldberg. Er verständigte sich über einen Dolmetscher mit den Rekruten und wurde vom MK-Organisator Looksmart Solwandle unterstützt. Das Ausbildungsprogramm umfaßte u. a. Vorlesungen in Politik, Ökonomie und Erster Hilfe und Che Guevaras Theorie des Guerillakriegs. Auch der Einsatz von Feldtelefonen, Funkgeräten und Vervielfältigungsapparaten wurde geübt. Im Schutz der Nacht wurde ein Verbrennungsmotor in das Buschlager geschleppt und denjenigen erklärt, die keine Erfahrung mit Motorfahrzeugen hatten. Es war ein anstrengendes Programm, und die Auszubildenden schliefen in der Sommerhitze manchmal ein. „Looksmart Solwandle hatte einen dünnen Zweig in der Hand", erinnert sich Albie Sachs, ein Rechtsanwalt, der in dem Lager unterrichtete. „Jedesmal, wenn jemandem die Augen zufielen, schlug er ihm damit auf den Arm."

Goldberg führte militärische Disziplin ein. Er ließ die Rekruten strammstehen und sich selbst mit „Genosse Kommandant" anreden. Allerdings war dem Lager nur eine kurze Lebensdauer beschieden. Schon nach drei Tagen erfuhr die Polizei davon und machte eine Razzia. Goldberg und sein kommunistischer Kollege Sachs wurden festgenommen und verhört. Goldberg hatte einem Mischling unter den Rekruten befohlen, sich als der Führer des Lagers auszugeben. Dieser hielt dem Druck der Polizei eine Zeitlang stand, gestand schließlich aber doch, nicht der

Führer zu sein. Looksmart Solwandle wurde in der Hoffnung verhört, er werde über Umkhonto aussagen. Er starb im Polizeigewahrsam.

Eines der Ziele der Vorbereitungslager war es, Männer mit Führungsqualitäten zu finden. Die Organisatoren des unglücklichen Unternehmens von Mamre hatten in dieser Hinsicht großen Erfolg. Unter den für das Training im Ausland ausgewählten Rekruten war ein junger Intellektueller namens Martin, der sofort durch seinen Mut und seine Verläßlichkeit auffiel. Sachs befürchtete zwar, daß er „zu weich für die Stadt ist, da er den größten Teil seines Lebens an verschiedenen Ausbildungsstätten in der Transkei verbracht hat", aber aus Martin wurde einige Jahre später ein exzellenter Soldat. Er nahm den Namen Chris Hani an und stieg in der Exilarmee des MK schnell auf.

In Vorbereitung auf die Rückkehr der im Ausland trainierten Guerillas entwarf das Oberkommando in Rivonia einen Plan mit dem Decknamen Operation Mayibuye (Rückkehr). „Onkel" JB Marks, ein alter Veteran der Kommunistischen Partei und des ANC, und Joe Slovo wurden beauftragt, Oliver Tambo im Ausland die schriftliche Ausarbeitung des Planes zu überbringen, damit er mit afrikanischen Regierungen darüber diskutierten konnte. Auf dem Weg von Francistown in Betschuanaland nach Dar es Salaam in Tansania trafen die beiden zufällig Samora Machel, den Führer der Frelimo, der Guerillaarmee Mozambiques. Auch Machel wollte nach Tansania, kam aber nicht weiter, weil er kein Transportmittel hatte. Die Umkhonto-Leute hatten einen Toyota gemietet und ließen einen der Ihren zurück, um Platz für Machel zu schaffen.

Operation Mayibuye, ein neunseitiges Dokument, zielte auf die Ausweitung der Sabotageaktionen und den Guerillakrieg, an dessen Ende die Invasion ausländischer Truppen in Südafrika stehen sollte. „[Die Regierung] hat dem Volk keine andere Wahl gelassen als den gewaltsamen Umsturz", war in der Präambel zu lesen. Erste Priorität hatte die Schulung der Landbevölkerung, damit sie die Guerillas unterstützen konnte. Ein „massiver Angriff auf ausgewählte Ziele" in Port Elizabeth, Port Shepstone, im Nordwesten von Transvaal und im Nordwesten der Kap-Provinz sollte „maximale Verwüstung und Verwirrung" anrichten. In jeder der genannten Regionen sollten 2 000 Mann stationiert werden, nur für die Kap-Provinz waren lediglich 1 000 vorgesehen. Bei Umkhonto rechnete man damit, daß die Zahl der Aufständischen in den genannten Regionen auf rund 7 000 anschwellen würde, sobald die Ausführung des Plans begonnen hatte. Sobald die Guerilla-Operationen erste Erfolge verzeichneten, sollte die Invasion ausländischer Truppen stattfinden. Beide Armeen sollten sich vereinigen und die südafrikanische Regierung stürzen.

Zu den in der Operation Mayibuye vorgesehenen Transportmitteln gehörte auch ein U-Boot, das die ausgebildeten Guerillas von Algerien und Rußland nach Hause bringen sollte. „Wir hatten in unserer Euphorie ziemlich übertriebene Erwartungen, was die afrikanischen Staaten für uns tun würden", sagt Joe Slovo. „Wir glaubten, sie würden uns vielleicht sogar Flugzeuge zur Verfügung stellen, um unsere Leute abzusetzen. Wir waren ziemlich naiv."

Die logistischen Probleme einer über die Landesgrenzen hinweg arbeitenden Untergrundbewegung und die immer und überall gegebene Gefahr des Verrats waren nicht die einzigen Sorgen des Umkhonto. Besonders gefährlich war ein Polizist mit einer außerordentlich detektivischen Begabung: Sergeant Donald Card. Er war eigentlich in East London stationiert, wurde aber im Rahmen der Jagd auf die Männer des MK regelmäßig an die verschiedensten Polizeistellen des Landes überstellt. Card erwies sich als Gegner von Format und war für die Verhaftung zahlreicher Saboteure verantwortlich. Er gab nie auf, wenn er einmal eine Spur gefunden hatte. So fand er heraus, daß die Holzsplitter auf Andrew Masondos Jacke von einem abgesägten Telefonmast stammten.

Einer der mutigsten Männer bei Umkhonto war Vuyisile Mini. Er war ein besonders tatkräftiger Kämpfer des Regionalkommandos der östlichen Kap-Provinz, bis Sergeant Ward beauftragt wurde, ihn zu finden. Nach langer Jagd wurde Mini verhaftet und, als er sich weigerte, gegen Strafminderung über Wilton Mkwayi auszusagen, vor Gericht gestellt. Mini wurde für den Mord an einem Spitzel zum Tode verurteilt. Freiheitslieder singend und mit erhobener Faust marschierte er zum Galgen und sicherte sich einen Ehrenplatz in der Geschichte Umkhontos.

Ein anderer Held aus der Frühzeit von Umkhonto war ein furchtloser junger Mann namens Wellington Bongco. Er wollte mit Donald Card abrechnen und ließ den gerissenen Sergeanten wissen, er habe sich entschlossen, für die Polizei statt für den MK zu arbeiten. Er schlug Card ein Treffen an einem abgelegenen Ort vor und bestand darauf, daß der Sergeant allein kam. Card verlangte, daß Bongco sein Paßbuch auf der Polizeiwache abgab und ein Papier unterzeichnete, in dem er für alles, was von diesem Zeitpunkt an passieren würde, die Verantwortung übernahm. Am vereinbarten Tag lag Bongco mit einem Freund in einem Hinterhalt, um Card zu töten. Aber der Sergeant erschien nicht.

Später wurde Bongco verhaftet und zum Tod am Galgen verurteilt. Wie Vuyisile Mini sicherte auch er sich einen Ehrenplatz in der Geschichte des Umkhonto we Sizwe, als er dem Richter ruhig erklärte: „Sie werden Bongco aufhängen, aber die Freiheit werden Sie nie hängen.“

10

Der Rivonia-Prozeß

Die Polizei hatte den starken Verdacht, daß eine direkte Verbindung zwischen Untergrundaktivitäten des ANC und der Welle von Sabotageakten in ganz Südafrika bestand. Sie konnte lange nichts beweisen, aber schließlich erzielte sie eine Serie von Durchbrüchen, durch die sich das Blatt zu ihren Gunsten wandte.

In den ersten Monaten des Jahres 1963 nahm sie eine Reihe von Männern bei dem Versuch fest, illegal die Grenze nach Betschuanaland zu überschreiten. Das Verhör ergab, daß die Festgenommenen im Ausland eine militärische Ausbildung erhalten sollten. Als die Polizei das wußte, gab sie der Jagd auf die Führung von Umkhonto höchste Priorität. Kurz darauf verschwand Walter Sisulu im Untergrund. Er war wegen Unterstützung der Ziele einer gebannten Organisation zu sechs Jahren Gefängnis verurteilt worden, hatte sich aber bis zur Berufungsverhandlung gegen eine Kaution von 6 000 Rand auf freiem Fuß befunden. Die Polizei glaubte zunächst, er habe das Land verlassen, bis eine weitere Spur sie näher an die Leute heranführte, die hinter den mysteriösen Bombenanschlägen standen. Bei der South African Press Association war ein Brief eingegangen, den die Agentur der Polizei übergab. Aus seinem Inhalt ging hervor, daß Walter Sisulu immer noch im Land war. Das mit der Schreibmaschine geschriebene Dokument trug den Titel „Ungekürzter Text der ersten Sendung von Radio Liberation“ und begann mit den Worten:

„Hier ist der Sender des African National Congress, wir senden aus dem südafrikanischen Untergrund. Heute, am 26. Juni, bringen wir unsere erste Sendung. Es wird nicht die letzte sein …

Die Regierung hat Walter Sisulu rund um die Uhr unter Hausarrest gestellt. Das konnten wir nicht akzeptieren … Also hat Walter Sisulu auf Beschluß des ANC sein Haus verlassen … Er führt auch heute noch unsere Organisation und das Volk, und zwar aus dem Untergrund. Aus dem Untergrund wird jetzt Walter Sisulu zu euch sprechen.“

Die Stimme, die dann im Radio ertönte, wurde von aufgeregten Polizisten als Stimme Walter Sisulus identifiziert: „Söhne und Töchter Afrikas! Ich spreche zu euch von irgendwo in Südafrika. Ich habe das Land nicht verlassen, und ich habe auch nicht vor, es zu verlassen. Viele führende Mitglieder des African National Congress sind in den Untergrund gegangen. Sie werden die Organisation am Leben erhalten; die Organisation ist nicht führerlos, und der Freiheitskampf geht weiter. Der Kampf muß unbeirrt fortgesetzt werden. Wir vom African National Congress werden neue Methoden des Kampfes entwickeln ... Konfrontiert mit der Gewalt, waren Freiheitskämpfer schon oft gezwungen, Gewalt mit Gewalt zu vergelten. Wie könnte das in Südafrika anders sein?"

Die Polizei triumphierte und ließ landesweit nach Walter Sisulu fahnden. Sie setzte für Informationen Belohnungen aus und bekam bald einen wertvollen Tip. Leutnant Willem van Wyk, einer der fähigsten Beamten der Special Branch, blätterte gerade in einem Ordner mit streng geheimen Akten, als er den Anruf eines schwarzen Informanten erhielt. Dieser behauptete, er sei im MK-Hauptquartier in Johannesburg gewesen und habe dort Sisulu gesehen. Er bot an, van Wyk hinzuführen.

Van Wyk holte den Informanten noch in derselben Nacht in einem zivilen Polizeiwagen ab und fuhr auf Anweisung des Mannes nordwärts Richtung Pretoria. Der Informant hatte so große Angst, erkannt zu werden, daß er trotz der Dunkelheit eine Sonnenbrille trug. Den Hut hatte er tief in die Stirn gezogen, die untere Gesichtshälfte verbarg ein langer Schal. Wiederholt fuhren sie die Rivonia Road entlang und die mit Bäumen gesäumten Seitenstraßen auf und ab und hielten nach bestimmten Orientierungspunkten Ausschau, allerdings vergeblich.

Der Informant behauptete steif und fest, er habe gleich neben dem Eingang des Umkhonto-Hauptquartiers ein Schild mit der Aufschrift IVON gesehen. Außerdem erinnerte er sich an eine nahegelegene Kirche. Aber sie fanden weder das Schild noch die Kirche. Nach einigen Stnden gab Wyk die Suche auf und fuhr seinen Begleiter nach Hause.

Obwohl van Wyk eigentlich schon das Vertrauen in den Informanten verloren hatte, beschloß er, es in der nächsten Nacht noch einmal zu versuchen. Auch in der übernächsten Nacht waren sie wieder unterwegs. Zum drittenmal hatten sie unzählige Male die Rivonia-Straße abgefahren. Van Wyk blickte auf seine Armbanduhr. Als er sah, daß es bereits nach Mitternacht war, wollte er die Suche abbrechen. Da stieß die in sich zusammengesunkene Gestalt neben ihm einen leisen Schrei aus: „Da ist es, Leutnant!“ Van Wyk starrte ungläubig nach vorn und sah, daß die Kirche, nach der sie gesucht hatten, in Wirklichkeit nur ein Haus mit einem Giebel war. Das Schild mit der Aufschrift IVON war ein ramponiertes Brett, auf dem einmal RIVONIA gestanden hatte. Die Farbe der Buchstaben R und IA war abgeblättert, so daß nur noch IVON übrig war.

Hinter der nächsten Kurve lag das Tor der Farm Lilliesleaf. Van Wyks Puls raste, aber er fuhr in normalem Tempo weiter, um jedes Aufsehen zu vermeiden. Er registrierte, daß gegenüber dem Eingang ein Parkplatz für Wohnwagen lag, dann raste er, schwindlig vor Aufregung, zurück in die Stadt. In den frühen Morgenstunden saß er allein bei sich zu Hause und plante eine Razzia.

Bis 14.00 Uhr am nächsten Tag, dem 11. Juli 1963, hatte van Wyk seinen Vorgesetzten mitgeteilt, wie er in das Hauptquartier von Umkhonto eindringen wollte. Er hatte ein weißes Paar, das neben Lilliesleaf wohnte, einer diskreten Befragung unterzogen und von ihm erfahren, daß Lilliesleaf einem gewissen Mr. Goldreich gehörte, der viele gutgekleidete schwarze Freunde hatte. Van Wyk fand Goldreichs Nummer im Telefonbuch und bat die Frau eines Kollegen, dort anzurufen und sich nach einer fiktiven Mrs. Brown zu erkundigen, ein Trick, mit dem er herausfinden wollte, ob in Lilliesleaf jemand anwesend war.

Dann setzte er seinen Plan in die Tat um. Er ließ die Polizeibeamten kommen, die er für die Razzia ausgewählt hatte: einen Radioexperten; zwei Männer mit Erfahrung in der Analyse politischer Dokumente; einen Hundeführer und dessen Schäferhund; einen besonders guten Fahrer und einen gerissenen Beamten, der außerdem ein großer Witzbold war und dessen komische Begabung sich bei Verhören schon oft als nützlicher Gegenpol erwiesen hatte. Insgesamt drängten sich 16 Männer in van Wyks Büro, um ihre Instruktionen abzuholen. Sie sollten zusammen im Lieferwagen einer Reinigung in Lilliesleaf vorfahren. Zwei würden vorne sitzen, der Rest mit van Wyk und dem Spürhund Chetaah hinten. Wenn sie von Wachen gestoppt wurden, sollten sie so tun, als hätten sie sich auf der Suche nach dem Hotel Sleepy Hollow verfahren. Um Zeit zu gewinnen, sollten sie den Bewohnern der Farm die Dienste der Reinigung anbieten.

Um drei Uhr nachmittags passierte der Wagen der Reinigung das Tor von Lilliesleaf. Der Busch war hier so dicht, daß er die Sicht auf die Straße streckenweise versperrte. Plötzlich trat ein wie ein Diener gekleideter Schwarzer aus dem Gebüsch, versperrte den Weg und teilte dem Fahrer mit, daß niemand zu Hause sei. Im hinteren Teil des überfüllten Wagens traf der vor Aufregung schwitzende van Wyk eine schnelle Entscheidung. Als der Fahrer wendete, brüllte er: „Wir schlagen zu! Durchsucht das Haus!"

Der Lieferwagen schwang herum, schoß vorwärts, kam mit einem Ruck vor dem Haupthaus der Farm zum Stehen und spuckte einen Schwall von Polizisten aus, die in alle Richtungen lossprinteten. In Minutenschnelle waren sämtliche Eingänge des Hauses und auch die Eingänge der Nebenhäuser von Kriminalbeamten besetzt.

Van Wyk rannte zur Hintertür des Haupthauses und riß sie auf. Ein schwarzer Diener ließ vor Schreck fast das Eis fallen, das er gerade servieren wollte. Das Eis sei für Pedro Perreira bestimmt, antwortete er auf van Wyks barsche Frage und deutete auf ein strohgedecktes kleines Haus in der Nähe. Außer dem Diener war nur noch eine weitere Person im Haupthaus: Dennis Goldberg, ein bärtiger Mann mit dicken Brillengläsern und einem gefrorenen Lächeln auf den zitternden Lippen. Als die Polizisten ins Wohnzimmer stürmten, sprang er vom Stuhl auf, zog den Mantel an und setzte den Hut auf. Ein Kriminalbeamter berichtete van Wyk später: „Er sah aus wie jemand, der weiß, daß er so schnell wie möglich irgendwohin muß, sich aber überhaupt nicht erinnern kann, wohin."

Inzwischen spielten sich in dem strohgedeckten Haus dramatische Szenen ab. Ein Polizist, der auf die offene Tür zurannte, sah eine Hand, die die Tür von innen zuzog. Er warf sich gegen die Tür. Die Tür flog auf, und er stand drei erschrockenen Männern gegenüber, zwei Weißen und einem Schwarzen. Als er sich hastig im Raum umblickte, sah er draußen eine rothaarige Gestalt fliehen und dann noch zwei Männer. Alle drei rannten auf den Busch zu. Sie waren durch ein Fenster des Hauses entkommen, begegneten draußen jedoch Polizisten, die um die Ecke des Hauses stürmten. Sie ignorierten den Befehl, stehenzubleiben, und rannten weiter, bis sie den knurrenden Schäferhund bemerkten und sahen, daß die keuchenden Polizisten ihre Waffen hoben. Einer der Männer schrie eine Warnung, und sie blieben stehen. Dann gingen sie langsam zurück zu ihren Verfolgern.

Als sie näherkamen, stellte van Wyk fest, daß sie verkleidet waren. Obwohl er ihre Gesichter genau musterte, hätte er „Kathy" Kathadra unter seinem roten Haarschopf fast nicht erkannt. Kathadra alias Pedro Perreira grinste, als van Wyk ihn schließlich doch identifizierte. Theatralisch zeigte er auf das lange Jackett, das ihm bis zu den Knien reichte, und fragte die Polizisten, ob ihnen seine Verkleidung gefiele. Van Wyk musterte jetzt den hellhäutigen Mann neben Kathadra. Trotz des kleinen Hitlerbärtchens und der dunkel gefärbten Haare erkannte er den Mann, der seinem Blick trotzig standhielt, rasch an dem abschätzigen Lächeln, das auf seinen Lippen spielte und das ihm schon auf den Fotos in den Akten im Hauptquartier der Special Branch aufgefallen war. Vor ihm stand Walter Sisulu, der meistgesuchte Mann in Südafrika. Neben ihm stand groß und würdevoll der Führer der ANC-Organisation der östlichen Kap-Provinz, Govan Mbeki.

Die drei im Innern des strohgedeckten Hauses festgenommenen Männer waren der kommunistische Architekt Lionel Bernstein, der den Decknamen Rusty trug, der ANC-Aktivist Raymond Mhlaba von der östlichen Kap-Provinz und Bob Hepple, ein Rechtsanwalt aus Johannesburg. Sie waren in eine Diskussion über die Operation Mayibuye vertieft gewesen, und eine Kopie des Plans lag auf dem Tisch. Die Kriminalbeamten nahmen das Dokument mit, aber seine wahre Bedeutung wurde erst klar, als das Büro des Generalstaatsanwalts erklärte, allein die Existenz dieses Plans reiche aus, um der Führung Umkhontos aufgrund eines Indizienbeweises den Prozeß zu machen.

Arthur Goldreich, ein Kommunist und ein bekannter Künstler, wurde eine Stunde später festgenommen, als er vor der Farm vorfuhr. Als er sah, daß die Polizei da war, wollte er seinen Wagen wenden, er verzichtete jedoch darauf, als er in die Mündung eines Revolverlaufs blickte. Goldreich hatte bei Umkhonto den Decknamen „Hausmeister". Er hatte 1948 im arabisch-israelischen Krieg als Truppenführer in der Armee gedient. Obwohl er bei der Planung der Operation Mayibuye eine maßgebliche Rolle gespielt hatte, war er der einzige, der angesichts der Niederlage die Fassung verlor. Leutnant van Wyk berichtete, daß Goldreich als einziger bei der Festnahme blankes Entsetzen gezeigt habe.

Die Polizei trieb alle Bewohner von Lilliesleaf einschließlich der Bediensteten und Landarbeiter zusammen und fuhr sie zum Verhör ins „The Grays" genannte Hauptquartier der Special Branch. Insgesamt waren 18 Leute festgenommen worden, darunter fast alle wichtigen Führer von Umkhonto. Nelson Mandela saß schon im Gefängnis, Oliver Tambo war im Exil, und Joe Slovo befand sich auf einer Mission im Ausland, um dort für Mayibuye zu werben, aber fast alle anderen Mitglieder des MK-Oberkommandos befanden sich jetzt in Polizeigewahrsam, und bald sollten die meisten Führer der Regionalkommandos ihr Schicksal teilen.

Kisten voller Dokumente, sechs Schreibmaschinen, über hundert Landkarten sowie ein Radiosender samt Antennenmasten wurden von der Polizei in einen Lieferwagen geladen und abtranspotiert. In einem der Nebengebäude fand man einen Vervielfältigungsapparat und eine kleine Büchse mit deutlichen Fingerabdrücken. Die Fingerabdrücke gehörten Harold Wolpe, einem Rechtsanwalt und Mitglied der Kommunistischen Partei. Er wurde sofort verhaftet. Die Auswertung der Dokumente führte die Polizei zu zwei weiteren Verdächtigen: Elias Motsoaledi und Andrew Mlangeni.

Dr. Percy Yutar, der stellvertretende Generalstaatsanwalt von Transvaal, wurde zum Vertreter der Anklage ernannt. Er bezog mit einem Team von Juristen Büros in „The Grays" und half den Experten der Polizei, die Berge von Dokumenten zu sichten, die bei der Razzia in Rivonia beschlagnahmt worden waren. Zu Yutars Freude meldete sich ein wichtiger Zeuge, der die Aufgabe der Staatsanwaltschaft wesentlich vereinfachte. Sein Name war Bruno Mtolo. Im Prozeß wurde er als Mr. X bezeichnet. Mtolo hatte zu einer Gruppe von Saboteuren gehört, die in Natal verhaftet worden waren. Er beschloß, seine Führer zu verraten und gegen sie auszusagen, wenn man ihm Straffreiheit zusicherte. Auch Bob Hepple zog es vor, seine früheren Mitstreiter zu verraten, statt ihr Schicksal zu teilen. Er gab der Polizei entscheidende Informationen und floh dann außer Landes.

Van Wyk stellte eine lange Liste potentieller Zeugen zusammen, die in dem bevorstehenden Prozeß, der international unter dem Namen Rivonia-Prozeß bekannt wurde, aussagen sollten. Er fuhr kreuz und quer durch Südafrika und sammelte die Aussagen von 270 Leuten. Als van Wyk an einem Augusttag in seinem Büro die gesammelten Zeugenaussagen studierte, erhielt er einen Anruf, der einen weiteren wichtigen Durchbruch für die Staatsanwaltschaft bedeutete. Der Anruf kam von der Polizeiwache in Rosebank und meldete die Entdeckung politischer Papiere in einem Haus auf einem kleinen Anwesen in Krugersdorp. Das Haus war an einen bärtigen Mann vemietet worden, der sich Charles Barnard nannte. Der Hausbesitzer hatte die Dokumente gefunden, als er nachsehen wollte, warum die Miete überfällig war. Unter den Papieren waren Rundbriefe, Namens- und Adressenlisten und eine Reihe politischer Berichte. Aufgrund der darin enthaltenen Informationen gelang es van Wyk, ein weiteres Versteck von Umkhonto aufzuspüren: ein Haus in der Terrace Road in der Vorstadt Mountain View. Natürlich fand dort sofort eine Razzia statt.

Genau einen Monat nach den Festnahmen in Lilliesleaf mußte die Polizei zu ihrem Mißvergnügen erfahren, daß zwei der als Saboteure verdächtigten Gefangenen, Arthur Goldreich und Harold Wolpe, einen 19jährigen Gefängniswärter bestochen hatten und in Begleitung zweier indischer Gefangener aus ihren Zellen in der Polizeiwache am Marshall Square geflohen waren. Obwohl die Polizei daraufhin eine der größten Menschenjagden in der Geschichte Südafrikas veranstaltete, gelang es ihr nicht, Goldreich und Wolpe wieder zu fassen. Die beiden Männer reisten zunächst als Priester verkleidet nach Swasiland und flogen dann mit einem kleinen Flugzeug nach Betschuanaland.

Von Francistown aus wollten sie mit einer Dakota nach Algerien weiterfliegen, aber dieser Plan scheiterte. Am Abend vor dem Abflug wurde das Flugzeug durch eine mysteriöse Explosion zerstört. In der Stadt verbreitete sich das Gerücht, die südafrikanische Polizei habe eine hohe Belohnung auf die Köpfe der beiden ausgesetzt, und die öffentliche Meinung wandte sich immer mehr gegen sie. Goldreich und Wolpe baten die Polizei von Betschuanaland um Schutz vor den Kopfjägern und waren erleichtert, als sie in einer Gefängniszelle untergebracht wurden. Aber ihre Pechsträhne dauerte weiter an. Ein zweites, vom ANC zu ihrer Rettung geschicktes Flugzeug stürzte bei Mbeya im Süden Tanganjikas ab. Endlich, im September, konnten sie eines Nachts mit einer einmotorigen Maschine nach Dar es Salaam fliegen.

Der Rivonia-Prozeß wurde am 8. Dezember 1963 eröffnet und dauerte elf Monate. In dieser Zeit rief die Staatsanwaltschaft 173 Zeugen auf. Nelson Mandela, der bereits im Gefängnis saß, wurde in einem Gefangenenwagen zum Gericht gefahren. Er, Walter Sisulu, Govan Mbeki und sechs Mitangeklagte gaben zu, daß sie sich der Sabotage und der Vorbereitung des Guerillakriegs schuldig gemacht hatten, sie bestritten aber, den Guerillakrieg bereits begonnen zu haben. Der Plan für die Operation Mayibuye belastete die Angeklagten jedoch schwer, und auch die Aussagen der auf dem Weg zu ausländischen Militärlagern festgenommenen Guerilla-Anwärtern und die detaillierten Angaben von Mr. X, Bruno Mtolo, waren für die Angeklagten sehr ungünstig. Prozeßanwalt Bram Fischer, der die Verteidigung leitete, befürchtete, seine Klienten könnten zum Tod verurteilt werden, und verwandte seine ganze Energie darauf, statt dessen eine lebenslange Haftstrafe zu erreichen. Persönlich hielt er nichts von den phantastischen Plänen der Verschwörer. Einige Monate später brachte er seine Meinung über die Naivität der Operation deutlich zum Ausdruck: Sie sei, sagte er, „die völlig unrealistische Kopfgeburt einer unreifen und abenteuerlichen Phantasie ... Wenn es je einen Plan gab, den ein Marxist unter den gegebenen Bedingungen ablehnen mußte, dann einen solchen Plan ... auch im Fall einer teilweisen Umsetzung des Plans hätte nur eine Katastrophe dabei herauskommen können."

Dr. Yutar bezeichnete den Prozeß als „klassischen Fall von Hochverrat par excellence", aber die Angeklagten standen nicht wegen Hochverrats nach dem Common Law vor Gericht wie sieben Jahre zuvor die meisten von ihnen. Damals, 1956, hatte sich das Common Law für die Staatsanwaltschaft als unbrauchbar erwiesen, da es für jede vollzogene strafbare Handlung zwei Zeugen verlangte und die Straftat „zweifelsfrei" nachgewiesen sein mußte. Aus diesem Grund klagte die Staatsanwaltschaft im Rivonia-Prozeß nicht wegen Hochverrats an, sondern aufgrund des Sabotage-Gesetzes. Auch dieses Gesetz sah die Todesstrafe vor, verlagerte aber einen Großteil der Beweislast von der Staatsanwaltschaft auf die Angeklagten.

Die Männer auf der Anklagebank hatten sich fast alle damit abgefunden, daß ein Todesurteil wahrscheinlich war. Andere Männer im Gerichtssaal arbeiteten jedoch fieberhaft daran, es abzuwenden. Zu ihnen gehörten der amerikanische Außenminister Dean Rusk und der britische Außenminister Rab Butler. Beide trafen sich privat mit dem südafrikanischen Premier und drangen in ihn, im Fall eines Todesurteils eine Begnadigung auszusprechen.

Jeden Tag, wenn Mandela und die anderen Angeklagten den Gerichtssaal betraten, wandten sie sich der überfüllten schwarzen Abteilung der Galerie zu und hoben die Faust zum Gruß des ANC: *„Amandla"*, riefen sie, und *„Ngawethu!"*, donnerte die Antwort durch das hohe Gericht. Beamte der Special Branch notierten die Namen der Galeriebesucher und fotografierten jeden einzelnen beim Verlassen des Gerichtsgebäudes nach Abschluß eines Verhandlungstags.

In einer Erklärung im Namen aller Angeklagten sagte Mandela: „Ich leugne ... keineswegs, daß ich Sabotageakte geplant habe. Ich tat es nicht aus Leichtsinn oder weil ich die Gewalt liebe. Diesen Planungen ging eine nüchterne und sorgfältige Einschätzung der politischen Situation voraus, die infolge jahrelanger Gewaltherrschaft, Ausbeutung und Unterdrückung meines Volkes durch die Weißen entstanden war.

Wir vom ANC ... scheuten vor allem zurück, was den Graben zwischen den Rassen noch mehr vertiefen würde. Aber die harten Tatsachen sahen so aus, daß fünfzig Jahre Gewaltlosigkeit den Afrikanern nur immer repressivere Gesetze und immer weniger Rechte eingebracht hatten."

Mandela erklärte, daß es bei Umkhonto strenge Regeln gegeben habe, die es verboten, Menschen zu verletzen, und er wies Anschuldigungen zurück, die Sabotage-Kampagne sei kommunistisch inspiriert gewesen. Die enge Kooperation zwischen dem ANC und den südafrikanischen Kommunisten habe sich entwickelt, weil die Kommunisten viele Jahre lang die einzigen Weißen gewesen seien, die mit den Schwarzen gemeinsam für politische Rechte und Gleichberechtigung in der Gesellschaft gekämpft hätten.

„Vor allem", sagte Mandela weiter, „wollen wir gleiche politische Rechte, weil sich ohne diese an unserer Benachteiligung nichts ändern wird. Ich weiß, daß das in den Ohren der Weißen dieses Landes revolutionär klingt, weil die Mehrheit der Wähler Afrikaner sein werden. Deshalb fürchtet der weiße Mann die Demokratie. Aber diese Angst darf nicht der einzigen Lösung im Wege stehen, die ein friedliches Zusammenleben der Rassen und Freiheit für alle garantiert. Es ist nicht wahr, daß das Wahlrecht für alle zur Vorherrschft einer Rasse führen wird. Unterschiedliche politische Rechte, die auf der Hautfarbe basieren, sind etwas völlig Künstliches, und wenn sie abgeschafft werden, so wird auch die Herrschft einer Rasse über die andere verschwinden. Seit einem halben Jahrhundert kämpft der ANC gegen den Rassismus. Wenn er siegt, wird er diese Politik nicht ändern."

Am Schluß seiner Erklärung sagte Mandela mit einem Blick zur Richterbank: „Ich habe mein Leben dem Kampf für das afrikanische Volk geweiht. Ich habe gegen weiße Vorherrschaft und ich habe gegen schwarze Vorherrschaft gekämpft. Ich bin stets dem Ideal einer demokratischen und freien Gesellschaft gefolgt, in der alle Menschen friedlich und mit gleichen Möglichkeiten zusammenleben. Für dieses Ideal lebe und kämpfe ich. Aber wenn es sein muß, bin ich bereit, dafür zu sterben."

Nach der Rede schwiegen die Zuhörer wie betäubt. „Es war so still, daß man eine Stecknadel hätte fallen hören“, erinnerte sich Albertina Sisulu. Und einer der Verteidiger sagte: „Etwa dreißig Sekunden lang war Stille. Als die Spannung nachließ, ging ein tiefes Aufseufzen durchs Publikum. Einige Frauen auf der Galerie brachen in Tränen aus. So saßen wir vielleicht eine Minute lang da, bis die Spannung verebbt war.“

Alan Paton trat später eloquent für eine Strafmilderung ein, aber er hatte keinen Erfolg. Acht der Angeklagten wurden zu einer lebenslangen Gefängnisstrafe verurteilt. Nur Lionel Bernstein wurde freigesprochen, aber die Polizei verhaftete ihn sofort wieder, mit der Begründung, er habe seinen Bann gebrochen.

In ihrem Kommentar zum Prozeß bezeichnete die britische Zeitung „Times“ am nächsten Tag die Verurteilten als „Männer, die aufs Unerträglichste gereizt wurden … Das Urteil der Geschichte wird die Regierung als den Schuldigen erweisen, so wie es heute schon die internationale Meinung ist.“

11
Robben Island

Die im Kronstad-Prozeß verurteilten Männer traten im Juni 1964 ihre lebenslängliche Freiheitsstrafe auf Robben Island an, einer Insel, die bereits seit Jahrhunderten als Verbannungsort für politische Gefangene diente. Autshumayo, ein Held der Afrikaner, und von den Weißen „Harry der Strandläufer" genannt, war 1658 nach dem Krieg zwischen dem Volk der Khoi Khoi und den holländischen Siedlern auf die felsige Insel am Eingang der Tafelbucht am Kap der Guten Hoffnung verbannt worden. Er war der einzige Gefangene, dem es je gelang, über die wilden grauen Wasser des Atlantiks zu entkommen. In einem leckenden Boot erreichte er wohlbehalten die Saldanha-Bucht. Später wurden eine Reihe von Xhosa-Häuptlingen auf die Insel gebracht, die man des Verbrechens bezichtigt hatte, [illegible] Sechaba und [illegible] [illegible] [illegible]. Unter ihnen waren [illegible], [illegible] des Widerstands gegen die Weißen, [illegible] der [illegible] der Xhosa [illegible] Krieg gegen die Kolonisten [illegible] Maqoma, der 1856 [illegible] [illegible] und Häuptling [illegible] [illegible] 1873 [illegible] [illegible] [illegible] [illegible] [illegible] [illegible] Robben Island [illegible].

[illegible] auf der Insel [illegible]. In der ersten Hälfte des 19. Jahrhunderts waren [illegible] Wasser auf [illegible] [illegible] [illegible] [illegible] [illegible] [illegible] [illegible] [illegible] [illegible]

Die im Rivonia-Prozeß verurteilten Männer traten im Juni 1964 ihre lebenslängliche Freiheitsstrafe auf Robben Island an, einer Insel, die bereits seit Jahrhunderten als Verbannungsort für politische Gefangene diente. Autshumayo, ein Held der Afrikaner und von den Weißen „Harry der Strandläufer" genannt, war 1658 nach dem Krieg zwischen dem Volk der Khoi Khoi und den holländischen Siedlern auf die felsige Insel am Eingang der Tafelbucht am Kap der Guten Hoffnung verbannt worden. Er war der einzige Gefangene, dem es je gelang, über die wilden grünen Wasser des Atlantik zu entkommen: In einem lecken alten Boot erreichte er wohlbehalten die Saldana-Bucht. Später wurden eine Reihe von Xhosa-Häuptlingen auf die Insel gebracht, wo man sie zwischen den großen Kolonien von Seehunden und Pinguinen ihrem Schicksal überließ. Unter ihnen waren mehrere Führer des Widerstands gegen die Weißen wie etwa Makana, der die Armee der Xhosa im vierten Krieg gegen die Kolonialisten kommandierte, Maqoma, der 1834 den fünften Krieg anführte, und Häuptling Langalibalele. Langalibalele war 1873 von einem Gericht in Natal dazu verurteilt worden, wegen Hochverrats auf Robben Island zu sterben.

Zwischenzeitlich waren auf der Insel Leprakranke untergebracht. In der ersten Hälfte des 20. Jahrhunderts waren die meisten Menschen, die die 45minütige Fahrt vom Kapstadter Hafen zur windumtosten Küste der Insel antraten, gewöhnliche Kriminelle. Ab 1960 waren jedoch auch Männer dabei, die sich radikal von solchen Verbrechern unterschieden. Sie waren politische Gefangene, weil sie die Schwarzen aus der erstikkenden Umklammerung der weißen Herrschaft hatten befreien wollen. Es dauerte nicht lange, bis viele der schwarzen Wärter auf der Insel Mitleid mit den gefangenen Freiheitskämpfern bekamen und sie illegal mit Nahrung, Zigaretten und Zeitungen versorgten. Als das herauskam, wurden sämtliche schwarzen Wärter zurück aufs Festland gebracht und durch weiße Afrikaander ersetzt.

Danach erreichten nur noch wenige Nachrichten von draußen die Insel. Meist wurden sie von neuen Gefangenen überbracht, die sich einer ganzen Flut von Fragen ausgesetzt sahen, während sie bei stechender Sommerhitze oder in den eisigen, durch den Benguela-Strom verursachten Winterwinden im Steinbruch mit dem Hammer Kalksteine zerkleinerten. Eine Zeitlang war auch ein Priester die Informationsquelle. Er hatte jede Woche eine Ausgabe der *Sunday Times* in seiner Mappe. Manchmal schmuggelten auch kriminelle Gefangene, die bei den Wärtern als Diener arbeiten durften, eine alte Zeitung in die Zellen. Diese Zeitungen waren immer in Afrikaans geschrieben, und viele Gefangene entschieden sich deshalb für Afrikaans, als den Gefangenen die Möglichkeit gegeben wurde, etwas zu lernen. Indres Naidoo war einer der drei Umkhonto-Saboteure, die von den Wärtern mit dem Spitznamen „Dynamit-Kulis" belegt wurden, als sie in Ketten und mit aufgescheuerten, blutigen Knöcheln auf der Insel eintrafen, um ihre zehnjährige Haftstrafe anzutreten. Naidoo erzählt heute: „Immer wenn es jemand schaffte, eine Zeitung zu lesen, wußte er, daß er seinen Kameraden unzählige Male würde wiederholen müssen, was er gelesen hatte." Auch Transistorradios gelangten hin und wieder in die Zellen, aber wer mit einem Radio erwischt wurde, wurde hart bestraft: Seine Haft konnte bis zu einem halben Jahr verlängert werden.

Die Männer vom ANC, die während der ersten Kampagne von Umkhonto wegen Sabotage auf Robben Island eingesperrt wurden, hatten über das Nachrichtensystem des Gefängnisses von der Razzia in Rivonia und dem darauffolgenden Prozeß gehört. Sie stellten über das Schicksal Nelson Mandelas und der in Lilliesleaf verhafteten Männer endlose Spekulationen an. Eines Nachts bekamen sie eine dramatische Version des Prozeßverlaufs geboten: Einer der Gefangenen begann mit lauter Stimme zu erzählen, wie er sich das Gerichtsverfahren vorstellte. Mit schmerzerfüllter Stimme beschrieb er die schußbereiten leichten Maschinengewehre, die knurrenden, an den Leinen zerrenden Hunde und die herzzerreißend schluchzenden Ehefrauen. Nach jedem Höhepunkt seiner Geschichte rief er *„Amandla!"*, und seine Mitgefangenen antworteten im Chor *„Ngawethu!"*. In gespanntem Schweigen hörten sie, wie sich Rechtsanwalt Bram Fischer, den schwarzen Talar zusammengefaltet über dem Arm, einen Weg durch die Menge bahnte und wie sich Nelson Mandela im makellosen, maßgeschneiderten Anzug und makellos glänzenden Schuhen zu voller Größe aufrichtete und den Richter ansprach. Die Erzählung dauerte zwei Stunden und endete mit der Ankunft eines Gefangenenwagens und dem donnernden Ruf der Menge: *„Amandla!“* Mandela ging zum Gefangenenwagen, gefolgt von Sisulu mit lächelnden Augen hinter den schwarzgerahmten Brillengläsern und Govan Mbeki. Alle drei hatten die Faust hoch erhoben. Hinter ihnen gingen Kathy Kathrada, Andrew Mlangeni, Raymond Mhlaba und Elias Motsoaledi.

Als die in Rivonia verhafteten Männer später selbst auf Robben Island berichten konnten, wie es wirklich gewesen war, stellte sich heraus, daß nur ein einziges Detail der Erzählung nicht gestimmt hatte: Es hatte keine schluchzenden Ehefrauen gegeben, als die Männer zu lebenslänglicher Haft verurteilt worden waren. Die Frauen hatten einen Pakt geschlossen: „Wir vereinbarten“, erinnert sich June Mlangeni, „ab dem Tag der Urteilsverkündung keine Träne mehr zu vergießen, wenn nötig für den Rest unseres Lebens.“ June hatte damals noch keine Erfahrung in dem emotionalen Überlebenskampf, der ihr bevorstand. Sie hatte noch nicht erleben müssen, wie die Polizei die Frauen der Verurteilten permanent belästigte. Winnie Mandela und Albertina Sisulu dagegen lebten schon seit Jahren damit. „Es traf mich nicht unvorbereitet“, sagte Albertina über ihre Gefühle angesichts der lebenslangen Gefängnisstrafe ihres Mannes. „Ich wußte, daß es so kommen würde. Er hat immer zu mir gesagt, daß er nicht der Familie gehöre und daß man ihn nach Robben Island schicken werde. Schon ein paar Jahre nach unserer Hochzeit hat er vorausgesagt, daß wir nur noch kurze Zeit zusammensein würden.“

Am Tag nach dem Ende des Rivonia-Prozesses wollte June Mlangeni im Gefängnis von Pretoria ihren Mann besuchen. Sie mußte mehrere Stunden lang am Tor warten und plötzlich sah sie, daß ihr jemand aus einem hohen Fenster in einem der Gefängnisgebäude zuwinkte. Sie sah, wie die Hand ein Stück Papier fallen ließ, das unweit von ihren Füßen landete. Auf dem Zettel stand, ihr Mann sei schon um drei Uhr morgens nach Robben Island gebracht worden. June wartete trotzdem fast den ganzen Tag am Gefängnistor, erhielt jedoch keine offizielle Bestätigung des geheimen Abtransports. Man brachte ihr eine Schachtel mit den Kleidern, die ihr Mann am Tag zuvor im Gerichtssaal getragen hatte, und sie mußte sie identifizieren. Auf ihre Bitte, ihn sehen zu dürfen, erhielt sie jedoch weder eine positive noch eine negative Antwort. Man ließ sie einfach solange am Tor stehen, bis sie es nicht mehr aushielt und sich auf die lange Heimreise zu ihren Kindern in Soweto machte.

Ein halbes Jahr später, nachdem sie wiederholt vergeblich im Gefängnis vorgesprochen hatte, wurde ihr endlich brieflich mitgeteilt, daß Andrew sich auf Robben Island befinde. Sie könne jetzt einen Besuch beantragen, der allerdings erst drei Monate später stattfinden könne. „Ich hätte damals oft heulen können", sagt sie, „aber ich habe die Tränen unterdrückt, weil ich stark bleiben mußte für meine Kinder, für meinen Mann und für den Kampf meines Volkes."

Eine Woche nach Abschluß des Rivonia-Prozesses fuhr Bram Fischer nach Robben Island, um mit den Gefangenen über die Möglichkeit einer Berufung zu sprechen. Fischer hatte in Oxford studiert. Er war ein Gentleman und ein sehr warmherziger Mensch. Am Tag nach dem Prozeß war seine Frau Molly bei einem mysteriösen Autounfall ums Leben gekommen, aber er erzählte den Gefangenen nichts davon, weil er sie nicht beunruhigen wollte. Bei seiner Rückkehr nach Johannesburg wurde er festgenommen, ohne Begründung drei Tage lang in Isolationshaft gehalten und dann wieder freigelassen.

Während des Prozesses waren Hinweise darauf aufgetaucht, daß Fischer Mitglied der Kommunistischen Partei war und sich auch an den Aktivitäten von Umkontho beteiligt hatte. Die Polizei hatte Ermittlungen eingeleitet. Sie wollte unbedingt beweisen, daß er ein Komplize der Männer war, die er verteidigt und vor der Todesstrafe gerettet hatte. Im September 1964 wurde er erneut festgenommen und zusammen mit zwölf weiteren Frauen und Männern aufgrund des Gesetzes zur Unterdrückung des Kommunismus angeklagt. Fischer beantragte seine Freilassung gegen eine Kaution mit der Begründung, er müsse in einer patentrechtlichen Sache vor dem Privy Council in London erscheinen. Er erklärte dem Gericht: „Ich bin ein Afrikaander. Südafrika ist meine Heimat. Ich werde mein Land nicht deshalb verlassen, weil ich die politischen Ansichten dieses Gerichts nicht teile." Fischer genoß als Anwalt großes Ansehen und wurde gegen eine Kaution von 5 000 Pfund, die er sich bei einem Kollegen auslieh, auf freien Fuß gesetzt.

Fischer kehrte nach Südafrika zurück, beschloß jedoch, im Untergrund weiterzukämpfen und verschwand Anfang Januar 1965, nachdem er seinem Freund die Kaution zurückgezahlt hatte. Obwohl die Polizei landesweit nach ihm fahndete, gelang es ihm zehn Monate lang, auf freiem Fuß zu bleiben. Im November 1965 ging er der Polizei schließlich doch ins Netz und mußte, bewacht von 45 bewaffneten Polizisten, als Angeklagter in einem jener Gerichtssäle erscheinen, die er so oft als Verteidiger betreten hatte. Aufgrund der Gesetze gegen Sabotage und Kommunismus wurde er zu lebenslanger Haft verurteilt. Er legte vor Gericht dar, welche Erlebnisse ihn zur Kommunistischen Partei geführt hatten:

„Wie viele anderen jungen Afrikaander bin auch ich auf einer Farm aufgewachsen. Von meinem achten bis zwölften Lebensjahr waren zwei gleichaltrige afrikanische Jungen meine täglichen Spielkameraden ... Vier Jahre lang waren wir ... dauernd zusammen. Zusammen erkundeten wir die Farm, und wir jagten und spielten, modellierten Ochsen aus Ton und gingen schwimmen. Ich kann mich nicht errinnern, daß die Farbe unserer Haut jemals irgendeinen Einfluß auf unsere Vergnügungen, unsere Streitereien oder überhaupt auf unsere Freundschaft gehabt hätte.

Dann zog meine Familie in die Stadt, und ich lebte das normale Leben eines südafrikanischen Weißen, d. h. die einzige für mich mögliche Beziehung zu einem Afrikaner bestand jetzt in einem Herr-Knecht-Verhältnis. Ich beendete die Schule und besuchte die Universität. Dort war eines meiner wichtigsten Studiengebiete die Theorie der Rassentrennung ... Ich begann ernsthaft an sie zu glauben ... und setzte mich bei verschiedenen Behörden dafür ein, geeignete (und getrennte) Einrichtungen für Schwarze zu schaffen. Eines Abends wurde ich führenden Persönlichkeiten der schwarzen Gemeinschaft vorgestellt. Ich stellte fest, daß es dazu einer enormen Willensanstrengung meinerseits bedurfte. Konnte ich wirklich als weißer Erwachsener einem Schwarzen freundschaftlich die Hand schütteln?

In jener Nacht dachte ich viele Stunden lang über das seltsame Gefühl des Ekels nach, daß ich empfunden hatte ... Dabei wurde mir vollkommen klar, daß ich es war, der sich verändert hatte, nicht die Schwarzen ... Ich begann zu verstehen, daß das Rassenvorurteil ein völlig irrationales Phänomen ist und daß die wahre Freundschaft zwischen Menschen die Rassenschranke überwinden kann, wenn man einmal das anfängliche Vorurteil überwunden hat. Ich denke, das war die erste Lektion, die ich auf meinem Weg in die Kommunistische Partei lernte. Die Kommunistische Partei hat sich immer geweigert, irgendwelche Rassenschranken zu akzeptieren. Sie ist immer der 2 000 Jahre alten Überzeugung treu geblieben, daß letztlich alle Menschen Brüder sind ...“

Abgesehen von der Polizei war in Südafrika der Vollzugsdienst in den Gefängnissen diejenige staatliche Institution, die durch ihre Grausamkeit am meisten zu dem Gefühl der Schwarzen beitrug, ungerecht behandelt zu werden. Die Wärter und viele ihrer Vorgesetzten waren in der Regel ausgeprägte Rassisten. Sie waren grobe, rachsüchtige Menschen, deren Geist von frühester Kindheit an durch die Erfahrung von Ausgeschlossenheit und Benachteiligung geprägt worden war. Ihre geistige Verarmung ließ sie oft übersehen, daß viele der zu einem untätigen und ohnmächtigen Leben hinter Gittern verurteilten politischen Gefangenen anständige, oft sogar edle Menschen waren.

Die schlimmsten Quäler auf Robben Island waren drei Brüder namens Kleynhans. Sie waren im Waisenhaus aufgewachsen und wußten nicht, was Freundlichkeit war. Unter der Aufsicht des Sadisten Piet Kleynhans mußten manchmal fünfzig Gefangene eine mehrere Tonnen schwere Graswalze Runde um Runde über das Gefängnisgelände schieben. Piet Kleynhans war wie seine Brüder groß und athletisch gebaut. Er hatte eisblaue Augen und trug einen Bürstenhaarschnitt. Er pflegte auf der Querstange der Achse der Walze zu stehen und Obszönitäten zu brüllen. Dabei ließ er eine lange Lederpeitsche knallen, die tief in die Rücken der Gefangenen einschnitt und bei denen, die es wagten, zu ihm aufzublicken, tiefe Wunden im Gesicht hinterließ.

Johnson Malambo, ein Gefangener des PAC, wurde oft dazu abkommandiert, die Walze zu schieben. Eines Tages konnte er die Quälerei nicht mehr länger ertragen und stellte Kleynhans wütend zur Rede. Kleynhans war außer sich. Er ließ eine Gruppe von kriminellen Gefangenen in der Nähe ein Loch graben und befahl Malambo, hineinzusteigen. Dann ließ er das Loch mit Erde füllen, bis nur noch Malambos kahlgeschorener Kopf herausragte.

Es war ein heißer Tag, und die Sonne knallte auf Malambos nackten Kopf, bis der Boden um ihn herum schweißgetränkt war. Die endlosen Runden mit der Walze wurden fortgesetzt. Erst Stunden später sprang Kleynhans von der Querstange und ging langsam auf Malambos Kopf zu. „Na, du Kaffer, willst du Wasser?" fragte er auf Afrikaans. Malambo erwiderte nichts. „Nein, du bekommst kein Wasser, du bekommst erstklassigen Whisky." Kleynhans öffnete den Hosenladen und urinierte in Malambos Gesicht, während die anderen Wärter johlend herbeiliefen, um das „lustige Schauspiel" zu genießen.

Zu den drei grausamen Kleynhans-Brüdern kam später noch der jüngste Bruder hinzu. Er war derart wiederwärtig, daß sich sogar einige der Wärter gegen ihn wandten. Politische Gefangene reichten zahlreiche

Beschwerden ein, aber diese wurden jahrelang ignoriert, obwohl es draußen in der Welt bereits empörte Proteste wegen der berüchtigten Brüder gab. Piet Kleynhans war alles andere als beschämt über die Vorwürfe, die gegen ihn erhoben wurden. Er schien im Gegenteil seinen Ruhm zu genießen und prahlte gegenüber den Gefangenen im politischen Block: „Glaubt ihr etwa, ihr seid wichtig? Ich bin jedenfalls wichtiger als ihr. Meinen Namen kennen sie sogar bei den Vereinten Nationen."

Die Gefängnisbehörden waren lange Zeit taub für das Leiden der Gefangenen. Erst nach einem Hungerstreik, dem noch viele weitere folgen sollten, nahmen sie zum ersten Mal eine Beschwerde zur Kenntnis und sorgten für Abhilfe: Die Gefangenen hatten eines Abends wie üblich zugesehen, wie ein Mitglied der Kochbrigade das Abendessen auf zwei lange Reihen von Zinntellern verteilte. In der kürzeren Reihe standen die Teller der Inder und Mischlinge, in der längeren die der Schwarzen. Erstere erhielten laut Vorschrift einen halben Laib Brot, 220 Gramm Gemüse und 110 Gramm Fleisch pro Kopf. Die Schwarzen dagegen bekamen nur einen Schlag Maisbrei und 55 Gramm Fleisch. An diesem Abend war jedoch wieder einmal nicht genug Essen da, und etwa hundert Teller blieben leer. Daraufhin gab ein Wärter die Anweisung, die Rationen der Schwarzen zu kürzen. Unter den Gefangenen erhob sich empörtes Gemurmel, das zu einem kollektiven Wutschrei anschwoll. Zwei der Häftlinge traten vor und wollten mit dem diensthabenden Wärter sprechen. Dieser wies sie jedoch rüde ab: „Entweder ihr eßt, was da ist, oder ihr laßt es bleiben." Ein Flüstern ging durch die Reihen der Gefangenen, und als der Befehl zum Essenfassen kam, gingen sie langsam an der Reihe der Teller vorbei, aber niemand rührte einen Teller an.

Der Hungerstreik dauerte sechs Tage. Einige Gefangene waren bereits zusammengebrochen, andere zeigten Anzeichen des bevorstehenden Zusammenbruchs: Sie konnten nicht mehr zusammenhängend sprechen und sahen nur noch verschwommen. Schließlich kapitulierte der Oberaufseher und erlaubte den Gefangenen, sechs Repräsentanten zu benennen, die ihre Beschwerden der Gefängnisverwaltung vortragen sollten.

Nelson Mandela und die anderen im Rivonia-Prozeß Verurteilten waren in einem separaten Block isoliert, der eigens für sie gebaut worden war und Koeloekoetz hieß. Sie hatten von dem Hungerstreik gehört und sich ihm angeschlossen. Als ein Wärter ihnen mitteilte, der Hungerstreik sei beendet, warnte Mandela seine Mitgefangenen davor, ihm zu glauben. Sie sollten den Streik solange fortsetzten, bis sie verläßliche Informationen über seinen Abbruch erhielten.

Langsam begannen sich die Bedingungen zu verbessern. 1965 wurden Piet Kleynhans und seine Brüder an andere Gefängnisse versetzt. Ab 1967 durften die Gefangenen manchmal im Freien Filme ansehen. Andächtig blickten sie dann zum Nachthimmel mit den Sternen und dem Mond auf, den viele von ihnen jahrelang nicht gesehen hatten. Einige der Wärter begannen die selbstgedrehten Zigaretten der Gefangenen zu tolerieren. Die Zigaretten hießen *zolls* und wurden mit herausgerissenen Seiten der Gideon-Bibel gedreht, die alle Gefangenen auf ihren Zellen hatten. Streichhölzer gehörten auf der Insel zu den kostbarsten Gegenständen. Jedes wurde der Länge nach in vier Teile gespalten und brannte dementsprechend kurz.

Es kam zwar häufig vor, daß Gefangene als Strafe für irgendwelche Vergehen am Samstagabend nicht an den Filmvorführungen teilnehmen durften, aber nur ein Gefangener war von der Teilnahme prinzipiell ausgeschlossen: der PAC-Führer Robert Sobukwe. Er war in einem steinernen Bungalow isoliert, der von einem hohen Stacheldrahtzaun umgeben war, und mußte sich nicht wie Nelson Mandela täglich im Steinbruch abplagen und Steine klopfen, bis er Blasen an den Händen hatte und die Augen schmerzten und von dem feinen weißen Kalkstaub verklebt waren. Sobukwes Totalisolation wurde nur durch gelegentliche Besuche seiner Frau und einiger Verwandter unterbrochen. Johannes Vorster, der Verwoerd 1966 als Premierminister nachfolgte, fürchtete die „magnetische Anziehungskraft“ Sobukwes. Er ließ 1960 im Parlament die sogenannte „Sobukwe-Klausel“ verabschieden. Diese gab dem Justizminister das Recht, Gefangene auch nach Verbüßung ihrer Strafe gefangenzuhalten, wenn er glaubte, daß ihre Freilassung die öffentliche Sicherheit gefährden könnte. Auf die Frage oppositioneller Abgeordneter, wie lange er eigentlich Menschen ohne Gerichtsverfahren festhalten wolle, antwortete Vorster, die Haftdauer werde „diesseits der Ewigkeit“ liegen. Robert Sobukwe hatte nur eine Strafe von drei Jahren wegen Aufwiegelung erhalten, wurde jedoch nach Ablauf dieser Zeit ohne Prozeß noch weitere sechs Jahre auf Robben Island festgehalten.

Die Filmabende am Samstagabend boten den Mitgliedern des ANC manchmal die Gelegenheit, sich mit ihren in Koeloekoetz eingesperrten

Führern zu besprechen. Man beriet über die Gründung von Komitees, die im Gefängnis verschiedene Reformen durchsetzen sollten, und stand Gefangenen mit Rat und Tat zur Seite, die demoralisierende Nachrichten von zu Hause erhalten hatten. Dazu gehörte etwa die gefürchtete Ankündigung, daß der Anwalt der Ehefrau die Scheidung einleiten wolle. Sisulu war immer bereit, einen Mitgefangenen zu trösten, der mit dem Tod eines Angehörigen oder mit der Krankheit eines Verwandten fertig werden mußte oder dessen Frau und Kinder durch den Verlust ihres Ernährers in tiefe Armut gestürzt worden waren. Mandela betätigte sich auf der Insel auch weiterhin als Rechtsanwalt und gab Gefangenen bei Bedarf juristische Ratschläge. Wenn er nach solchen Gesprächen in seine Zelle zurückkehrte, verfaßte er auf kleinen Zetteln juristische Schriftsätze. Diese wanderten dann solange von Hand zu Hand, bis sie zu den Männern gelangten, die sie brauchten, um etwa ihre Anwälte in Johannesburg oder Kapstadt zu instruieren.

Wie Sisulu half auch Mandela den Gefangenen, emotionale Krisen durchzustehen. „Auf seine unaufdringliche Art", schrieb Mac Maharaj, der zwölf Jahre auf der Insel interniert war, „findet Mandela heraus, ob jemand Probleme hat, und versucht dann einige Zeit mit ihm zu verbringen. Aber wenn ihn selbst etwas bedrückt, rückt er nur selten damit heraus. Während meiner Zeit im Gefängnis hat er seinen ältesten Sohn und seine Mutter verloren. Beide Todesfälle waren ein schwerer Schlag für ihn. Sein Sohn war ihm sehr nahegestanden. Als er die Nachricht erhielt, blieb er einfach in seiner Zelle und ging uns allen aus dem Weg. Walter Sisulu bemerkte jedoch, daß er ungewöhnlich schweigsam war. Er ging zu Mandelas Zelle und fragte ihn, was geschehen sei. Nelson vertraute es ihm an, und Sisulu blieb lange Zeit bei ihm und sprach mit ihm."

Am nächsten Tag widmete sich Mandela wieder seiner Lieblingsbeschäftigung: der Arbeit in einem kleinen Blumen- und Gemüsegarten, der ihm in den langen, einsamen Jahren der Gefangenschaft viel Trost spendete. Auch Elias Motsoaledi fand Ruhe und Frieden in der Gartenarbeit und der Schöpfungskraft der Natur. Wilton Mkwayi machte dagegen die Tauben der Insel zu seinem Hobby. Er sammelte Essensreste im Speisesaal und warf sie durch das Fenster seiner Zelle in den Gefängnishof. Die Tauben gewöhnten sich schnell an die Fütterung, und schon bald flatterten und gurrten sie zu Hunderten vor Mkwayis Fenster, wenn er es öffnete und die Brosamen hinunterstreute. Sisulu, der Autodidakt, spielte unermüdlich Scrabble und suchte in seinem abgegriffenen Lexikon neue Wörter.

Kathadras Leidenschaft bestand darin, in seinem Teil des Gefängnisses eine Bücherei einzurichten. Er hatte mehrere Jahre lang Geschichte studiert und sprach zu seinen Mitgefangenen gern von den Freuden des Lernens. Er riet ihnen, sich in einem Fernstudiengang an der Universität einzuschreiben und die Gefängnisjahre zum Selbststudium zu nutzen. Auch Mandela riet dazu, wenn er einen intelligenten Geist verkümmern sah. Seine Überzeugungskraft war so groß, daß Robben Island den Spitznamen Mandela-Universität erhielt.

Die Möglichkeit zum Studium war ein Privileg, das die Mehrheit der politischen Gefangenen sehr zu schätzen wußte. Govan Mbeki studierte in seiner Zeit auf der Insel unter anderem Geisteswissenschaften und Wirtschaftswissenschaften, so daß er sich, als er entlassen wurde, mit drei akademischen Graden schmücken konnte. Mandela begann ein Aufbaustudium in Jura, bis der Studiengang plötzlich verboten wurde und er gezwungen war, auf Wirtschaftswissenschaften, Geschichte und Afrikaans umzusatteln. Die schlimmste Strafe für Mandela war, daß er vier Jahre lang überhaupt nicht studieren konnte.

Es war immer ein Problem, an Fachbücher zu kommen. Oft hatten die Gefangenen den Verdacht, daß die Texte, die sie bei Bibliotheken und im Buchhandel bestellten, absichtlich solange zurückgehalten wurden, bis nicht mehr genug Zeit war, sie noch vor dem Examen zu lesen. In Kathadras bescheidener Bibliothek nahm die Auswahl an Büchern stark ab, als die Behörden bei bestimmten, von den Gefangenen häufig gelesenen politisch-historischen Büchern wie Präsident Eisenhowers *Mandate for Change* mißtrauisch wurden und die Bücher aus der Bibliothek entfernten. „Sie gaben unserer Abteilung dafür 30 andere Bücher", erinnert sich Maharaj. „Aber 25 davon waren von Daphne du Maurier."

Die Qualität des Gefängnisessens hatte sich nach dem Hungerstreik zwar verbessert, aber die wiederholten Bitten um Obst wurden ignoriert. In den zehn Jahren, die Indres Naidoo auf der Insel verbrachte, bekam er an zwei aufeinanderfolgenden Tagen je eine Orange und dann nie wieder Obst. Ismail Ayob, Mandelas Rechtsanwalt, war schockiert, als er eines Tages sein Lunchpaket, bestehend aus Obst und Sandwiches, mit Mandela teilen durfte. Als er eine Banane auspackte, bemerkte er einen verwunderten Ausdruck auf Mandelas Gesicht. „Das ist das erste Mal in 20 Jahren, daß ich eine Banane sehe", erklärte dieser.

Essensentzug war eine der verhaßtesten Strafen. Wenn Gefangene nach 23 Uhr beim Reden erwischt wurden, mußten sie häufig am nächsten Tag auf ihren Zellen bleiben und erhielten kein Essen. Wenn einer der Wärter im Steinbruch meinte, daß ein Gefangener nicht hart genug arbeite, brüllte er: *"Jy het nie gewerk nie. Sondag sal jy nie eet nie."* (Du hast nicht gearbeitet. Am Sonntag bekommst du dafür nichts zu essen.) Manchmal gelang es Mitgefangenen, Nahrung in die verschlossenen Zellen zu schmuggeln: Mac Maharaj pflegte an der Zelle vorbeizurennen und dem bestraften Mann durchs Fenster einen vollen Teller zuzuwerfen. Ein paar Minuten später joggte er wieder vorbei, schnappte sich den leeren Teller und brachte ihn zurück in die Küche.

Im Lauf der Jahre merkten die Wärter allmählich, daß die Hungerstreiks der Gefangenen Erfolge brachten. Sie beschwerten sich jetzt manchmal bei den politischen Gefangenen über ihre eigenen unbefriedigenden Arbeitsbedingungen im Vollzugsdienst. Die ANC-Leute rieten ihnen, gemeinsam zu handeln und für sich selbst besseres Essen zu verlangen. Schließlich wurden sich die Wärter untereinander einig und boykottierten die Kantine, bis ihre Forderungen erfüllt wurden.

Im Jahr 1967 wurden den Gefangenen zu ihrer Freude einige neue Rechte eingeräumt: Sie durften Fußball, Kricket und Tennis spielen. Auch Singen wurde unter besonderen Bedingungen erlaubt, und es entstand ein großer Gefangenenchor. Er erhielt den Namen „Die Insulaner" und hatte in seinem Repertoire eine eigene Version der schwungvollen irischen Ballade „Galway Bay": „Bist du je übers Meer nach Robben Island gekommen? Wo Sträflinge in Ketten den ganzen Tag lang Steine klopfen ..." Ohne Erlaubnis wurde auch eine Band gebildet: Der Baß bestand aus einer Teekiste mit einem Stock, an dem ein Stück Fischleine als Saite befestigt war, die Trommeln bestanden aus Ölfässern, über die man Plastiksäcke gespannt hatte, und für die verschiedenen Blasinstrumente wurde getrockneter Seetang verwendet.

Der Sportplatz wurde stundenlang und mit großer Begeisterung genutzt. Besonders anspornend war dabei, daß Mandela und andere ANC-Führer hinter den Gittern hochgelegener Fenster in Koeloekoetz standen und zuschauten. Dieser zusätzliche Reiz blieb jedoch nicht lange erhalten. Als die Fußballspieler eines Tages wieder nach oben schauten, waren dort, wo sie bisher die Schatten der Köpfe Mandelas und seiner

Mitgefangenen gesehen hatten, nur noch schwarze Vierecke: Das Fensterglas war mit einer dicken Schicht Farbe überstrichen worden.

Von Zeit zu Zeit verbesserten sich die Lebensbedingungen der politischen Gefangenen dramatisch. Meist bedeutete das, daß der Besuch einer Menschenrechtsorganisation wie etwa des Internationalen Roten Kreuzes bevorstand. Einmal, als der Besuch eines Beauftragten der Vereinten Nationen angekündigt war, wurden zur Verwunderung der Gefangenenen alle Kranken außer den Schwerkranken aus der Klinik entlassen. Unter der Aufsicht einiger Wärter erschienen sodann einige besonders bevorzugte Strafgefangene, sogenannte „Vertrauensleute", und karrten neue Betten, Decken, Leintücher und Kissen an. Diese ersetzten die alten Matten, auf denen die Kranken bisher hatten liegen müssen. Angetan mit frischgestärkten Pyjamas und angewiesen, sich bei Ankunft der Besucher schlafend zu stellen, sprangen die „Vertrauensleute" fröhlich in die Betten und machten sich einen faulen Nachmittag.

Die politischen Gefangenen waren froh, wenn die „Vertrauensleute" eine Beschäftigung hatten, die sie von den Zellen fernhielt, wo sie sich normalerweise als Spione betätigten. Es war eine Erlösung, wenigstens ein paar Stunden lang nicht mit dem widerwärtigen Geschrei eines „Vertrauensmanns" rechnen zu müssen, der die Wärter alarmierte, sobald er Schmuggelware entdeckte: „Chef, Chef, sehen Sie sich mal an, was der Kaffer auf der Zelle hat!"

Die Gefangenen mußten sich jeden Tag, bevor sie von der Arbeit in den Steinbrüchen in ihre Zellen zurückkehrten, einem entwürdigenden Ritual unterziehen, das *tausa* genannt wurde. Die Wärter hatten es sich einfallen lassen, um das Schmuggeln zu verhindern. Bei der *tausa* mußten sich die Gefangenen nackt in einer Reihe aufstellen, einzeln auf die Wärter zurennen und wie Ballerinas hoch in die Luft springen. Dabei hatten sie ihren Körper zu verrenken, die Hände über dem Kopf zusammenzuschlagen und die Beine weit zu spreizen. Bei der Landung mußten sie in die Hocke gehen und den Wärtern das Rektum zeigen. *Tausa* war alles andere als geeignet, das Schmuggeln verbotener Gegenstände zu verhindern. Es bot im Gegenteil häufig erst die Gelegenheit dazu. Einige der Gefangenen vollführten den bizarren Tanz mit großer Geschicklichkeit und Theatralik. Sie machten einen so großen Satz, daß sie mit dem Schrei „mein König" fast auf den Köpfen der Wärter landeten, und diese waren dadurch lange genug amüsiert und abgelenkt, daß Tabak und Nahrung bündelweise an ihnen vorbeigeschmuggelt werden konnten.

Der ANC führte eine permanente Kampagne für das Recht der politischen Gefangenen, im Gefängnis menschenwürdig und nicht wie gewöhnliche Kriminelle behandelt zu werden. Die gefangenen ANC-Männer wurden von den Führern in Koeloekoetz aufgefordert, sich immer einer höflichen Sprache zu bedienen, selbst wenn sie von den Wärtern bis aufs Blut gereizt wurden. Als Folge davon wurden sie von einem der Oberaufseher in einem Bericht an seine Vorgesetzten wegen guter Führung gelobt. Eine alte Gefängnisregel, nach der die Gefangenen immer nur für sich selbst und nie für andere sprechen können, wurde von den ANC-Mitgliedern beharrlich ignoriert: Immer wenn nach einem Schuldigen gesucht wurde, meldeten sich alle Mitglieder. Daß sie darauf bestanden, das Gefängnispersonal mit „Sir" statt mit „Baas" anzusprechen, machte manche Wärter wütend, aber sie blieben dabei, trotz der Faust- und Peitschenschläge, die sie sich damit einhandelten. Mandela nannte junge Wärter „boy", was diesen sehr zuwider war. Sie wagten es jedoch nicht, sich zu rächen, als sie sahen, wie vorsichtig ihre Vorgesetzten mit Mandela umgingen. Mit der Zeit führten die gebieterische Haltung und Würde Mandelas beim Gefängnispersonal zu einer Art zähneknirschendem Respekt, und ein paar Wärter gingen dazu über, ihn mit Mr. Mandela anzusprechen statt mit seiner Gefängnisnummer 466/64.

Männer wie Mac Maharaj, Michael Dingake, Stanley Mogoba und Billy Nair berichteten, als sie nach Verbüßung ihrer Strafe freigelassen wurden, voller Stolz von der Solidarität und dem Gemeinschaftssinn, die der ANC sich auf Robben Island hatte bewahren können. Wenn Menschen starben, die für den Kampf wichtig waren, wie etwa Albert Luthuli oder Bram Fischers Sohn Paul, hielten die Gefangenen Gedächtnisgottesdienste ab. Und immer wieder drangen die Rufe *„Amandla!"* und *„Ngawethu!"* und die Hymne des ANC durch die Gefängnismauern.

Mehrere Monate nach dem Tod Luthulis im Jahr 1967 – er war von einem Zug zu Tode gequetscht worden –, hörten die Gefangenen das Gedicht, das Jennifer Davis, eine junge weiße Frau, ihm zu Ehren geschrieben hatte:

Gebunden
Hast Du mich gelehrt
Was Freiheit ist

Zum Schweigen gebracht
Hast Du mich gelehrt
Zu sprechen

Einige der Gefangenen fanden, daß die Verse sehr gut ausdrückten, wie sie Robben Island und besonders die Gefangenschaft Nelson Mandelas empfanden, und sie lernten das Gedicht auswendig.

Manchmal trieb der ANC im Gefängnis offen Politik. Als in den späten siebziger Jahren KD Matanzima um die Erlaubnis bat, die Insel zu besuchen, stellte Mandela die Bitte zur Abstimmung. In den zwei Abteilungen, wo ANC-Männer eingesperrt waren, wurden mit Genehmigung der Behörden Versammlungen abgehalten. Da Matanzima vom ANC als Verräter betrachtet wurde, weil er sich 1976 von Pretoria zum Ministerpräsidenten der Transkei hatte ernennen lassen, stimmten die Gefangenen gegen den Besuch. Als das Gerücht ging, Matanzima wolle im Fall einer Freilassung Mandelas zu dessen Gunsten seinen Ministersessel räumen, wurde dieses Ansinnen sofort zurückgewiesen. Das Angebot wurde nie offiziell bestätigt, aber trotzdem gab Ismail Ayob im Auftrag Mandelas folgende Erklärung heraus: „Mandela wird unter keinen Umständen in einem Homeland bleiben. Falls man ihn dorthin verbannen sollte, wird er sofort nach Johannesburg zurückkehren."

Nichts war den Gefangenen wichtiger, als den Kontakt zu ihren Familien aufrechtzuerhalten. Anfangs durfte jeder Gefangene pro Jahr nur zwei Briefe empfangen. Erst die auf die Hungerstreiks der späten sechziger Jahre folgenden Reformen sahen vor, daß zwei Briefe pro Monat empfangen und geschrieben werden durften. Wann immer ein ANC-Mann einen Brief von daheim empfing, breitete sich in Dutzenden von Nachbarzellen gespannte Erwartung aus. Am ersten Tag nach Erhalt des Briefes durfte der Empfänger mit dem Brief allein auf seiner Zelle bleiben. Dort verschlang er jedes Wort und schwelgte in der Erinnerung an seine ferne Familie, die der Brief in ihm heraufbeschwor. Ab dem Morgen des folgenden Tages jedoch war der Brief Kollektivbesitz. Er wanderte von einem Gefangenen zum anderen, und sein Inhalt wurde bis auf das letzte triviale Detail monatelang diskutiert. Manche Gefangene bekamen keine Briefe, weil ihre Angehörigen Analphabeten waren. Für sie waren die Briefe anderer Gefangener die einzige Informationsquelle über ihre Familie – abgesehen von den zwei Besuchen pro Jahr, die man anfänglich empfangen durfte, bis die Zahl allmählich auf zwei Besuche pro Monat gesteigert wurde. Fotografien waren sogar noch kostbarer als Briefe. Auch sie wurden miteinander geteilt. An vielen Zellenwänden hingen Fotos von Frauen oder Kindern, die dem Insassen der Zelle noch nie begegnet waren.

Niemand warf jemals einen Brief oder ein Foto weg: Das war undenkbar. Dann, 1974, befahlen die Behörden plötzlich allen Gefangenen, ihre Briefe zu verbrennen, und ordneten an, daß in Zukunft nur noch Verwandte ersten Grades die Gefangenen besuchen dürften. Die Besuchsanträge von Schwägern, Vettern, Tanten und Onkeln wurden abgelehnt – ein schwerer Schlag für Sisulu, der die Frau seines Sohnes sehr gern hatte, und auch für Gefangene aus Transvaal: Sie hatten oft Verwandte zweiten und dritten Grades am Kap, die leichter anreisen konnten als ihre Frauen und Kinder im fernen Johannesburg. Im ANC diskutierte man die Verordnung und beschloß, dagegen zu kämpfen. Als von den Gefangenen Namenslisten ihrer Verwandten ersten Grades verlangt wurden, weigerten sie sich, solche zu verfassen, und am Ende wurde die Verordnung aufgehoben.

In den Briefen durfte nur über Familienangelegenheiten berichtet werden. Andere Informationen wurden von Zensoren unleserlich gemacht. Trotzdem erfuhren die politischen Gefangenen von neu eingewiesenen Häftlingen etwas über den Kampf der Schwarzen. Im Jahr 1971 hörten sie von der Verhaftung James Aprils, eines besonders mutigen Guerillakämpfers des Umkhonto. Es ging das Gerücht, er habe bei seiner Festnahme ein Drama von Tschechow bei sich getragen und ein weiteres Buch mit dem Titel *Pennygreen Street*. Dieses sah zwar wie ein ganz normaler Roman aus, enthielt aber Instruktionen, die April von einer Londoner Kontaktperson erhalten hatte. Auf allen Seiten, die mit der Ziffer 8 endeten, waren handschriftliche Anweisungen der Kontaktperson eingetragen und mit Chemikalien unsichtbar gemacht worden. April hatte einem Freund eine Armbanduhr aus der DDR gezeigt, in die ein Mikrofon eingebaut war, und dieser hatte ihn verraten.

Einzelheiten über Heldentaten oder Festnahmen von ANC-Männern wurden nachts stundenlang in den Zellen diskutiert, wenn die Wärter außer Hörweite waren. Einmal berichtete ein neuer Insasse, daß ein Guerilla bei seiner Festnahme ein Buch von Tolstoj aus seinem Rucksack genommen und seinen Häschern eine Stelle vorgelesen habe: „Ich sitze auf dem Rücken eines Mannes, würge ihn und lasse mich von ihm tragen. Trotzdem versichere ich mir selbst und anderen, daß er mir leid tut und daß ich seine Last auf jede erdenkliche Weise vermindern möchte, nur nicht indem ich von seinem Rücken heruntersteige." Geschichten wie diese bewiesen den Gefangenen, daß es Männer gab, die ihren Kampf weiterführten; sie ließen Augen aufleuchten, die zu viele finstere und unmenschliche Taten hatten mitansehen müssen.

Als Justizminister Jimmy Kruger 1973 und 1978 Robben Island besuchte und mit Mandela sprach, war dieser entsetzt, wie wenig Kruger über den ANC und die Geschichte seines Kampfes wußte. Kruger behauptete steif und fest, Umkhonto habe sich für die Anwendung von Gewalt entschieden, ohne sich gründlich mit gewaltfreien Alternativen auseinandergesetzt zu haben. „Ich glaube", sagte Mandela zu ihm, „sie fahren besser zurück und lesen die Briefe des ANC in den Akten des Premierministers."

„Kruger konnte nicht über das Freiheitsmanifest des ANC diskutieren, weil er es nicht gelesen hatte", schrieb Michael Dingake, der während seiner 15jährigen Internierung auf Robben Island ebenfalls mit Kruger gesprochen hatte. „Aber natürlich hielt ihn das nicht davon ab, das Manifest als ein kommunistisches Machwerk zu verdammen."

Manchmal, wenn unter der schwarzen Bevölkerung Südafrikas Unruhen ausbrachen, verhärtete sich die Haltung der Vollzugsbeamten gegenüber den Gefangenen. Im Winter 1976 warfen sie ihnen Faulheit vor, als sie an der eisigen Atlantikküste Seetang sammeln mußten. „Es war ein bitterkalter Tag", erinnert sich Mac Maharaj. „Als wir zurückkamen, waren wir sehr schmutzig. Der Seetang macht den Körper und die Kleidung dreckig. Wir stellten uns also sofort unter die Dusche und drehten die Hähne auf. Das Wasser war kalt. Es gab kein warmes Wasser! Wir wurden auch dann zur Arbeit nach draußen gebracht, wenn es zu kalt zum Arbeiten war … Wir wollten mit den Behörden über die Sache verhandeln, aber diese schickten keinen Vertreter, und allmählich erreichten wir einen kritischen Punkt."

Nicht nur auf Robben Island wurde ein kritischer Punkt erreicht: Im Juni 1976 stürzte der Schüleraufstand von Soweto Südafrika ins Chaos. Der Aufstand schuf die Bedingungen für die massenhafte Rekrutierung desillusionierter junger Schwarzer: Sie wurden in Trainingscamps in Angola und Tansania als Guerillas ausgebildet.

Als June Mlangeni 1976 Robben Island besuchte, mußte sie ihrem Mann irgendwie sagen, daß ihre Söhne Aubrey und William die Schule in Soweto aufgegeben und sich der bewaffneten Truppe des ANC angeschlossen hatten. Also sagte sie in das Mikrofon: „Die Jungen sind verloren gegangen." Sie mußte sich so verklausuliert ausdrücken, weil Wärter jedes Wort mithörten. Mlangeni hinter der dicken Trennscheibe nickte schweigend. Er hatte verstanden.

Der Aufstand der Schüle[illegible]

12

Der Aufstand der Schüler

Das erste Kind, das am 16. Juni 1976 in Soweto von der Kugel eines Polizisten getötet wurde, war der 13jährige Hector Petersen. Der Junge wurde von hinten erschossen. Als er fiel, hoben ihn Mitschüler vom blutbespritzten Boden auf und schleppten ihn aus dem Gedränge der riesigen Menge von Kindern. Mit ihrer Versammlung hatten die Kinder gegen die Einführung von Afrikaans als Unterrichtssprache an den Schulen für Schwarze protestieren wollen. Der schwerverletzte Hector wurde von seinen Kameraden in das Auto eines Journalisten gesetzt, und der Journalist raste mit ihm zur nächsten Klinik. Aber die Fahrt war umsonst. Hector war bei der Ankunft schon tot.

Er hatte zu den Tausenden von Kindern gehört, die sich in der Nähe des Schulgeländes der Junior Secondary School in Orlando-West versammelten, in der Hoffnung, die Behörden von ihrer Ablehnung des Afrikaans überzeugen zu können. Nach den ersten Schüssen der Polizei brach ein Chaos aus. Vorher waren die Jugendlichen aufgeregt, aber heiter gewesen. Einige hatten zwar die Polizei mit der geballten Faust provoziert, dem Gruß der Black Power, aber die meisten hatten einfach abgewartet.

„Wir dachten", sagte einer der Schüler, „sie würden uns über Megaphone oder Lautsprecher auffordern auseinanderzugehen oder vielleicht zu uns sprechen."

Statt dessen warf die Polizei zwei große Tränengaskanister in die Menge. Nur einer explodierte, und die Menge war davon nicht beeindruckt. Die Polizei behauptete später, sie habe die Kinder daraufhin aufgefordert, sich zu zerstreuen. Aber die Anwesenden, darunter einige Journalisten, hörten keinen derartigen Aufruf. Nicht einmal Warnschüsse wurden abgegeben, die Beamten schossen sofort gezielt auf die Schüler. Ein Polizei-Oberst erklärte später vor ausländischen Journalisten: „Wir haben in die Menge gefeuert. Es bringt nichts, wenn man bloß über die Köpfe schießt."

Die Schüler waren empört über die Anwendung von Gewalt in einer relativ friedlichen Situation. Sie riefen im Sprechchor Freiheitsslogans, hoben ihre Transparente noch höher und stürmten auf die Polizei los: „Wir sind keine Buren! Nieder mit Afrikaans! Nieder mit dem Bantu-Erziehungssystem!" Diejenigen Schüler, die tote und verwundete Mitschüler trugen, hatten Angst und riefen nach Hilfe, aber viele andere Demonstranten wollten die Schlacht mit der Polizei.

Ziegel, Steine und Flaschen sausten durch die Luft. Weitere Schüsse wurden abgefeuert, und noch mehr Schüler stürzten zu Boden. Aber trotz der Kugeln bewegte sich die wütende Menge weiterhin vorwärts. Von Kugeln getroffene Schüler brachen inmitten ihrer Klassenkameraden zusammen, hysterische Schreie übertönten schrill das empörte Gebrüll der Menge und das Stampfen der Füße. Alles war in eine Staubwolke gehüllt. Die Schüler wichen nicht zurück und deckten die Polizei mit Beschimpfungen und Wurfgeschossen ein. Einer der anwesenden Journalisten schrieb später: „Was mir mehr Angst machte als alles andere, war die Haltung der Kinder. Viele schienen die Gefahr gar nicht wahrzunehmen. Unaufhörlich stürmten sie geduckt und im Zickzack auf die Polizisten los." Den Polizisten, etwa 50 Mann, wurde klar, daß sie den Kindern nicht lange standhalten konnten. Sie zogen sich eilends über den Klipspruit River zurück. Dort blockierten sie mit ihren Fahrzeugen die Straße und forderten über Funk dringend Verstärkung an. Verstärkung traf ein, und aus Hubschraubern wurden Gewehre und Munition abgeworfen. Bis zum Mittag hatten sich mehrere hundert schwerbewaffnete Beamte im Polizeirevier von Orlando versammelt. Sie sahen, wie über Soweto schwarze Wolken aufstiegen. Überall im Township brannte es.

Die Schüler wollten ihre toten Kameraden rächen und der weißen Vorherrschaft einen Schlag versetzen und setzten eifrig Gebäude und Autos in Brand. Ein Reporter, der das Geschehen von einem Hubschrauber aus beobachtete, sagte, er habe sich „wie ein Kriegsberichterstatter gefühlt, der nach einem Bombenangriff über eine Stadt fliegt". Fahrzeuge des West Rand Administration Board (WRAB), der für Soweto zuständigen Verwaltungsbehörde, wurden umgestürzt und angezündet. Im gesamten Township brannten die Büros des WRAB. Die Angriffe richteten sich gegen alle staatlichen Einrichtungen, darunter Postämter, Schulen, Amtsgerichte, Getränkeläden und Häuser, in denen schwarze Polizisten wohnten.

Konvois von Polizeifahrzeugen patrouillierten auf den Straßen um das Zentrum des Aufstands in Orlando-West und schossen immer wieder in Gassen und Hauseingänge hinein, aus denen Ziegel flogen. Ein weißer Soziologe namens Edelstein wurde von einem wütenden Mob von Schülern aus dem Auto gezerrt und getötet, der schwarze Polizist, der ihn begleitete, wurde bewußtlos geschlagen und sterbend in dem brennenden Fahrzeug zurückgelassen. Um 13.30 Uhr warfen zwei Armeehubschrauber Tränengas über der Menge ab. Zwei mit automatischen Gewehren und Maschinengewehren bewaffnete und mit Tarnuniformen ausgestattete Sondereinheiten der Polizei kamen zum Einsatz. Eine weitere große Einheit wurde in das Township geschickt, um die Leichen des Soziologen und des schwarzen Polizisten zu bergen. Ein anderer Konvoi von Polizeifahrzeugen bahnte sich langsam den Weg auf die Hügel, von denen man Orlando überblickt.

Im Lauf des Nachmittags wurde das Township von Polizisten geradezu überschwemmt. Die Schüler verwendeten ausgebrannte Autos und Busse als Barrikaden, um die Patrouillen aufzuhalten. Augenzeugenberichten zufolge begann die Polizei von da an, auf alles zu schießen.

„Ich versuchte, einem Mädchen zu helfen, das beinahe erschossen worden wäre“, erzählte ein 16jähriger Jugendlicher den Autoren des Buches *Whirlwind Before the Storm*. „Ein weißer Bulle zielte mit einer Pistole auf sie. Ich rannte los, um ihn niederzuwerfen, aber ich wurde von zwei Schüssen ins Bein getroffen. Das passierte gegen 16.30 Uhr. Um 17.45 Uhr kam ich ins Krankenhaus. Dort gab es eine Menge Leute mit Schußverletzungen. Die Verletzten wurden von Polizisten bewacht. Sie richteten im Gang die Waffen auf uns. Die schlimmen Fälle wurden zuerst behandelt. Ich bekam Schmerzmittel.“

Als der Abend hereinbrach, kamen die Arbeiter aus den Fabriken und Büros in Johannesburg zurück. Viele von ihnen schlossen sich den Schülern an. Es gab immer mehr Brandstiftungen, und der Himmel über Soweto war von Flammen gerötet. Die Aufständischen rannten durch die Straßen und ließen Gebäude und Autos in Flammen aufgehen. Bei Tageslicht hatten Armeehubschrauber die Operationen der Polizei geleitet. Sie mußten jetzt landen, weil das Township in Dunkelheit gehüllt war. Die Polizeikonvois streiften weiterhin durch die unbeleuchteten Straßen und feuerten aufs Geratewohl, wenn in der Dunkelheit ein Geräusch zu hören war.

Um 21.30 Uhr fuhren 14 Mannschaftswagen, sogenannte *hippos,* in das Township ein. Die Armee wurde in den Alarmzustand versetzt, und eine Armee-Einheit wurde zur Bewachung des Elektrizitätswerks von Orlando abgestellt. Schwerbewaffnete Polizisten bewachten den Bahnhof und die Gleise.

Ein Foto des schlaffen, blutigen Körpers von Hector Petersen in den Armen verzweifelter Schüler ging am nächsten Morgen um die ganze Welt. Millionen von Menschen erfuhren so von dem Aufstand. Zahlreiche Anklagen wurden gegen das weiße Südafrika erhoben, und Winnie Mandela sagte: „Das Sprachproblem ist nur der Funke, der die angestaute Wut der Schwarzen zur Explosion gebracht hat.“

In der Morgendämmerung des folgenden Tages standen 1 500 Polizisten mit automatischen Gewehren und leichten Maschinengewehren bereit, um in Soweto einzumarschieren. Ersten Berichten zufolge schien der Aufruhr abgeebbt zu sein, aber bis 8.15 Uhr war klar, daß sich nichts geändert hatte. Der Kampf tobte weiter. Im ganzen Township brannten Verwaltungsgebäude. Viele Schüler waren außerordentlich mutig, bisweilen tollkühn. „Wir versuchten, gegen die *hippos* zu kämpfen“, sagte einer von ihnen. „Aber wir mußten uns zurückziehen.“ Den ganzen Tag über rollten Polizeieinheiten zur Verstärkung nach Soweto hinein. Bis zum Abend waren sämtliche Ausfallstraßen hermetisch abgeriegelt. Auf die Frage eines Journalisten, ob sich die Situation verschlimmert habe, antwortete der Kommandeur der Polizeikräfte im Township: „Kann sie sich denn noch verschlimmern?“

Am dritten Tag wimmelte es in den Straßen Sowetos von Polizisten. Die großen Menschenmengen des 16. und 17. Juni waren verschwunden. Nur kleine Gruppen legten noch Brände und versuchten, Polizeifahrzeuge zu beschädigen. Hubschrauber brachten Staatsanwälte und Richter zu schwerbewachten Gerichtssälen, wo Zeugen gegen festgenommene Schüler vernommen wurden.

Das Leben in den Townships hatte sich jedoch noch lange nicht normalisiert. Schüler aus Alexandra hatten in den zwei Tagen zuvor Versammlungen abgehalten und sich mit dem Aufstand in Soweto solidarisch erklärt. Jetzt stellten sie an den Bushaltestellen und vor den Wohnheimen Posten auf und riefen für den 18. Juni zu einer massenhaften Arbeitsniederlegung auf. Eine große Menschenmenge zog demonstrierend durch die Straßen. Die Demonstranten trugen Plakate mit der Aufschrift: „Warum müssen Kinder für Afrikaans sterben?“

Die 200 Mann starke Polizeieinheit reagierte schnell. Sie forderte die Menge auf, sich zu zerstreuen, dann begannen die Polizisten zu schießen. Vier Menschen wurden getötet, sechs verwundet. Die Schüler reagierten wie ihre Kameraden in Soweto. Sie gingen zum Angriff über und ließen einen Hagel von Flaschen und Steinen auf die Polizisten niedergehen, bis diese sich zurückziehen mußten. Dann zündeten sie Alexandra an. Ab 9 Uhr war dann „alles erlaubt", wie ein Schüler die Orgie der Flammen und der Zerstörung beschrieb.

Der Aufruhr breitete sich in wenigen Tagen weiter aus. „Im ganzen Reef brennen die Townships", verkündete eine Schlagzeile. Berichte von Gewalt und Brandstiftung kamen aus jeder Ecke des Landes: aus Ost-Transvaal, dem Oranje-Freistaat, aus dem Norden der Kap-Provinz und aus Kapstadt selbst. Im Juli erfaßten die Unruhen auch das Vaal-Dreieck und die östliche Kap-Provinz. Bis August, zwei Monate nach Beginn des Aufstands in Soweto, hatten sich 80 schwarze Townships dem Aufstand angeschlossen. Bis Oktober verdoppelte sich die Zahl noch einmal.

In der ersten Woche des Aufstands kamen mindestens 150 Menschen ums Leben. Die meisten waren schwarze Schulkinder und wurden von der Polizei erschossen. Bis Oktober des folgenden Jahres hatten die wegen des Streits um das Afrikaans und anderer Mißstände der Apartheid ausgebrochenen Unruhen insgesamt 700 Menschenleben gefordert. Über 90 Prozent der Toten waren unter 23 Jahre alt.

Das Blut der schwarzen Jugendlichen Südafrikas war jedoch nicht ganz umsonst vergossen worden. Im ganzen Land wurden immer wieder die Schulen boykottiert, und 500 Lehrer weiterführender Schulen hatten ihren Beruf aufgegeben. Das bedeutete nicht nur den Zusammenbruch des High-School-Systems in den Townships, sondern zeigte auch, daß die Schüler eine bisher noch nicht dagewesene Macht hatten. In Soweto organisierten Schüler eine Kampagne gegen bevorstehende Mieterhöhungen, die so erfolgreich war, daß sie zum Zusammenbruch der von der Regierung eingesetzten Zivilverwaltung führte. An ihre Stelle trat das sogenannte „Komitee der Zehn", eine lokale Behörde, die demokratischer war als alles, was es in einem Township je gegeben hatte.

Ein weiteres Resultat des Schüleraufstands war, daß der Generationskonflikt, der bis dahin die konservativen älteren Schwarzen und ihre militanten Kindern getrennt hatte, durch politische Solidarität überwunden wurde. Ein Grund für die Durchschlagskraft der Revolte war gewesen, daß die Schüler die Autorität ihrer Eltern nicht mehr anerkannten. Viele machten ihre Eltern für das fortbestehende Unrecht der Apartheid verantwortlich, denn seit die Nationalisten 1960 den Ausnahmezustand erklärt hatten, hatte es praktisch keine Proteste der älteren Generation mehr gegeben. „Unsere Eltern haben der Entwicklung viel zu lange tatenlos zugesehen", erklärte ein Jugendlicher aus Soweto Anfang 1976 einem Zeitungsreporter. „Sie haben versagt."

Die Schüler machten die zahlreichen von der Stadtverwaltung eingerichteten Bierhallen für die politische Passivität ihrer Eltern verantwortlich. Die Hallen waren ein bevorzugtes Ziel ihrer Brandanschläge. Bis Ende Juni wurden 67 Bierhallen niedergebrannt. Einer der Schüler erklärte einem Soziologen, warum er die Bierhallen haßte: „Die Bierhallen sind jeden Abend gestopft voll – gar nicht zu reden von den Menschenmassen, die den größten Teil des Wochenendes dort verbringen ... Manche Betrunkene verletzen sich, einige sogar schlimm. Es ist entwürdigend, wenn sie hilflos am Boden liegen und endlos vor sich hinlallen. Manchmal kotzen sie auch. Das ist wirklich eine Schande für jeden anständigen Afrikaner, und die Feinde der Afrikaner können dann mit Recht behaupten, die Afrikaner seien ein barbarisches und unzivilisiertes Volk."

Am 4. August 1976 unterstützten 10 000 Erwachsene 12 000 Schüler beim ersten politischen Streik in Südafrika seit dem Ausstand, den Nelson Mandela 1961 organisiert hatte. Die Erwachsenen wollten 15 Jahre der Unterwürfigkeit wiedergutmachen. Die Streikenden marschierten von verschiedenen Punkten in Soweto auf das Zentrum von Johannesburg zu. Sie wollten sich auf dem John-Vorster-Platz vor der Polizeiwache sammeln und die Freilassung von Schülern fordern, die ohne Prozeß festgehalten wurden. Der Zug wurde jedoch von einem Polizeikordon in der Nähe des Bahnhofs New Canada aufgehalten. Tränengaskanister flogen in die Menge, und plötzlich eröffnete die Polizei das Feuer. Unter den Demonstranten brach Panik aus. Manche rannten schreiend davon, andere jagten hinter den Polizisten her. Drei Menschen wurden getötet, 13 verletzt. Dutzende wurden festgenommen und teilten das Schicksal der Schüler, deren Freilassung sie hatten erreichen wollen. Sie wurden aufgrund des Gesetzes gegen den Terrorismus (Terrorism Act) festgehalten, in einigen Fällen auch aufgrund eines Gesetzes, das an die Stelle des Gesetzes gegen den Kommunismus getreten war. (Ironischerweise war dieses Gesetz am 16. Juni, also an dem Tag, als der

Aufstand begann, in seiner engültigen Fassung im Amtsblatt veröffentlicht worden.) Das Terrorismus-Gesetz ermächtigte die Polizei, Personen solange festzuhalten, bis sie alle Fragen zufriedenstellend beantwortet hatten. Während dieser Zeit durften sie ausschließlich mit staatlichen Beamten Kontakt haben, und jede Herausgabe von Informationen über den Inhaftierten an die Öffentlichkeit war ausdrücklich verboten. Bis September 1977 waren 2 430 Schüler aufgrund dieser Gesetze interniert. Schwarze Teenager waren plötzlich verschwunden. Eltern unternahmen qualvolle Suchaktionen in Krankenhäusern und Leichenhallen, nur um Wochen oder oft Monate später zu entdecken, daß ihre Kinder sich in den Zellen der Polizei befanden.

Die Schüsse vom 4. August lösten in Soweto weitere Unruhen aus. Vor der Morris-Isaacson-Schule versammelten sich 3 000 Schüler. Sie beschlossen, zum John-Vorster-Platz zu marschieren. Als die Menge von der Polizei gestoppt wurde, zählte sie bereits 5 000 Personen. Wieder griff die Polizei an, und als es ihr nicht gelang, die Menschen durch Tränengas und den Gebrauch von Schlagstöcken zu zerstreuen, eröffnete sie das Feuer. Die Führer der Studenten riefen sofort zu Vergeltungsaktionen auf: „Hört auf zu klagen", sagten sie zu den Eltern der toten Kinder. „Wehrt euch!"

Mitte August war deutlich, daß die Jugendlichen nicht nur die fortdauernde Revolte führten, sondern die Führer aller Schwarzen geworden waren. „Die jungen Schwarzen", schrieb ein Journalist, „haben offensichtlich weniger Angst vor der Polizei als ihre Eltern. Das ist in der neuen Situation ein wichtiger Faktor. Sie haben die Führung der Townships fast völlig in die Hand genommen, manchmal gegen den Widerstand älterer Afrikaner, aber anscheinend oft auch mit deren Unterstützung." Ein Mitglied der Untergrundbewegung des ANC, die sich nach der langen politischen Flaute der sechziger Jahre langsam neu formierte, erklärte diesen Sachverhalt wie folgt: „Was die Eltern wirklich aktiv werden ließ, waren die brutalen Morde der Polizei. Die Polizei war zwar schon immer hart gegen friedliche Demonstranten vorgegangen, aber niemand hatte erwartet, daß sie ohne Vorwarnung kaltblütig Kinder umbringen würde."

Der Mann, der einen bestimmenden Einfluß auf die Ereignisse hatte, die zum 16. Juni 1976 führten, war Stephen Bantu Biko. Biko war ein dynamischer junger Medizinstudent mit einem außerordentlich scharfen politischen Verstand. Er wurde der erste Präsident der South African

Students' Organization (SASO), einer rein schwarzen Organisation. Sie hatte sich 1968 formiert, weil schwarze Studenten nicht mehr damit einverstanden waren, daß die Führung der National Union of South African Students (NUSAS) in der Mehrzahl aus Weißen bestand.

Biko wurde einige Monate vor der Regierungsübernahme der Nationalen Partei geboren und hatte sein ganzes Leben „innerhalb der institutionalisierten Rassentrennung verbracht. Meine Freundschaften, meine Liebe, meine Ausbildung, mein Denken und jede andere Facette meines Lebens sind von der nach Rassen getrennten Entwicklung geprägt und geformt worden." Biko war sich des alles durchdringenden Einflusses der Apartheid auf den Geist seiner Generation so schmerzhaft bewußt, daß er seine medizinische Karriere aufgab, um sich ganz der zentralen Idee der SASO zu widmen. Sie lautete: „Die Emanzipation der schwarzen Menschen in diesem Land hängt einzig und allein davon ab, welche Rolle die Schwarzen selber zu spielen bereit sind." In Anlehnung an die Theorie des schwarzen Selbstbewußtseins, die Anton Lembede fast 30 Jahre zuvor formuliert hatte, erklärte er: „Die Schwarzen sind es leid, am Spielfeldrand zu stehen und einem Spiel zuzuschauen, das sie selbst spielen sollten. Sie wollen ihre Interessen selbst vertreten und nicht vertreten werden."

Zusammen mit anderen Mitgliedern der SASO wie Barney Pityana, Harry Nengwekhulu, Petrus Machaka, Aubrey Mokoape und Strini Moodley entwickelte Biko eine Philosophie, die später als „Black Consciousness" bekannt wurde. Sie geht davon aus, daß Unterdrückung in erster Linie ein psychologisches Problem ist. Nach Ansicht Bikos mußten sich Schwarze von dem Minderwertigkeitskomplex befreien, der ihnen durch Generationen weißer Herren eingebleut worden war, die von ihnen Unterwürfigkeit verlangt hatten. Black Consciousness war zwar im Kern eine afrikanische Bewegung, doch ihre Durchschlagskraft ist ohne den Hintergrund der internationalen Jugendbewegung nicht zu erklären: In den USA war die Anti-Vietnam-Bewegung aktiv, und aus den Bürgerrechtskampagnen waren die Black-Power-Gruppen entstanden. In Frankreich hätten die Studenten beinahe die Regierung De Gaulle gestürzt.

Wenn in Südafrika ein neues militantes Selbstgefühl der Schwarzen entstehen sollte, dann mußten die Schwarzen sich nach Ansicht Bikos aus ihrer Abhängigkeit von weißen Liberalen befreien. Im Mitteilungsblatt der SASO erklärte er im August 1970 seine Haltung zu „diesem seltsamen Verein von Nonkonformisten, dieser Gruppe von zwanghaften Wohltätern, die alle möglichen Namen tragen – Liberale, Linke etc."

Biko schrieb weiter: „Diese Leute behaupten, sie seien für den weißen Rassismus nicht verantwortlich ... Sie behaupten, sie bekämen die Unterdrückung genauso schlimm wie die Schwarzen zu spüren und wollten deshalb gemeinsam mit den schwarzen Menschen kämpfen ... Kurz gesagt, sie behaupten, sie hätten unter ihrer weißen Haut schwarze Seelen.

... Die Integration, von der sie reden, ist künstlich ... [weil] die Menschen, die integriert werden sollen, aus ganz verschiedenen Gesellschaften stammen. Sie haben alle ihre eigenen Überlegenheits- und Minderwertigkeitskomplexe, und diese manifestieren sich auch in der ‚nichtrassischen' Konstruktion einer integrierten Gesellschaft. Das Ergebnis einer solchen Integration ist eine Einbahnstraße: Die Weißen reden, die Schwarzen hören zu.

... Den Schwarzen ist so lange eingetrichtert worden, sich unterlegen zu fühlen, so daß es für sie schon ein Trost ist, wenn sie mit Weißen scheinbar gleichberechtigt Tee, Wein oder Bier trinken dürfen. Das stärkt ihr Ego in einem solchen Ausmaß, daß sie sich den Schwarzen, die von den Weißen nicht so behandelt werden, überlegen fühlen. Solche Schwarze sind eine Gefahr für die Gemeinschaft. Sie konzentrieren sich nicht mehr auf ihre schwarzen Brüder und kümmern sich nicht von einer gemeisamen Basis aus um Probleme, die alle Schwarzen angehen, sondern singen ihr Klagelied einem scheinbar mitfühlenden Publikum vor, das eine gewisse Professionalität darin entwickelt hat, auf das Klagelied mit dem Refrain zu antworten: ‚Was für eine Schande!'"

In einem späteren Artikel forderte Biko die Schwarzen auf, eine eigene Antwort auf den weißen Rassismus zu entwickeln statt einer Reaktion, die darauf abzielte, liberale Weiße zufriedenzustellen. „Die Weißen haben sich nicht nur offensiv verhalten", schrieb er, „sie haben es durch einige geschickte Manöver auch fertiggebracht zu kontrollieren, wie die Schwarzen auf diese Provokation reagieren. Sie haben die Schwarzen nicht nur getreten, sondern ihnen auch noch gesagt, wie sie auf den Tritt zu reagieren haben. Lange Zeit hat der Schwarze geduldig auf diesen Rat gehört ... Erst jetzt beginnt er mit quälender Langsamkeit einzusehen, daß es sein Recht und seine Pflicht ist, so auf den Tritt zu reagieren, wie er selbst es für richtig hält ... Die Liberalen müssen einsehen, daß die Tage des ‚edlen Wilden' vorbei sind, daß die Schwarzen im Kampf für ihre Emanzipation keine Vermittler brauchen."

Die südafrikanischen Medien reagierten entsetzt auf die Feindschaft, die die SASO den weißen Liberalen entgegenbrachte. Die Feindschaft sei, so die East Londoner *Daily Dispatch,* „eines der traurigen Ergebnisse der rassistischen Politik der Regierung ... Ihr Resultat ist das Auftauchen einer Mentalität schwarzer Exklusivität unter den Schwarzen ... Die Vertreter der SASO liegen falsch mit dem, was sie tun. Sie fördern dadurch die Apartheid. Sie verankern die Idee der rassischen Besonderheit in den Köpfen und arbeiten damit der Regierung in die Hände ... Glücklicherweise repräsentieren sie nur eine kleine Minderheit unter den Schwarzen."

Die Philosophie des Black Consciousness war jedoch nicht nur für eine kleine Minderheit attraktiv, sondern verbreitete sich wie ein Lauffeuer an allen Universitäten des Landes. Die Bewegung stellte ein nie dagewesenes Niveau politischer Bildung her und wurde nicht nur an den Universitäten diskutiert, sondern auch an Tausenden von Schulen. Nur wenige Weiße registrierten diese Entwicklung. Der Vorsitzende des WRAB Manie Mulder versicherte kurz vor dem 16. Juni Pressevertretern, daß „die breite Mehrheit der Einwohner von Soweto völlig glücklich und zufrieden" sei.

Tatsächlich erstaunte das Ausmaß des Aufstands die SASO fast ebensosehr, wie es die Beamten des WRAB schockierte. Besonders überraschend war für Biko und seine Gesinnungsgenossen die Bereitschaft der erwachsenen Männer und Frauen, den Anweisungen der jungen Führer der Revolte zu gehorchen. Der Generationskonflikt zwischen Jung und Alt war in der afrikanischen Gesellschaft immer besonders stark ausgeprägt gewesen: Nach den Stammesbräuchen wurde das Alter geachtet und von der Jugend Gehorsam erwartet. Die Aussicht, daß studentische Führer die Unterstützung der Massen gewinnen könnten, war der SASO noch 1972 so unwahrscheinlich erschienen, daß sie im Juli dieses Jahres mit der „Black People's Convention" einen Erwachsenenflügel der Black-Consciousness-Bewegung gegründet hatte.

Keine Gruppierung war über die Gewalt der Schülerrebellion überraschter als der ANC, obwohl er die Stimmung der jugendlichen Bewohner der Townships registriert und um 1975 begonnen hatte, sein organisatorisches Zentrum vom fernen London auf Basen in Sambia, Tansania, Moçambique und Angola zu verlagern. Als der Schüleraufstand im Juni 1976 losbrach, war dem ANC bewußt geworden, daß er drauf und dran war, die Führung des Befreiungskampfes zu verlieren. Er nutzte deshalb jede Gelegenheit, den unerwarteten Machtfaktor der politisierten Schülerschaft für die eigene Sache zu gewinnen, obwohl durchaus Klarheit darüber bestand, daß Bikos Philosophie eines ausschließlich von Schwarzen getragenen Befreiungskampfs mit der nichtrassischen Politik des ANC unvereinbar war.

Die Stärkung, die Black Consciousness für das Selbstbewußtsein der Schüler und ihre Solidarität als Schwarze bedeutete, war allerdings nicht der einzige Faktor, der in den Monaten vor dem Aufstand dazu beitrug, daß sich die Unzufriedenheit der Jugend in aktives Handeln umsetzte.

Anfang 1976 hatte Verteidigungsminister P. W. Botha die größte Mobilisierung der Armee seit dem Zweiten Weltkrieg angeordnet. Die Armee war tief nach Angola eingedrungen und hatte im dortigen Bürgerkrieg interveniert. Auf Druck der Amerikaner mußte Südafrika zurückstecken, und die Operation wurde zu einer demütigenden Niederlage der Nationalisten. Gefangene südafrikanische Soldaten wurden in verschiedenen schwarzafrikanischen Staaten im Fernsehen gezeigt. Die Nachricht von der Niederlage der südafrikanischen Armee gegen schwarze Soldaten wurde von den Schwarzen Südafrikas mit großer Schadenfreude aufgenommen. Da auch die Befreiungsfront von Moçambique, Frelimo, 1975 die portugiesischen Kolonialherren besiegt hatte, schien es jetzt für Schwarze möglich, der weißen Vorherrschaft militärisch zu begegnen – und bei dieser Auseinandersetzung zu gewinnen.

Ein weiterer Faktor, der die Schüler anspornte, war die schwere Rezession der südafrikanischen Wirtschaft. Für Ende 1976 wurden zwei Millionen Arbeitslose vorausgesagt, und schwarze Arbeiter wehrten sich aus Angst um ihren Arbeitsplatz gegen Protestaktionen der Gewerkschaften. Dies verstärkte noch den Zorn der Schüler auf die ältere Generation und auf einen Staat, der sich als absolut unfähig erwies, ihnen angemessene Arbeitsplätze zu bieten, wenn sie die Schulen und Universitäten verließen. Ihre Ausbildung führte ins Nichts, und das steigerte ihre Verbitterung: Nicht nur schottete sich jetzt die Wirtschaft gegen sie ab, sie waren obendrein auch noch durch eine Ausbildung benachteiligt, die bewußt so angelegt war, daß sie mit den Weißen nicht um die vorhandenen Arbeitsplätze konkurrieren konnten.

Die Summe, die der Staat in die Ausbildung eines weißen Kindes investierte, war sechsmal höher als die für einen schwarzen Schüler. Es stimmte zwar, wenn Regierungsvertreter versicherten, daß Südafrika seiner schwarzen Bevölkerung eine bessere Ausbildung biete als die benachbarten schwarzafrikanischen Länder. Aber die schwarzen Südafrikaner orientierten sich bei der Beurteilung ihrer Lage nicht am Bildungsstandard des übrigen Afrika, sondern an den Weißen ihres eigenen Landes.

Seit 1955 mußten die Schwarzen Ausbildungssteuern bezahlen und trotzdem ihre Schulbücher selbst kaufen. Zwei Jahre vor dem Aufstand hatte die Regierung versprochen, den schwarzen Kindern Lesebücher zur Verfügung zu stellen, wie sie das auch bei weißen Kindern tat. Im Februar 1976 waren jedoch noch immer keine Bücher ausgegeben worden. Vielen Schülern war mittlerweile klar, daß das Versprechen von Lesebüchern ein Trick war, mit dem der Minister für Bantu-Bildung das zweisprachige Bildungssystem durchsetzen wollte, das er schon Jahre zuvor angekündigt hatte. Das System sah vor, daß Schwarze bis zur vierten Klasse in ihrer Muttersprache unterrichtet werden sollten und anschließend je zur Hälfte in Afrikaans und in Englisch.

Die bevorstehende Einführung von Afrikaans als Unterrichtssprache hatte unter schwarzen Lehrern und Schülern Protest hervorgerufen. Die Regierung ignorierte ihn und begann 1974, Lesebücher in Afrikaans auszuliefern. Die Bücher kamen in großen Kisten in der Morris-Isaacson-Schule in Soweto an, wurden jedoch wieder weggepackt, als die Schüler den Direktor warnten, sie würden sämtliche Stunden boykottieren, die in Afrikaans gehalten würden.

„Als wir sahen, daß Bücher ankamen“, erinnert sich Sikosi Mji, Vertrauensschüler der Schule, „haben wir uns zuerst gefreut, weil wir dachten, die Regierung hätte uns endlich die versprochenen Schulbücher geschickt. Aber dann sahen wir, daß sie alle in Afrikaans geschrieben waren, einer Sprache, die wir hassen, weil sie die Sprache unserer Unterdrücker ist. Dann erfuhren wir, daß die Regierung ein Rundschreiben verschickt hatte, das sämtliche Rektoren anwies, bis 1975 an ihrer Schule Afrikaans durchzusetzen. Wir beschlossen zu handeln. Wir hatten bereits mit einem gewissen Erfolg versucht, demokratische Strukturen an der Schule durchzusetzen. Zum Beispiel hatten wir erreicht, daß die Vertrauensschüler zur Hälfte demokratisch gewählt und nur zur Hälfte von den Behörden ernannt wurden. Ich war ernannt worden und somit ein Teil des Systems, aber ich arbeitete dagegen, weil ich es einfach nicht unterstützen konnte. Keiner von uns konnte das. Wir machten uns an die Arbeit und mobilisierten Eltern und Schüler, bis wir so viel Druck erzeugt hatten, daß der Rektor uns versicherte, er werde Afrikaans 1975 nicht einführen.

Das Sprachproblem wurde an den schwarzen Schulen sehr ungerecht gehandhabt. Wo sonst in der Welt wird ein Kind in drei verschiedenen Sprachen unterrichtet? In der Grundschule sollten wir in unseren Muttersprachen unterrichtet werden, also in Xhosa, Zulu, Sotho oder einer anderen afrikanischen Sprache. In der weiterführenden Schule mußten wir uns dann auf Englisch oder Afrikaans umstellen. Auch diese Schikane der Weißen zielte darauf, daß wir rückständig und ungebildet blieben. Wir beschlossen, uns das nicht gefallen zu lassen."

Die explosive Situation wurde noch verschärft, als Pik Botha, der Botschafter Südafrikas bei den Vereinten Nationen, 1974 in einer Rede vor der Generalversammlung verkündete, daß Südafrika die Politik der Rassendiskriminierung aufgeben und statt dessen die Entwicklung der unfruchtbaren Stammesreservate der Schwarzen vorantreiben wolle, sogenannter „Bantustans". Die *Financial Mail* schrieb dazu: „Die Regierung hat langfristig das Ziel, daß jeder Schwarzafrikaner der Republik Bürger eines Bantustans wird. Sie will damit legitimieren, daß sie den Schwarzen im ‚weißen' Südafrika die politischen Rechte verweigert. Die Schwarzen werden dann ‚Ausländer' sein, die sich in den ‚weißen' Gebieten nur befristet als Gastarbeiter aufhalten dürfen. Die Unabhängigkeit der Transkei stellt den ersten Schritt in diese Richtung dar. Die Regierung wird dann behaupten, die Diskriminierung basiere nicht mehr auf der Rasse oder Hautfarbe, sondern auf der Nationalität."

Im Zuge der Bantustan-Politik wurden zwar überall im Land neue Schulen gebaut, und auch die politische Kommunikation zwischen schwarzen Land- und Stadtbewohnern verbesserte sich. Trotzdem wurde diese Politik besonders von den Schülern und Studenten leidenschaftlich abgelehnt. Es wurde ein System der „rosa Karten" eingeführt, das gewährleisten sollte, daß nur Kinder, die legal in den städtischen Gebieten lebten, einen Schulplatz in der Stadt erhielten. Doch seine Einführung führte zu einem Chaos: 60 000 von 110 000 Kindern, die sich in Soweto einschulen wollten, wurden zu illegalen Einwohnern des Townships erklärt. Eine derart große Zahl von Schülern konnten die Schulen in den Bantustans nicht aufnehmen. Das Programm wurde hastig zurückgenommen, allerdings erst nachdem es die Kritik der gesamten schwarzen Schülerschaft auf sich gezogen hatte.

Die sich häufenden Angriffe der Behörden auf ein ohnehin schon minderwertiges Ausbildungssystem lösten bei Tausenden von schwarzen Schülern ein starkes Bedürfnis nach Gegenwehr aus. Sikosi Mjis Haltung war typisch für die Einstellung der jungen Führer. Sie suchten nach Wegen, die Schülermassen gegen das Bantu-Ausbildungssystem im besonderen und die Apartheid im allgemeinen zu mobilisieren. Sikosis familiärer Hintergrund war allerdings außergewöhnlich. Ihr Vater Diliza war einer der Mitbegründer der Jugendliga des ANC gewesen und Sisulus Nachfolger als Generalsekretär des ANC geworden, als dieser gebannt wurde. Ihr Bruder, ein Medizinstudent, wurde Präsident der SASO. Sikosis Eltern arbeiteten beide als praktische Ärzte.

„Ich sprach mit Naledi Tsiki, einem engen Schulfreund", berichtete Sikosi. „Wir trafen uns mit einigen Leuten im Township, von denen wir erfuhren, daß der ANC immer noch existierte, obwohl es im Untergrund lange Zeit ruhig gewesen war. Wir erhielten eine Kopie des Freiheitsmanifests, sollten uns damit auseinandersetzen und uns dann wieder bei ihnen melden. Wir fanden in dem Manifest genau beschrieben, was wir uns für unser Land wünschten. Als wir den ANC-Leuten das erzählten, schlugen sie uns vor, eine Untergrundzelle zu bilden, und wir waren einverstanden."

In der Folgezeit halfen Sikosi und ihr Freund bei der Organisation von Protest- und Boykottaktionen an der Morris-Isaacson-Schule, bis es einige Monate später, am 16. Juni, zum großen Showdown mit der Regierung kam. Sikosi Mji war 1975 zur Sprecherin der Vertrauensschülerinnen ernannt worden und deshalb in ihrer Rolle als heimliche Organisatorin des ANC besonders effektiv, bis sie schließlich von der Polizei enttarnt wurde und sich verstecken mußte. Naledi Tsiki verließ das Land im Dezember 1975 als ein erbitterter und zorniger Zwanzigjähriger, fest entschlossen, eine Ausbildung als Guerilla zu absolvieren und mit der Waffe in der Hand nach Südafrika zurückzukehren.

Auch viele andere Schüler gingen über die Grenze, wenn sie nicht in den Arrestzellen der Polizei verschwanden. Walter und Albertina Sisulus Tochter Lindiwe wurde am 13. Juni, einige Tage vor dem Beginn des Aufstands, festgenommen und elf Monate lang festgehalten. Lindiwe hatte oft lange Zeit allein ihre kleinen Geschwister versorgen müssen, wenn Walter, Albertina und ihre beiden Brüder interniert waren. Als sie selbst das erste Mal verhaftet wurde, war sie noch keine zehn gewesen, sie rechnete deshalb damit, den Gefängnisaufenthalt einigermaßen gut zu überstehen. Sie war jedoch nicht auf die ausgeklügelte geistige Folter vorbereitet, der sie unterworfen wurde. „Sie sagten, sie hätten meine Mutter und meine Brüder festgenommen und die kleinen Kinder allein im Haus zurückgelassen. (Albertina hatte die Erziehung der Kinder ihrer verstorbenen Schwägerin übernommen.) Ich habe ihnen das geglaubt, und es hat mich völlig aus der Fassung gebracht. Sie haben mir auch erzählt, meine Mutter sei schwerkrank und wolle mich sehen, aber ich dürfte erst gehen, wenn ich geredet hätte. Später behaupteten sie sogar, meine Mutter sei gestorben ... Ich schrieb an den Justizminister und beschwerte mich, daß man mich nicht zum Begräbnis meiner Mutter gelassen hätte. Danach wurde ich anders behandelt. Ich durfte die Kleider und Bücher behalten, die mir von draußen geschickt wurden, und ich merkte schnell, daß die Polizei gelogen hatte: Die Sachen waren so eingepackt, wie das nur meine Mutter kann."

Während Lindiwe Sisulu und Hunderte anderer Schüler interniert waren, wurde aus dem Rinnsal desillusionierter Schüler, die sich schon 1975 ins Ausland abgesetzt hatten, eine Flut: Obwohl es zwischen der Philosophie des Black Consciousness und der nichtrassischen Politik des ANC gravierende ideologische Unterschiede gab, fanden Schüler, die vor den Repressalien der Polizei ins Ausland flohen und sich weiter am Befreiungskampf beteiligen wollten, nur beim exilierten ANC Zuflucht. Der PAC hätte der Black-Consciousness-Bewegung zwar ideologisch näher gestanden, war jedoch völlig desorganisiert und konnte außerhalb Südafrikas nur wenigen Schülern Zuflucht bieten.

Solomon Mahlangu schloß sich im Oktober 1976, einige Tage nach seinem 20. Geburtstag, den Schülern im Exil an. Er überquerte die Grenze nach Swasiland und reiste weiter nach Tansania. Dabei legte er weite Strecken zu Fuß zurück. Er wurde später der berühmteste Guerilla in der Geschichte des Umkhonto we Sizwe. Viele Schüler, die ins Ausland flohen, waren noch wesentlich jünger als Mahlangu. Einer war erst zehn Jahre alt, aber sein Mut im Kampf gegen die Polizei war im ANC-Hauptquartier in Dar es Salaam bereits legendär. Als er sich beim ANC meldete, wollte er unbedingt sofort eine militärische Ausbildung machen. Man sagte ihm, er solle zuerst seine Schulausbildung abschließen, aber er bestand darauf, als Soldat nach Südafrika zurückzukehren. Als mehrere Versuche, ihm das auszureden, gescheitert waren, erfuhr Oliver Tambo von dem hartnäckigen Jungen und lud ihn zu sich zum Abendessen ein. Der väterliche ANC-Führer diskutierte stundenlang mit dem trotzigen Zehnjährigen und konnte ihn schließlich überzeugen, daß er der Revolution am besten diene, wenn er noch warte, bis er etwas älter und weiser sei; dann könne er als bewaffneter Kämpfer nach Südafrika zurückkehren.

Auch Lindiwe Sisulu hatte beschlossen, nach ihrer Entlassung aus dem Gefängnis ins Exil zu gehen und sich dem ANC anzuschließen. Das einzige, was ihr in Südafrika noch zu tun blieb, war ein Besuch auf Robben Island, um Abschied von ihrem Vater zu nehmen. Sie nannte Walter Sisulu damals ihre „ständige Inspiration". Sisulu konnte kaum die Tränen zurückhalten, als er daran dachte, daß er seine Tochter vielleicht nie wiedersehen würde. Trotzdem brachte er ein Lächeln zustande und verabschiedete seine Tochter mit nach oben gestreckten Daumen.

Auch Sikosi Mji beschloß, Guerillakämpferin zu werden. Sie ging mit einem geborgten Paß über die Grenze nach Swasiland und traf dort mit einem Kontaktmann des ANC zusammen, der ihr weitere Instruktionen für die Reise gab. Dann schlug sie sich nach Moçambique durch. In Maputo nahm sie ein Zimmer in einem billigen Hotel und war freudig überrascht, als sie im Speisesaal ihren alten Freund Naledi Tsiki erspähte. Der ANC-Kontaktmann hatte sie instruiert, auf ihrer Reise keinen Bekannten anzusprechen. Doch die Versuchung, Tsiki zu begrüßen, erwies sich als unwiderstehlich. Auch Tsiki freute sich sehr über das Wiedersehen. Er schilderte ihr seine militärische Ausbildung und erzählte, daß er auf dem Rückweg nach Südafrika sei. Sikosi wünschte ihm viel Glück und sagte, auch sie werde bald eine Guerillakämpferin sein.

In Tansania sagte man ihr jedoch, sie sei zu unreif und hitzköpfig, um gleich mit einer militärischen Ausbildung beginnen zu können. Stattdessen wurde die sympathische und redegewandte junge Frau dazu bestimmt, Oliver Tambo auf einer großen Vortragsreise durch die USA und Europa zu begleiten. „Nach den Ereignissen vom 16. Juni 1976 wird Südafrika nie wieder sein, wie es vorher war", erklärte Alfred Nzo, Generalsekretär der Exilorganisation des ANC, vor der Generalversammlung der Vereinten Nationen. Sikosi Mji fügte hinzu: „Unsere Gegner sind uns weit überlegen, aber wir sind bereit, jedes Opfer zu bringen. Helfen Sie uns, den Sieg der Gerechtigkeit zu beschleunigen, indem Sie uns ermöglichen, dem Feind wenigstens halbwegs ebenbürtig gegenüberzutreten."

Während Sikosi und die ANC-Führer die Welt über das ungerechte System der Apartheid informierten, starb Steve Biko im Polizeigewahrsam in Pretoria. Er war geschlagen und gefoltert worden. Nach seinem Tod holten die Sicherheitskräfte zu einem schweren Schlag aus. Dutzende von Apartheidsgegnern wurden eingesperrt, zahlreiche Organisationen und Menschen wurden gebannt, weil man sie mit dem Schüleraufstand in Verbindung brachte. Zu den Betroffenen gehörte auch Winnie Mandela. Sie wurde in die kleine Stadt Brandfort im Oranje-Freistaat verbannt.

Als Mji nach Afrika zurückkehrte, war ihr Freund Naledi Tsiki in Haft und stand wegen seiner Mitgliedschaft in der Guerillagruppe „Pretoria Twelve“ vor Gericht. Die Anklage lautete auf Unterstützung der Untergrundarbeit des ANC und Teilnahme an einer Verschwörung zum gewaltsamen Sturz der Regierung. Zu der Gruppe gehörten sowohl ältere schwarze Nationalisten wie der 67jährige Martin Ramokgadi als auch junge Männer, die während des Schüleraufstands das Land verlassen hatten. Sechs Gruppenmitglieder wurden freigesprochen, Tsiki wurde verurteilt. „Der African National Congress“, erklärte er vor Gericht, „hat vierzig Jahre lang gewaltfrei für die Freiheit der Schwarzen gekämpft. Deputationen, Delegationen und friedliche Demonstrationen waren damals an der Tagesordnung … Es ist ein schreckliches Unglück, Euer Ehren, daß auf diese gewaltlosen Aktionen in der Regel mit der repressiven Zurschaustellung von Macht und Gewalt reagiert wurde … Trotzdem hat unser Volk unter der Führung des ANC den Kampf mit gewaltfreien Mitteln fortgesetzt … bis der ANC verboten und in den Untergrund gezwungen wurde.“

Bei der Urteilsverkündung stand Tsiki in Ketten vor der Anklagebank. Als er hörte, daß er die nächsten 14 Jahre auf Robben Island verbringen mußte, hob er die geballte Faust und rief *„Amandla!“*, und die Schwarzen auf der überfüllten Galerie antworteten: *„Ngawethu!“*

Im Juni nach Tsikis Verurteilung, genau zwei Jahre nach dem Schüleraufstand in Soweto, wurde Solomon Mahlangu als erster Guerilla des ANC zum Tode verurteilt. Er war nach einer Schießerei in der Gogh Street in Johannesburg verhaftet worden und saß seit einem Jahr in der Todeszelle. Seine Freunde hatten versucht, ihn durch eine internationale Kampagne vor dem Galgen zu retten. Sein Name, der monatelang in der nationalen und internationalen Presse Schlagzeilen gemacht hatte, war für viele Weiße der Inbegriff einer besonders verhaßten Existenz, der des bewaffneten Terroristen, während er für Schwarze ein Symbol war für das, was sie am meisten verehrten: den Freiheitskämpfer.

Als Mahlangu am 6. April 1979 hingerichtet wurde, war er für die Schwarzen ein Held. Seine Beliebtheit war so groß, daß die Polizei ihn heimlich beerdigen ließ. Sein Begräbnis sollte nicht zum Auslöser jener explosiven Spannungen werden, die nach Pik Botha „in den Townships unter der Oberfläche liegen". Während auf dem Mamelodi-Friedhof Tausende von Trauernden auf den Toten warteten, wurde er heimlich nach Atteridgeville gebracht und in einem namenlosen Grab verscharrt.

Die dadurch ausgelöste Empörung wurde durch einen Gefängnispsychiater noch verschärft. Dieser behauptete, Mahlangu habe „Angst" vor dem Sterben gehabt. Mahlangus Mutter erklärte dazu: „Für mich ist der Bericht [des Psychiaters] reine Propaganda. Sie soll den Jugendlichen angst machen, die in die Fußstapfen meines Sohnes treten wollen." Es wäre fast zu einem Ausbruch von Gewalt gekommen, hätte nicht Reverend Nyathi, der Mahlangu die Sterbesakramente gespendet hatte, bezeugt, daß Mahlangu aufrecht und lächelnd den ANC-Gruß gesprochen habe und ungebeugt zum Galgen gegangen sei.

13

Gewalt und Gegengewalt: Die achtziger Jahre

Die Idee, den Protest innerhalb Südafrikas in einer neu zu bildenden Volksfront statt einer politischen Organisation zu vereinen, wurde im ANC zum ersten Mal 1981 diskutiert. Zwei Jahre später veröffentlichte die Regierung den Entwurf einer neuen Verfassung. Mischlingen und Indern wurde darin eine gewisse Mitsprache bei der Gesetzgebung eingeräumt, die Schwarzen aber blieben weiterhin ausgeschlossen. Dr. Allan Boesak, ein prominenter farbiger Priester und damals Präsident des Reformierten Weltbundes in Genf, veranstaltete dazu eine Kundgebung in Mitchells Plains, einem Township in der Nähe von Kapstadt. Es erschienen 12 000 begeisterte Menschen. Viele hatten das Freiheitsmanifest des ANC dabei und zeigten die ANC-Flagge. Delegierte von etwa 300 bürgerlichen Vereinigungen, Kirchen, Gewerkschaften, Studentenorganisationen und Sportvereinen schlossen sich zur United Democratic Front (UDF) zusammen, dem größten gegen die Apartheid gerichteten Bündnis, das es in Südafrika je gegeben hatte.

Die Ziele der UDF unterschieden sich von denen des ANC nur durch das Bekenntnis zur Gewaltlosigkeit, und sie wurden sowohl von den ANC-Mitgliedern im Untergrund als auch von vielen Angehörigen der Black-Consciousness-Generation der siebziger Jahre unterstützt. Der 69jährige Archibald Gumede, ein ANC-Veteran, dessen Vater Josiah 1912 den ANC mitgegründet hatte, wurde zum Präsidenten der neuen Dachorganisation gewählt. Boesak, Nelson Mandela, Govan Mbeki, Walter und Albertina Sisulu und Helen Joseph wurden zu Schirmherren der UDF gewählt.

Generalsekretär war der 34jährige Popo Molefe. Seine Eltern waren so arm gewesen, daß sie ihn erst mit 10 Jahren zur Schule hatten schicken können, und seine Kindheit war von permanentem Hunger geprägt gewesen. Molefe mußte am Bahnhof Erdnüsse verkaufen, um seinen Lebensunterhalt zu verdienen, außerdem arbeitete er als Caddie in einem Golfclub und packte Päckchen für die Kunden eines Super-

Die Idee, den Protest innerhalb Südafrikas in einer neu zu bildenden Volksfront statt einer politischen Organisation zu vereinen, wurde im ANC zum ersten Mal 1981 diskutiert. Zwei Jahre später veröffentlichte die Regierung den Entwurf einer neuen Verfassung. Mischlingen und Indern wurde darin eine gewisse Mitsprache bei der Gesetzgebung eingeräumt, die Schwarzen aber blieben weiterhin ausgeschlossen. Dr. Allan Boesak, ein prominenter farbiger Priester und damals Präsident des Reformierten Weltbundes in Genf, veranstaltete dazu eine Kundgebung in Mitchells Plains, einem Township in der Nähe von Kapstadt. Es erschienen 12 000 begeisterte Menschen. Viele hatten das Freiheitsmanifest des ANC dabei und zeigten die ANC-Flagge. Delegierte von etwa 300 bürgerlichen Vereinigungen, Kirchen, Gewerkschaften, Studentenorganisationen und Sportvereinen schlossen sich zur United Democratic Front (UDF) zusammen, dem größten gegen die Apartheid gerichteten Bündnis, das es in Südafrika je gegeben hatte.

Die Ziele der UDF unterschieden sich von denen des ANC nur durch das Bekenntnis zur Gewaltlosigkeit, und sie wurden sowohl von den ANC-Mitgliedern im Untergrund als auch von vielen Angehörigen der Black-Consciousness-Generation der siebziger Jahre unterstützt. Der 69jährige Archibald Gumede, ein ANC-Veteran, dessen Vater Josiah 1912 den ANC mitgegründet hatte, wurde zum Präsidenten der neuen Dachorganisation gewählt. Boesak, Nelson Mandela, Govan Mbeki, Walter und Albertina Sisulu und Helen Joseph wurden zu Schirmherren der UDF gewählt.

Generalsekretär war der 31jährige Popo Molefe. Seine Eltern waren so arm gewesen, daß sie ihn erst mit 10 Jahren zur Schule hatten schicken können, und seine Kindheit war von permanentem Hunger geprägt gewesen. Molefe mußte am Bahnhof Erdnüsse verkaufen, um seinen Lebensunterhalt zu verdienen, außerdem arbeitete er als Caddie in einem Golfclub und packte Päckchen für die Kunden eines Supermarkts. Einmal, es war 1964, mußte er barfuß durch einen Schneesturm zur Schule stapfen. Als Sprecher der Vertrauensschüler der Naledi-High-School in Soweto hatte er 1976 bei dem Schüleraufstand eine führende Rolle gespielt und war in der Folge sieben Monate interniert gewesen.

Die Mitglieder der UDF stellten einen repräsentativen Querschnitt jener Menschen dar, die sich seit den frühen vierziger Jahren im Befreiungskampf engagiert hatten: Zollie Malindi, 59, war auf dem Volkskongreß in Kliptown mit der einzigen Xhosa-Übersetzung des Freiheitsmanifests vor der Polizei geflohen. Edgar Ngoyi, 57, war eine der wichtigsten Kontaktpersonen des Umkhonto we Sizwe in der östlichen Kap-Provinz gewesen, bis 1963 das ANC-Hauptquartier in Rivonia ausgehoben wurde. Murphy Morobe, 27, und Stone Sizane, 29, waren typische Führer des Aufstands von Soweto. Sie waren früher für die rassische Exklusivität der Black-Consciousness-Bewegung eingetreten, hatten sich jedoch später dem ANC angeschlossen und dessen nichtrassisch orientierte Politik akzeptiert. Morobe war von seinen Mitgefangenen auf Robben Island von der politischen Linie des ANC überzeugt worden, und Sizanes Einstellung hatte sich geändert, als er regelmäßig die Sendungen hörte, die der ANC über Radio Freedom in Lusaka ausstrahlte.

Die UDF rief Weiße und Schwarze zum gemeinsamen Kampf gegen die Apartheid auf und forderte in einer Reihe von Kampagnen die Wähler auf, gegen den Verfassungsentwurf der Regierung zu stimmen. Dieser sah drei nach Rassen getrennte Kammern im Parlament vor und einen Staatspräsidenten mit noch mehr politischer Macht als Premierminister Pieter P. W. Botha. Bei der Abstimmung entschieden die Wähler sich mit einer Zweidrittel-Mehrheit für die neue Verfassung. Botha konnte seinen Triumph nicht verbergen, als er erklärte: „Die Wähler haben sich für den Weg der evolutionären Reformen entschieden." Der Führer der größten Gruppe des rechten Flügels weißer Reformgegner, Dr. Andries Treurnicht von den Konservativen, kritisierte wütend das Ergebnis und sagte, es werde der Herrschaft der Weißen als einer souveränen Nation in Südafrika „ein Ende setzen".

Anfang des nächsten Jahres gelang es Botha, der Befreiungsbewegung einen weiteren Schlag zu versetzen. Er gab bekannt, daß er geheime Gespräche mit Samora Machel, dem marxistischen Staatschef Moçambiques, geführt und mit ihm einen Sicherheitspakt, das Nkomati-Abkommen, geschlossen hatte. Darin verpflichtete sich Machel, Moçambique dem ANC nicht mehr als Basis für Guerilla-Angriffe auf Südafrika zur Verfügung zu stellen. Im Gegenzug versprach Botha, die 10 000 Mann starke Widerstandsbewegung Moçambique National Resistance (MNR) nicht mehr zu unterstützen, die seit fünf Jahren Machels Land verwüstete.

Die UDF konzentrierte in der Folgezeit ihre Aufmerksamkeit auf aktuelle Dinge. Sie begann den Widerstand gegen eine neue Form der lokalen Verwaltung der Townships zu organisieren. Die Regierung hatte in jüngerer Zeit schwarze Stadträte ernannt und sie beauftragt, Steuern und Mieten einzutreiben und Bierhallen und andere Service-Einrichtungen zu betreiben. Da die neue Verwaltung rentabel arbeiten mußte, kamen die Stadträte bald in Schwierigkeiten. Sie mußten die Mieten und die Kosten für die Serviceleistungen erhöhen, um ihre Unkosten zu dekken, und damit brachten sie die Bewohner der Townships gegen sich auf. Südafrika litt unter der schwersten wirtschaftlichen Rezession seit 50 Jahren, begleitet von einer hohen Inflationsrate und einer schlimmen Dürreperiode in den ländlichen Gebieten. Die Wut der Schwarzen wuchs. „Die Leute wissen sich nicht mehr zu helfen“, warnte Black Sash, eine Bürgerrechtsbewegung. „Sie wissen nicht mehr, wovon sie leben sollen.“ Zusammen mit der nach wie vor bestehenden Erbitterung über das minderwertige Ausbildungssystem führte dies zu einer Zuspitzung der Lage.

Ende 1984 kam es in den Townships zu ersten Ausbrüchen von Gewalt, die schnell auf das ganze Land übergriffen. Die Gewalt entzündete sich an lokalen Problemen und wurde von Tausenden schwarzer Jugendlicher weitergetragen, die sich „Genossen“ nannten. Diese verstanden sich selbst als die Vorhut der Revolution und griffen die Polizei und die Armee mit Steinen und selbstgebastelten Benzinbomben an.

Zur ersten von mehreren schweren Auseinandersetzungen kam es am 3. September 1984 im Vaal-Dreieck, an dem Tag, an dem P. W. Botha als erster Staatspräsident des Landes vereidigt wurde. In Sharpeville zerstörten randalierende Genossen aus Protest gegen die Erhöhung der Mieten Häuser. Dann prügelten sie den stellvertretenden Bürgermeister zu Tode und töteten noch drei weitere Stadträte. Zahlreiche Gebäude wurden angezündet, fünf weitere Menschen wurden vom randalierenden Mob der Demonstranten getötet. Im benachbarten Township Eaton richtete sich die Zerstörungswut gegen indische Läden.

Am Ende der Woche waren 31 Menschen tot und mindestens 300 verletzt. Die Begräbnisse der Opfer boten Anlaß für weitere Protestdemonstrationen und Krawalle. Auch die Häuser schwarzer Stadträte wurden weiterhin angegriffen.

Im Oktober startete die Regierung eine massive Offensive. Sie schickte eine Streitmacht von 7 000 Polizisten und Soldaten in das Township Sebokeng bei Sharpeville. Auf der Suche nach „kriminellen und revolutionären Elementen" wurden rund 20 000 Häuser durchsucht und 350 Personen festgenommen. Armee-Einheiten wurden im Township stationiert, was die Spannungen noch verschärfte und den Genossen einen Anlaß für weitere Protestaktionen verschaffte.

Die UDF und eine Reihe von Gewerkschaften organisierten für den 5. November eine massive Arbeitsniederlegung in Transvaal. Zeitgleich damit sollte ein Boykott der Schulen stattfinden. Die Forderungen der Streikenden waren: Abzug des Militärs aus den Townships, Rücktritt der Stadträte, Einfrieren der Mieten und Bustarife sowie die Freilassung der politischen Gefangenen und Internierten. Es war der erfolgreichste Streik seit über 30 Jahren. Handel und Industrie wurden schwer geschädigt, weshalb die Regierung sich plötzlich einer nie dagewesenen Kritik von seiten der Geschäftswelt ausgesetzt sah. „Noch nie in der neueren Geschichte dieses Landes", schrieb die einflußreiche *Financial Mail,* „waren sich die Geschäftsleute so einig in ihrer Ablehnung der Regierung und ihrer sozialen und politischen Maßnahmen." Trotzdem wurden 6 000 der 800 000 Beschäftigten, die nicht an ihrem Arbeitsplatz erschienen waren, von ihren Arbeitgebern entlassen, ein weiterer Grund für Protestaktionen.

Erst gegen Ende des Jahres trat in den Townships eine gespenstische Ruhe ein. Bis zu diesem Zeitpunkt waren 160 Menschen getötet und viele Hunderte verletzt worden, davon die meisten durch die Sicherheitskräfte. Über 1 000 Personen waren eingesperrt worden. Im Jahr zuvor hatte es nur 453 Inhaftierungen ohne Gerichtsverfahren gegeben. „Die Lage ist weiterhin gespannt, und die Unruhen werden wieder aufflammen", sagte Helen Suzman, eine erfahrene liberale Politikerin.

Die gewaltsamen Auseinandersetzungen in Südafrika beherrschten monatelang die Schlagzeilen der internationalen Presse. Botha geriet immer mehr unter Druck, die Schwarzen durch echte Zugeständnisse zu befrieden. Er bot schließlich an, Mandela aus dem Gefängnis zu entlassen, vorausgesetzt, der ANC-Führer erklärte sich damit einverstanden, „keine Gewaltakte mit politischer Zielsetzung zu planen, zu veranlassen, oder zu begehen".

Mandelas Antwort wurde von seiner Tochter Zinzi vor einer 9 000köpfigen Menschenmenge im Jabulani-Stadion von Soweto verlesen: „Ich kann und will keine Zusagen machen, solange mir und euch, dem Volk, die Freiheit nicht zugestanden wird … Was für eine Freiheit bietet man mir an, wenn ich eine Erlaubnis einholen muß, um in einem städtischen Wohngebiet leben zu können? Was für eine Freiheit bietet man mir an, wenn ich in meinem Paß einen Stempel brauche, um auf Arbeitssuche gehen zu können? … Nur freie Menschen können verhandeln. Gefangene können keine Verträge abschließen … Eure und meine Freiheit sind nicht voneinander zu trennen."

Botha erklärte später vor dem Parlament: „Es ist … nicht die südafrikanische Regierung, die jetzt einer Freilassung Mandelas im Wege steht. Es ist Mandela selbst."

Eine Woche später flammte die Gewalt wieder auf, diesmal in Crossroads, einem wuchernden Lager von Siedlern am Stadtrand von Kapstadt. Dort hatten sich obdachlose Schwarze und Mischlinge im Laufe von zehn Jahren Hütten aus Brettern, flachgeklopften Benzinfässern, Pappkartons und Plastiktüten gebaut. Das Lager wurde oft von der Polizei durchsucht. Sie versuchte, die Bewohner zur Rückkehr in ihre Homelands zu zwingen, wo es keine Arbeitsplätze gab. Als nun das Gerücht aufkam, die Regierung wolle die 60 000 Bewohner von Crossroads zwangsumsiedeln, verwandelte sich das Lager in ein flammendes Inferno. Die Siedler errichteten Barrikaden aus Möbeln, alten Autos und Bergen von Müll und blockierten damit die Eingänge ihrer Siedlung. Dann setzten sie die Barrikaden in Brand und warteten auf die Ankunft der Räumungskommandos.

Die Polizei wurde von 3 000 Demonstranten empfangen. Viele riefen im Chor den ANC-Slogan *„Amandla!"* und warfen mit Steinen. Die Polizisten feuerten Gummigeschosse in die Menge und veranstalteten eine Hetzjagd auf die fliehenden Demonstranten. Es kam zu zahlreichen Straßenschlachten, bis sich die Beamten schließlich zurückzogen; 26 Polizisten waren verletzt, 18 Siedler waren tot und etwa 250 verwundet.

Kurz darauf führte die Regierung einen landesweiten Schlag gegen ihre Gegner, besonders gegen Mitglieder der UDF. Siebzig Häuser und

Büros wurden gestürmt, Hunderte von Aktivisten wurden festgenommen und interniert, und einige wurden des Hochverrats angeklagt.

Den Behörden war klar, daß am 25. Jahrestag des Massakers von Sharpeville Demonstrationen zu erwarten waren. Auch ihr Versuch, solchen „Unruhen" durch ein Verbot öffentlicher Versammlungen entgegenzuwirken, würde daran nichts ändern. In Langa, einem schwarzen Township bei Port Elizabeth, versammelte sich eine Menschenmenge in der Absicht, fünf Schwarzen das letzte Geleit zu geben. Diese waren am Wochenende zuvor bei Zusammenstößen mit weißen Polizeieinheiten im Rahmen eines Boykotts von Geschäften, Bussen und Fabriken getötet worden. Die Prozession schwoll auf etwa 4 000 Teilnehmer an, und aus dem Trauerzug wurde schließlich ein Protestmarsch zum Gedenken an Sharpeville.

Auf der Straße von Langa nach Uitenhage, einer weißen Stadt, wurden die Demonstranten durch Polizeifahrzeuge gestoppt. Der verantwortliche Polizeioffizier forderte die Menge über Megaphon auf, nach Hause zu gehen. Als sie sich trotzdem weiter vorwärtsbewegte, ließ er einen Warnschuß abfeuern, der vor den Anführern des Zuges in den Boden einschlug. Die Menge ignorierte ihn und drängte vorwärts. Der junge Leutnant, der die Polizeieinheit befehligte, geriet in Panik und befahl seinen Leuten zu feuern. Neunzehn Menschen starben im Kugelhagel.

Die Schüsse von Uitenhage riefen eine Welle der Gegengewalt hervor und etablierten damit ein Muster, das sich noch über ein Jahr lang wiederholen sollte: Repression führte zu Gewalt, Gewalt zu neuer Repression, ein blutiger Teufelskreis, der durch weitere Ursachen der Gewalt verschärft wurde: Einige Genossen beschlossen, die Aktivität der Polizeiinformanten einzudämmen, indem sie bekannte Kollaborateure ermordeten. Nach den Schüssen von Uitenhage töteten wütende Menschenmengen in Townships bei Langa sieben Schwarze, die unter dem Verdacht standen, der Polizei zu helfen. Einer der Vorfälle war besonders brutal: Die Menge erschlug einen schwarzen Stadtrat, seinen Sohn und zwei seiner Angestellten und zündete dann sein Haus an. Später schleiften sie die verbrannten Leichen aus dem Haus und tanzten um sie herum. „Dieses Land reißt sich selbst in Stücke", schrieb die *Rand Daily Mail*. „Wir schreiben unsere Geschichte mit Blut." Ende März, etwas über ein Jahr, nachdem die Unruhen in den Townships ausgebrochen waren, waren 250 Menschen ums Leben gekommen.

Im Juni 1985 berief der ANC in Kabwe in Sambia eine Nationale Konferenz ein, um seine politische Strategie zu überprüfen. Die Auswertung des vergangenen Jahrzehnts ergab, daß der ANC seit dem Aufstand der Schulkinder von Soweto beträchtliche Erfolge erzielt hatte. Es war ihm gelungen, in Südafrika allgegenwärtig zu sein. Umkhontos Sabotageakte auf Regierungsgebäude und -einrichtungen hatten dem ANC die Unterstützung der Jugend der Townships, die sich ihm entfremdet hatte, wiedergegeben. Auch der breite legale Protest in Südafrika hatte sich um Symbole und Parolen des ANC zusammengefunden. Die Schwäche des ANC, darin waren sich die Delegierten einig, lag in einer internen Organisation, die nicht effizient genug war, diese Popularität voll auszunutzen.

Die „bewaffnete Propaganda" des Umkhonto war von einigen hundert Guerillas getragen worden, die hauptsächlich im Ausland ausgebildet worden waren. Das Nkomati-Abkommen hatte die Nachteile einer solchen Kampagne vor Augen geführt, die ihre Aktivisten über die Grenze schleusen mußte. Die ANC-Konferenz beschloß für die Zukunft eine neue Strategie, die mehr Gewicht auf den „Volkskrieg" legen sollte, ein Programm zur Bewaffnung der Massen. Der ANC wollte besonders die militanten Jugendlichen organisieren und führen, um sich die Energien der autonomen Aufstandsbewegung zunutze zu machen, die in den Monaten nach der Erhebung am Vaal im Vorjahr bei den Straßenkämpfen zwischen den Bewohnern der Townships und der Polizei entstanden waren.

Die Konferenz diskutierte ausführlich die Frage, welche Ziele Umkhonto angreifen sollte. Unter Vorsitz von Oliver Tambo, der einmal gesagt hatte, er persönlich habe eine solche Abscheu vor Gewalt, daß „ich sogar die Insekten aus dem Bad entferne", beschloß man, nicht mehr so stark wie bisher auf die Vermeidung ziviler Opfer zu achten. Ein solcher Beschluß wurde nicht zuletzt deshalb gefaßt, weil das frühere Verbot, „weiche" Ziele anzugreifen, kaum aufrechterhalten werden konnte, wenn der bewaffnete Kampf nicht mehr ausschließlich von disziplinierten Guerillas des MK getragen wurde, sondern auch von schlecht ausgebildeten Straßenkämpfern aus den Townships.

Obwohl die Lage in Südafrika explosiv blieb, zögerten die weißen Rassisten nicht, auch noch Öl ins Feuer zu gießen. Sie waren entsetzt, als Botha im April das Apartheid-System reformierte und die Gesetze gegen Mischehen und Unmoral abschaffte (die beiden Gesetze hatten Ehe und Geschlechtsverkehr zwischen Menschen verschiedener Hautfarbe verboten). Eugene Terre Blanche, der Führer der erstarkenden Afrikaanse Weerstandsbeweging (AWB), die Südafrika weiß halten wollte, erklärte: „Für mich ist die Apartheid das fairste und gerechteste Prinzip der Welt. Sie ist die einzige Möglichkeit, wie zwei gegensätzliche Kulturen ohne Reibung und Konflikt nebeneinander bestehen können ... Die Regierung und nur die Regierung wird für die blutigste Revolution in der Geschichte Afrikas verantwortlich sein, weil sie Menschen zusammenzwingen will, die nicht zusammengehören. Der Afrikaander kann das nicht akzeptieren. Er wird sich mit aller Kraft zur Wehr setzen."

In den Townships wuchs die Erregung, als die Untersuchungskommission des durch die Polizei verursachten Massakers bei Uitenhage medizinische Gutachten vorlegte, aus denen hervorging, daß die meisten toten Demonstranten Schüsse in den Rücken erhalten hatten, genau wie 25 Jahre zuvor in Sharpeville.

Auch in der Regierungspartei war die Aufregung groß. Der Kongreß der Vereinigten Staaten hatte ein Gesetz verabschiedet, das wirtschaftliche Sanktionen gegen Südafrika vorsah, wenn nicht drastische Maßnahmen zur Reform des Apartheidsystems ergriffen würden. Das Repräsentantenhaus hatte sich über die Bedenken, die Präsident Reagan in den vorausgegangenen Monaten geäußert hatte, hinweggesetzt und mit einer Mehrheit von 295 zu 127 Stimmen für Sanktionen gestimmt, und es war zu erwarten, daß der Senat die Entscheidung später im selben Jahr bestätigen würde.

Botha, der angesichts der zunehmenden Ablehnung des Auslands bisher einen vorsichtigen Kurs des Ausgleichs verfolgt hatte, schwenkte nun plötzlich auf einen offenen Konfrontationskurs um. Mitte Juni machten südafrikanische Soldaten im Morgengrauen eine Razzia in sieben Wohnhäusern und einem Büro in der Hauptstadt Botswanas, eines benachbarten schwarzafrikanischen Staates. Ziel der Razzia waren ANC-Mitglieder, die in den vergangenen Monaten die Verantwortung für eine Reihe von Sabotageanschlägen in Südafrika übernommen hatten. Noch vor der Razzia war ein neun Mann starkes Kommando südafrikanischer Soldaten in Angola in einen Hinterhalt angolanischer Truppen geraten, ein Beweis, daß Südafrika einen von Amerika vermittelten Waffenstillstand verletzte. Washington reagierte empört und rief seinen Botschafter in Pretoria zu Konsultationen nach Hause. Botha kommentierte das Ereignis: „Wenn es in den Vereinigten Staaten Elemente gibt, die glauben, daß Südafrika von Amerika aus regiert werden kann, dann muß ihnen mit aller Deutlichkeit gesagt und deutlich gemacht werden, daß sie sich auf Konfrontationskurs mit der südafrikanischen Regierung und dem südafrikanischen Volk befinden."

Da die Zusammenstöße in den Townships während des ganzen ersten Halbjahrs von 1985 nicht aufhörten, beschloß die Regierung, hart durchzugreifen. In einer bizarren Public-Relation-Aktion prangerte das staatliche Fernsehen am 20. Juli in den 18-Uhr-Nachrichten das sogenannte „Halsband" an, eine besonders grausame Form der Lynchjustiz. Das „Halsband" war ein benzingefüllter Autoreifen, der dem Opfer um den Hals gelegt und angezündet wurde. Der barbarische Racheakt wird von militanten Schwarzen an Menschen vollzogen, die der Kollaboration verdächtig sind. Das Fernsehen zeigte, wie ein Mob von Schwarzen über eine junge schwarze Frau herfiel, nachdem ein Unbekannter aus der Menge sie durch einen lauten Ruf als „Informantin" denunziert hatte. Man warf mit Steinen auf sie, riß ihr die Kleider vom Leib und verbrannte sie schließlich bei lebendigem Leibe. Der Mord ereignete sich auf einer schwarzen Begräbnisfeier in Duduza bei Johannesburg. Einige Tage zuvor hatte dort Südafrikas bekanntester Geistlicher Bischof Desmond Tutu einen verängstigten Mann gerettet, der von einer wütenden Menge als Informant verdächtigt wurde. Man hatte sein Auto angezündet und wollte ihn in die Flammen werfen. Zwei Stunden nach der Sendung trat Botha im Fernsehen auf und sagte: „Diese Zustände können nicht länger geduldet werden." Dann verhängte er den Ausnahmezustand für die 36 Verwaltungsbezirke, in denen die schlimmsten Kämpfe tobten.

Mit neuen Vollmachten ausgestattet, startete die Polizei am Monatsende eine landesweite Säuberungsaktion. Sie stürmte ohne Vorwarnung Häuser, beschlagnahmte Besitz und verhaftete ohne Anklage Männer, Frauen und Kinder. In einigen Fällen wurden Aktivisten aufgefordert, das Township zu verlassen, in dem sie eine führende Rolle gespielt hatten, und sich in entfernten Landesteilen niederzulassen. Unter den Festgenommenen waren viele führende Geistliche und Gewerkschafter sowie einige Weiße. Die meisten standen mit der UDF in Verbindung. Obwohl die Zahl der Festgenommenen täglich wuchs, hörte jedoch die Gewalt in den Townships nicht auf. Der ANC-Radiosender Radio Freedom forderte die Aktivisten auf, „die Townships unregierbar zu machen". Führungspersönlichkeiten aus der zweiten Reihe der UDF traten an die Stelle der inhaftierten Männer und Frauen.

Allein in der Woche nach Ausrufung des Ausnahmezustands – des ersten Ausnahmezustands, seit die Schwarzen 1960 auf das Massaker von Sharpeville mit zivilem Ungehorsam reagiert hatten – starben 16 Schwarze bei Zusammenstößen mit der Polizei. Botha wurde von Beobachtern im In- und Ausland scharf angegriffen. Dr. Frederik van Zyl Slabbert, der Führer der Progressive Federal Party und ein Afrikaander, verlangte im Parlament eine Erklärung: „Ich möchte die Regierung fragen: Was um Himmels willen tun Sie da eigentlich?" Dr. Allan Boesak forderte Botha eindringlich dazu auf, mit den Schwarzen über Reformen zu verhandeln, und warnte, daß der Ausnahmezustand nur noch mehr Todesopfer fordern werde. „Die Tage, als die Gegner der Apartheid noch mit Gewalt unterdrückt werden konnten, sind vorbei", sagte er.

Die Regierung hatte freilich andere Lehren aus der Geschichte gezogen: Nach den Aufständen von Sharpeville und Soweto war es ihr 1960 und 1977 gelungen, den Aufstand der Massen durch die Verhaftung der Führer der Townships und durch das Verbot der Aktivisten-Organisationen unter Kontrolle zu bringen. Botha setzte auch jetzt auf diese Karte und mobilisierte sämtliche repressiven Kräfte, die ihm zur Verfügung standen.

Einige Wochen nach der Säuberungsaktion brachen in Soweto Unruhen aus. Das schwarze Township zählte über eine Million Einwohner und hatte bereits eine stürmische Vergangenheit gewaltsamer Aufstände hinter sich. Schüler stürmten die Stadtbusse und wollten zu dem Gericht gefahren werden, wo gegen mehr als 100 ihrer Kameraden wegen Abhaltung einer illegalen Demonstration verhandelt wurde. Diesmal erschien die Polizei zu Pferd, trieb die Demonstranten mit Tränengas und Gummigeschossen auseinander und nahm 500 Personen fest. Sie wurden bald danach wieder freigelassen und schlossen sich den Menschenmengen an, die inzwischen Gebäude anzündeten und Fahrzeuge mit Steinen bombardierten. Eine Orgie der Zerstörung brach los, die an die schlimmsten Tage von 1976 erinnerte.

Zu Beginn der dritten Woche des Ausnahmezustands waren bereits über 1 300 Schwarze interniert. Die Regierung erließ ein weiteres Verbot. Sie wollte den Begräbnissen ein Ende setzen, die Menschenmassen anzogen und sich zur einzigen legalen Demonstrationsmöglichkeit für

Schwarze entwickelt hatten. Auf Begräbnissen war immer wieder Widerstand artikuliert worden. Oft waren bis zu 50 000 Demonstranten anwesend. Sie sangen Freiheitslieder und schwangen ANC-Fahnen. Einmal wehte über den Trauernden auch die russische Flagge – sehr zum Entsetzen der weißen Fernsehzuschauer, die den entsprechenden Bericht im Fernsehen sahen.

Nach dem neuen Erlaß durften Begräbnisfeierlichkeiten für Schwarze nur noch in geschlossenen Räumen und nur noch für jeweils einen Toten gehalten werden. Sie mußten von einem ordinierten Priester geleitet werden, der nicht über Politik oder Sicherheitsmaßnahmen der Regierung reden durfte. Die Trauergäste durften nur noch mit Autos zum Begräbnis fahren; es war verboten, zu Fuß zu erscheinen. Fahnen oder Transparente durften nicht mitgeführt werden, und auch die Benutzung von Lautsprecheranlagen war verboten. Bischof Tutu, der 1984 den Friedensnobelpreis erhielt, warnte: „Ich glaube, die Behörden spielen wirklich mit dem Feuer. Sie beschwören willentlich neue Konflikte herauf mit einem Volk, das ohnehin schon mit bösartigen und drakonischen Gesetzen zu kämpfen hat. Ich habe Angst vor den möglichen Folgen. Ich habe Angst, daß es eines Tages zu einer Explosion kommt, die wir nicht mehr kontrollieren können. Wenn man den Deckel auf den Topf preßt, steigt der Druck im Topf."

Anfang August mißachtete Bischof Tutu das Verbot und führte in Daveyton einen Trauerzug zum Begräbnis zweier junger Frauen an, die bei einer Straßenschlacht im Township erschossen worden waren. Als die Polizei versuchte, den Zug aufzuhalten, änderte Tutu seine Taktik und verlegte sich auf demütiges Bitten, statt die Verantwortlichen offen herauszufordern, wie sie es von ihm gewohnt waren. „Bitte lassen Sie uns unsere Toten in Würde begraben", bat er die bewaffneten Polizeibeamten. „Bitte treten sie uns nicht in den Staub. Wir sind schon verletzt, wir liegen schon am Boden. Wir sind Menschen und keine Tiere. Und wenn es bei uns Tote gibt, dann weinen wir wie Sie." Die Reaktion der Polizei bestand darin, daß sie Busse für den Transport der Trauergemeinde zur Verfügung stellte. Nach der Feier ging Tutu auf den verantwortlichen Polizeioberst zu und sagte: „Sie waren beauftragt, unvernünftige Gesetze durchzusetzen, aber Sie haben sich vernünftig und anständig benommen. Ich möchte ihnen dafür danken." Als Tutu später Journalisten von dieser Begegnung berichtete, kommentierte er trocken: „Er hat salutiert, zweimal."

Der diplomatische Druck eskalierte. Zwölf europäische Länder folgten dem amerikanischen Beispiel und zogen wegen der Ausnahmebestimmungen in Südafrika und wegen Grenzverletzungen ihre Botschafter aus Pretoria zurück. Papst Johannes Paul II. sagte, die Apartheid laste schwer auf dem „Gewissen der Menschheit". Das amerikanische Repräsentantenhaus stimmte mit 380 zu 48 Stimmen für wirtschaftliche Sanktionen.

Botha schien nahe daran, Konzessionen zu machen, die das System der Apartheid unterminiert hätten. Doch dann änderte er plötzlich den Kurs und erklärte auf einem Provinzparteitag seiner Partei in Natal: „Reformen kommen nicht über Nacht. Wir lassen uns nicht von unverantwortlichen Elementen in Panik stürzen. Niemand kann uns zum Ausverkauf unseres stolzen Erbes zwingen." Ein Sprecher des Weißen Hauses artikulierte die Gefühle von Millionen Afrikanern, als er sagte, die Ereignisse in Südafrika seien von einer „Vertrauenskrise" bestimmt.

Seine Worte wurden vom Kurs des südafrikanischen Rand bestätigt. Der Rand hatte gegenüber dem US-Dollar rapide an Wert verloren: 1980 war 1 Rand noch 1,29 Dollar wert gewesen, nach Bothas Rede in Natal waren es nur noch 35 Cents. Weil ausländische Banken ihre kurzfristigen Kredite zurückzogen, verlor die Wirtschaft Südafrikas schätzungsweise eine Milliarde Dollar pro Monat. Ein New Yorker Bankier wurde in der Zeitschrift *Time* mit den Worten zitiert: „Seit der Abdankung des Schah im Iran ist kein Land mehr so schnell bei ausländischen Banken in Ungnade gefallen."

In den schwarzen Townships breiteten sich Trübsinn und Frustration aus. Die niedergedrückte Stimmung schlug in eine neue Welle der Gewalt um, als die Polizei über 700 Schulkinder festnahm, weil sie den Unterricht boykottiert hatten. Da ließ sich aus dem Hochsicherheitsgefängnis von Pollsmoor bei Kapstadt plötzlich Mandelas Stimme vernehmen. Er war 1981 von Robben Island dorthin verlegt worden. In einem seiner seltenen Interviews sagte Mandela einem Journalisten von der *Washington Times,* er sehe „keinen Raum für einen Kampf mit friedlichen Mitteln" und „keine Alternative" zur Gewalt. In einem früheren Interview, das mit Erlaubnis der Regierung ebenfalls von einem Amerikaner geführt worden war – er hatte darüber in der *New York Times* berichtet –, hatte Mandela drei Voraussetzungen für eine friedliche Lösung des südafrikanischen Konflikts genannt: Erstens ein vereinigtes

Südafrika ohne „künstliche Homelands", zweitens eine schwarze Vertretung in einem zentralen südafrikanischen Parlament, „nicht die Mitgliedschaft bei jener Art von Apartheid-Versammlungen, wie sie jetzt für Mischlinge und Asiaten eingerichtet worden sind", und drittens das allgemeine und gleiche Wahlrecht. Mandela bezeichnete die Aufhebung solcher Gesetze wie des Gesetzes gegen Ummoral als „Tropfen auf den heißen Stein". Er sagte weiter: „Offen gesagt bin ich nicht scharf darauf, eine weiße Frau zu heiraten oder in einem weißen Swimmingpool zu schwimmen. Das zentrale Problem ist die politische Gleichberechtigung."

Samuel Dash, der das Interview führte, schilderte Mandela als „einen großen, schlanken, gutaussehenden Mann, der viel jünger aussieht als sechsundsechzig. Er trägt sein eigenes, gutsitzendes Khakihemd und kurze Hosen anstatt der eigentlich vorgeschriebenen Gefängniskleidung aus blauem Köper. Er machte einen vitalen und gesunden Eindruck, und seine ruhige, selbstbewußte Art und die würdige Haltung schienen nicht in das Gefängnis zu passen ... Ich hatte das Gefühl, nicht mit einem Guerillakämpfer und radikalen Ideologen zu sprechen, sondern mit einem Staatsoberhaupt."

Was Dash besonders beeindruckte, war Mandelas Sensibilität gegenüber der Angst der Weißen vor einer Regierung der schwarzen Mehrheit. „Im Gegensatz zu den Weißen in anderen Ländern Afrikas", so Mandela, „gehören die Weißen in Südafrika hierher – hier ist ihre Heimat. Wir wollen, daß sie hier mit uns leben und die Macht mit uns teilen."

Im Hauptquartier des ANC in Lusaka waren Juristen und Wirtschaftsexperten eifrig damit beschäftigt, eine Verfassung zu entwerfen, in der die breiten Prinzipien des Freiheitsmanifests für die Zukunft konkretisiert werden sollten. Die Verfassung sollte einen Katalog von Grundrechten enthalten, verfassungsrechtlich abgesicherte Rechte für die Gewerkschaften und Gleichheit für die Frauen. Außerdem waren „korrektive Maßnahmen" zur Umverteilung des Reichtums vorgesehen. Dagegen ging der Entwurf nicht so weit, jene sozialistische Umstrukturierung der Gesellschaft zu fordern, die die weißen Geschäftsleute in Südafrika im Falle einer schwarzen Herrschaft immer gefürchtet und für unvermeidlich gehalten hatten. Im Gegensatz zum Freiheitsmanifest war nicht ausdrücklich von der Verstaatlichung der Minen, der Banken und der marktbeherrschenden Industrien die Rede. Vielmehr traten die Experten für eine gemischte Wirtschaft ein, in der „der Staat das Recht hat, den allgemeinen Rahmen des Wirtschaftslebens abzustecken“ und der private Sektor „verpflichtet ist, mit dem Staat bei der Realisierung der im Freiheitsmanifest formulierten Ziele zusammenzuarbeiten“. Das Wirtschaftsleben sollte um Kooperativen und kleine Familienbetriebe erweitert werden, und der Staat sollte eine Landreform durchführen.

Die politischen Bestimmungen des Verfassungsentwurfs sahen keinen föderalistischen Staat, sondern einen zentralistischen Einheitsstaat vor. Die lokalen Behörden sollten nicht autonom sein, sondern der Staat würde Rechte an sie delegieren. Der Entwurf betonte die Partizipation des Volkes auf allen Ebenen der Verwaltung und sah ein Mehrheitswahlrecht vor: Gewählt sollte der Kandidat eines Wahlkreises sein, der die meisten Stimmem erhielt. Außerdem sollte die Judikative dem Volk verantwortlich sein.

Im September 1985 wurde Steve Tshwete, einer der fähigsten Männer der neuen Generation von UDF-Führern, von der Sicherheitspolizei gefaßt. Er hatte seit Beginn des Aufstands in den Townships im Untergrund gearbeitet. Davor war er 15 Jahre lang auf Robben Island interniert gewesen. Tshwete war ein Riese von einem Mann und hatte einen wilden, impulsiven Charakter. Seine kühnen Aktionen hatten ihn unter den Genossen ungeheuer populär gemacht. Durch eine Polizeiverordnung war er aus seinem Wohnort King William's Town bei East London in die benachbarte Ciskei, ein verarmtes Homeland, verbannt worden. Er hätte Südafrika eigentlich nicht ohne Visum betreten dürfen, hatte den Bann jedoch schon seit Monaten ignoriert und in diversen Verkleidungen in der ganzen östlichen Kap-Provinz Kampagnen und Boykotts organisiert.

So war er zum meistgesuchten Mann in Südafrika geworden, und schließlich rieten ihm seine Mitstreiter, nach Sambia ins Exil zu gehen. „Idiotischerweise bin ich vorher noch zu meinem Haus in King William's Town gegangen, um mich von meinem Vater zu verabschieden“, erinnert Tshwete sich. „Als ich an jenem Abend das Haus betrat, warteten dort bereits vier Mitglieder der Sicherheitspolizei auf mich: Jetzt hatten sie mich also endlich sozusagen auf frischer Tat ertappt. Sie befahlen mir, im Nachbarzimmer ein paar Kleidungsstücke einzupacken. Während ich das tat, fuhr ein Freund von mir mit dem Auto vor. Er war sehr betrunken.

Ich sah, wie die Polizisten im Nachbarzimmer UDF-Plakate von der Wand rissen, lachten und auf Afrikaans Witze rissen. Sie waren sehr glücklich, daß sie mich gefaßt hatten. Dann taumelte mein Freund ins Zimmer, begann sie anzuschreien und zu beschimpfen und brüllte, sie sollten mich in Ruhe lassen. Einer der Polizisten schlug ihn, und ich kam aus dem Schlafzimmer und sagte: ‚Lassen Sie doch bitte diesen Mann in Ruhe, er ist betrunken, aber völlig unpolitisch.' Mein Freund setzte jedoch seine Schimpftirade fort und versuchte, einen der Polizisten zu schlagen. Es kam zu einer Rauferei, und plötzlich wurde mir bewußt, daß ich Gelegenheit hatte abzuhauen. Ich schoß durch die Tür und rannte auf die Grenze der Ciskei zu. Sie liegt nur etwa 100 Meter von meinem Haus entfernt. Ich erreichte einen Laden, der einem Freund von mir gehört, und er fuhr mich sofort zu einem Versteck."

Bevor Tshwete tatsächlich aus Südafrika floh, wagte er es noch, eine Rede auf einem der massenhaft besuchten politischen Begräbnisse zu halten. Dann rasierte er sich Haare und Bart ab, zog enge Jeans an, setzte sich eine Baseball-Mütze auf und lieh sich von einem Freund einen Sportwagen aus. Als er in Maseru, einem Grenzübergang nach Lesotho, vorfuhr, saß eine stark geschminkte junge Frau neben ihm. Sie sollte mit ihrer exotischen Aufmachung die Aufmerksamkeit der Grenzer von Tshwete ablenken. Der Trick funktionierte tatsächlich, aber erst nach stundenlanger nervenaufreibender Wartezeit, in der die südafrikanische Polizei Tshwetes gefälschte Dokumente aufs genaueste prüfte.

In der zwölften Woche des Ausnahmezustands kam Botha wieder auf Reformen zu sprechen. Er rief zu „kooperativer Koexistenz" in einer Konföderation ethnischer Gruppen auf, die jeweils für ihre „eigenen Angelegenheiten" verantwortlich sein sollten. Er war jedoch weiterhin der Ansicht, daß ein allgemeines und gleiches Wahlrecht in einem Einheitsstaat „die Diktatur der stärksten schwarzen Gruppe" bedeute und zu „... noch schlimmeren Kämpfen und noch mehr Blutvergießen" führen würde. In Lusaka verurteilte der ANC Bothas Vorschläge als „bedeutungslose Modifikationen des Apartheid-Systems", und das Massenblatt *Sowetan* schrieb: „So leicht kann die Apartheid nicht übertüncht werden. Wir sind nicht dumm."

Botha zeigte sich enttäuscht und klagte, daß seine reformerischen Initiativen nur den Ruf nach noch mehr Konzessionen provoziert hätten.

„Mehr als jeder andere nationale Führer", sagte er, „bin ich über meinen Schatten gesprungen, um gegenüber den anderen Gruppen Gerechtigkeit zu üben. Es gibt jedoch keine Anzeichen, daß dieser Geist der Gerechtigkeit überhaupt geschätzt wird."

Im Monat darauf kam es wieder zu Gewaltausbrüchen, nachdem Benjamin Moloise, ein junger Polsterer und Poet, im Zentralgefängnis von Pretoria gehenkt worden war. Er war wegen der Ermordung eines schwarzen Polizisten 1982 verurteilt worden, obwohl der ANC hatte verlauten lassen, der Mann sei von anderen, ungenannten Guerillas getötet worden. Moloise war leidenschaftlich im Befreiungskampf engagiert. In einem seiner Gedichte hatte er geschrieben: „Auf einen Sturm der Unterdrückung wird der Regen meines Blutes folgen / Ich bin stolz, mein Leben hinzugeben, mein einsames Leben." Die Nachricht von Moloises Tod löste in Soweto große Empörung aus, und Hunderte von Schwarzen zogen vier Stunden randalierend durch die Straßen von Johannesburg. Zwei Polizisten wurden niedergestochen. Eine Reihe von Passanten wurden ausgeraubt oder verprügelt, andere Weiße ergriffen in panischer Angst die Flucht. Dann ebbte die Wut ab. Sie flammte jedoch in verschiedenen Teilen des Landes wieder auf, als Moloises Mutter bekanntgab, sie habe mit Winnie Mandela stundenlang vor den Gefängnistoren gewartet. Man hatte ihr nicht erlaubt, Benjamin am Tag der Hinrichtung noch ein letztes Mal zu sehen.

In der Gegend um Kapstadt, wo die Unruhen besonders schwer waren, ereignete sich am 15. Oktober auf der Thornton Road in Athlone ein grausamer Vorfall. Bewaffnete Polizisten versteckten sich im Güterwagen eines Zuges und ließen sich durch eine Vorstadt fahren, in der schwarze Jugendliche mit Steinen auf Eisenbahnwaggons geworfen hatten. Die Polizisten wußten nicht, daß sie von einem ausländischen Fernsehteam gefilmt wurden. Auf der Hinfahrt gab es keinen Zwischenfall, aber auf der Rückfahrt wurde der Güterwagen tatsächlich mit Steinen beworfen. Die Beamten sprangen heraus und eröffneten das Feuer. Es gab vier Tote. Unter ihnen waren ein zwölfjähriger Aktivist und der völlig unbeteiligte Bewohner eines nahegelegenen Hauses. Die Medien schrieben von einem „Trojanischen Pferd", und die Bilder des Kamerateams waren schon Stunden nach den Schüssen und noch Monate danach auf den Bildschirmen der ganzen Welt zu sehen.

Der internationale Druck wuchs weiter. Präsident Kenneth Kaunda von Sambia warnte die führenden Staatsmänner der Welt auf der 40-

Jahr-Feier der Vereinten Nationen: „Wenn Sie keine Sanktionen verhängen, wird es Hunderttausende von Toten geben und [Ihre] Investitionen werden in Flammen aufgehen.“ Sechsundvierzig Mitgliedsstaaten des Commonwealth spendeten dem kanadischen Premierminister Applaus, als dieser drohte, die diplomatischen und wirtschaftlichen Verbindungen mit Südafrika abzubrechen, falls die Apartheid weiterhin aufrechterhalten würde.

In Pretoria zog die Regierung die Pässe von acht Afrikaander-Studenten ein, die zu Gesprächen mit dem ANC nach Lusaka hatten fahren wollen. Vorher hatten sich in der sambischen Hauptstadt bereits südafrikanische Geschäftsleute mit einer ANC-Delegation unter Leitung Oliver Tambos getroffen. Noch ein oder zwei Jahre zuvor wären solche Besuche selbst für die beteiligten Geschäftsleute und Studenten undenkbar gewesen. Einigen Weißen waren jedoch aus den Unruhen und dem Zusammenbruch der von der Regierung ernannten Stadträte in den Townships neue Einsichten erwachsen. Sie hatten eingesehen, daß die Regierung mit UDF-Mitgliedern verhandeln mußte, um die wirtschaftsschädigenden Verbraucherboykotts zu beenden, und daß der angedrohte Schulboykott nur abgewendet werden konnte, wenn die Bildungspolitiker der Regierung mit den Boykottkommitees der UDF verhandelten. Ihnen war klargeworden, daß es dem ANC tatsächlich gelungen war, die Townships unregierbar zu machen.

Die Regierung sah in der Kontaktaufnahme von Weißen zum ANC die Gefahr, daß dadurch Männer und Frauen zu öffentlichem Ansehen gelangten, die von ihr mit Vorliebe als Kommunisten und Mörder gebrandmarkt worden waren. Der ANC dagegen begrüßte die Entwicklung. „Wir finden es wichtig, daß [die Weißen] zu uns kommen und herausfinden, worum es dem ANC in Wirklichkeit geht“, sagte Joe Modise, der Befehlshaber des Umkhonto we Sizwe in Lusaka in einem seiner seltenen Interviews. „Ich glaube, einige von ihnen haben erwartet, Kommunisten mit Hörnern auf der Stirn zu begegnen, als sie hier ankamen. Aber sie fuhren in dem Bewußtsein wieder ab, Südafrikaner getroffen zu haben, die auch nicht anders sind als sie selbst.“

Die Debatte über Besuche weißer Geschäftsleute in Lusaka war auf dem Siedepunkt, als die Hardliner der weißen Wählerschaft Botha durch ihr Wahlverhalten zeigten, was sie von seinen Reformen hielten. Die Ergebnisse von fünf Nachwahlen in verschiedenen Landesteilen waren ein schwerer Rückschlag für ihn. Viele Wähler wandten sich Kandidaten der Rechten zu, die ihnen versprachen, die weiße Vorherrschaft in Reinform zu erhalten, bereits verabschiedete Reformen wieder aufzuheben und mit Polizei und Militär hart gegen schwarze Aufständische und Nachbarländer, die den ANC unterstützten, durchzugreifen.

Im Dezember 1985 wurde der Congress of South African Trade Unions (COSATU) gegründet. Er repräsentierte 34 Gewerkschaften mit 500 000 zahlenden Mitgliedern. An den Gesprächen zwischen den Einzelgewerkschaften, die dem Zusammenschluß vorangingen, waren führend beteiligt Jay Naidoo, Chris Dlamini, Cyril Ramaphosa und Sydney Mufamadi. Der 31jährige Naidoo, ein kluger ehemaliger Führer der Black-Consciousness-Bewegung, wurde zum Generalsekretär der neuen Dachorganisation gewählt. Dlamini war schon seit den siebziger Jahren gewerkschaftlich aktiv und Generalsekretär der 150 000 Mitglieder starken Bergarbeitergewerkschaft. Ramaphosa, ein charismatischer, bärtiger Anwalt, war während des Soweto-Aufstands von 1976 interniert worden. Mufamadi beteiligte sich vom Untergrund aus an der Gründung von COSATU, da er in seiner Eigenschaft als Sekretär für Öffentlichkeitsarbeit der UDF in Transvaal von der Polizei gesucht wurde. Schon seit vielen Jahren war es eines der wichtigsten Ziele des ANC gewesen, die sechs Millionen schwarze Arbeiter unter einem Dach zu organisieren. Obwohl COSATU die Vorstellungen des ANC von der Zukunft des Landes in vieler Hinsicht teilte, beschloß die Organisation, autonom zu bleiben. Sie war tatsächlich mehr eine politische Partei, da sie nicht nur gewerkschaftliche, sondern auch politische Reformen anstrebte. Obwohl sie von der Regierung wegen ihrer politischen Ziele verfolgt wurde und viele ihrer Führer interniert wurden, gelang es ihr in den folgenden Monaten durch Aktionen der von ihr organisierten Arbeitermassen, der Wirtschaft verheerende Schäden zuzufügen.

Zwei Tage vor Weihnachten 1985 explodierte im belebten Einkaufsviertel von Amanzimtoti, einem Urlaubsort an der Küste Natals, eine Bombe. Sie war in einem Mülleimer vor einer Eisdiele deponiert worden und tötete fünf Weiße, darunter ein zweijähriges Kind. Außerdem wurden 61 Menschen verschiedener Rassen verletzt. Oliver Tambo nahm in einem Interview Stellung zu dem Anschlag und bezog sich dabei auf seine frühere Warnung, daß unbewaffnete Zivilisten von den Umkhonto-Guerillas nicht mehr unbedingt verschont werden würden. Er sagte: „Wenn eine Kampfeinheit des ANC an mich herangetreten wäre und mich gefragt hätte, ob sie vor einem Supermarkt eine Bombe legen solle, hätte ich geantwortet: ‚Natürlich nicht.‘ Angesichts der Geschehnisse, mit denen unsere Kampfeinheiten täglich konfrontiert sind, kann ich jedoch verstehen, wenn einige von ihnen sagen: „Wir werden vom ANC vielleicht dafür gerügt, aber wir tun es trotzdem.“

Am Weihnachtstag kam es zwischen den Anhängern der beiden größten Gruppen, die unter den Schwarzen um die Vorherrschaft in der Politik rangen, zu einem blutigen Kampf mit Speeren, Knüppeln und Schußwaffen: 2 000 Zulu-Anhänger von Häuptling Gatsha Buthelezi kämpften gegen 3 000 Mitglieder des Stammes der Pondo, einem Brudervolk der Xhosa, die zum größten Teil Anhänger des ANC waren. Ursache des Konflikts waren historische Rivalitäten und Meinungsverschiedenheiten bezüglich der Anwendung von Gewalt im Befreiungskampf. Auch herrschte Uneinigkeit darüber, ob die Schwarzen in der Frage des allgemeinen Wahlrechts Kompromisse eingehen sollten oder nicht. Die Kämpfe am Weihnachtstag kosteten 58 Menschen das Leben – eine Zahl, die sich bis zum Ende der Kämpfe noch vervielfachen sollte.

In einer Rede zu Anfang des neuen Jahres versicherte Tambo, daß Südafrika „weiterhin unregierbar“ bleiben solle. Das Ziel des ANC sei „die Zerschlagung des Apartheid-Regimes und die Übertragung der Macht an das Volk“. Einen knappen Monat später demonstrierte die Regierung, wie mächtig sie immer noch war: Sie inszenierte einen Militärputsch in Lesotho. Die Regierung von Häuptling Leabua Jonathan wurde gestürzt, und Generalmajor Justin Lekhanya, der neue Regierungschef von Südafrikas Gnaden, begann sofort mit der Ausweisung militanter Mitglieder des ANC.

Während im Nachbarstaat der Putsch stattfand, wurden in Südafrika zwei weiße Polizisten von 500 Gewerkschaftern getötet, Die Polizei hatte eine Versammlung der Gewerkschafter auflösen wollen. Das in der Nähe gelegene schwarze Township wurde von Panzerfahrzeugen der Polizei abgeriegelt, und die Polizei internierte 68 Personen und nahm 250 weitere zum Verhör mit.

Der nächste Gewaltakt fand in Alexandra statt, einem Township, das ungewöhnlich nahe bei weißen Vorstädten liegt. Auf dem Rückweg vom Begräbnis zweier bei Zusammenstößen mit der Polizei umgekommener Schwarzer warfen Tausende von Trauergästen mit Steinen auf die Polizei. Das Township wurde daraufhin vom Militär abgeriegelt.

Ganze Lastwagenladungen von Soldaten besetzten die Verbindungsstraßen zu den weißen Wohnvierteln, und Hubschrauber donnerten über das Township hinweg. Vier Tage lang tobten die Straßenkämpfe, 23 Schwarze verloren dabei ihr Leben.

Danach trat in den Townships eine trügerische Ruhe ein. Im März, neun Monate nach der Ausrufung des teilweisen Ausnahmezustands, erklärte Botha, die Gewalt habe so stark abgenommen, daß er den Ausnahmezustand aufheben könne. Aber die Gewalt war nicht gebannt. Nur drei Wochen später starben 30 Schwarze bei Zusammenstößen mit der Polizei.

Im April wurden die verhaßten Paßgesetze aufgehoben und sämtliche Personen freigelassen, die aufgrund von Verstößen gegen diese Gesetze eingesperrt worden waren. Im vorausgegangenen Jahr waren über 100 000 Schwarze deshalb festgenommen worden. In Zukunft, so Botha, müßten Schwarze die gleichen Papiere bei sich tragen wie Weiße. Die Reform wurde in Washington als „ein Meilenstein auf dem Weg zur Abschaffung der Apartheid" gepriesen und vom renommierten Südafrikanischen Institut für Rassenbeziehungen als „die wichtigste Reform in Südafrika seit dem Zweiten Weltkrieg" bezeichnet. Die militanten Schwarzen waren freilich wenig beeindruckt. „Die Apartheid kann nicht reformiert werden", sagte ein Sprecher der UDF. „Sie muß ausgerottet werden." Allerdings konzedierte die Zeitung *Sowetan*, daß die Abschaffung der Paßgesetze „dem zugute kommt, auf den es am meisten ankommt – dem Mann auf der Straße".

Im Jahr 1986 eskalierte eine neue Form staatlich geförderter Gewalt: die Aktivität sogenannter „Vigilantes", Selbstschutzgruppen, die auf die Zerstörung von Organisationen und die Bekämpfung von Unternehmungen der Anti-Apartheid-Bewegung abzielte. Gruppen eigensüchtiger, reaktionärer Schwarzer, die gewillt waren, auf Kosten des Befreiungskampfes weißen Herren zu dienen, griffen militante schwarze Anhänger des ANC, der UDF, der COSATU und anderer Organisationen an. In einigen Fällen gab es sogar Tote. „Es gibt rechte Elemente in unserer Gemeinschaft", sagte Murphy Morobe, Wortführer der UDF. „Sie lassen sich von den Behörden dazu anstiften, sich dem Befreiungskampf in den Weg zu stellen." In Crossroads brachen brutale Kämpfe zwischen Vigilantes und Aktivisten aus, in deren Verlauf mindestens 32 Menschen getötet und Tausende von Baracken niedergebrannt wurden.

Durch die Todesopfer in Crossroads stieg die Zahl der Toten seit Beginn der gewalttätigen Auseinandersetzungen im September 1984 auf beinahe 1 500. Insgesamt waren 3 477 Häuser von Schwarzen, über 7 000 Busse und 10 000 andere Fahrzeuge beschädigt oder zerstört worden. Die Wiederherstellung des zerstörten öffentlichen Eigentums hatte den Steuerzahler über 200 Millionen Rand gekostet. Fast die Hälfte der schwarzen Kinder hatte an Schulboykotts teilgenommen. In der ersten Hälfte des Jahres 1986 stieg die Zahl der von Umkhonto we Sizwe verübten Anschläge auf 118 gegenüber 88 Anschlägen im zweiten Halbjahr 1985.

Die Gewalt hörte nicht auf. Vier Tage vor dem zehnjährigen Jubiläum des Sowetoaufstands, einem der wichtigsten Tage im Kalender der Schwarzen, führte die Regierung einen harten Schlag: In der Hoffnung, die Bewegung der 24 Millionen Schwarzen zermalmen und die Presse knebeln zu können, rief Botha den nationalen Ausnahmezustand aus. Journalisten durften zum Thema innere Sicherheit nur noch Materialien der Regierung veröffentlichen, und es war verboten, die Namen der über 3 000 schwarzen Aktivisten zu veröffentlichen, die sofort nach der Erklärung des Ausnahmezustands festgenommen und interniert worden waren. Dank der Pressezensur schien der 16. Juni ruhig zu verlaufen, zumindest mußte es jedermann außerhalb der Townships so scheinen.

Im Ausland gab es jedoch einen Aufschrei der Empörung über den Ausnahmezustand, durch den das Land praktisch unter Kriegsrecht gestellt wurde. In Paris zogen 1 000 Demonstranten zur südafrikanischen Botschaft, in Den Haag protestierten 5 000. Das Repräsentantenhaus der Vereinigten Staaten beschloß ein Handelsembargo gegen Südafrika für sämtliche Waren, die nicht als strategisch wichtig für die USA eingestuft waren. Während im Ausland die Empörung wuchs, wurde die Stimmung unter den Mitgliedern der südafrikanischen Regierung immer gereizter: Außenminister Pik Botha, der unter den Nationalisten als ein Gemäßigter galt, schimpfte über „eine westliche Welt, die krank ist. Unser Schicksal interessiert sie überhaupt nicht … [Sie] können uns wehtun, uns drohen und unserer Wirtschaft schaden, aber sie können uns nicht aus unserem Land vertreiben.“

Die liberale Zeitung *Business Day* kommentierte: „Nur wenige Südafrikaner und noch weniger Ausländer … haben begriffen, wie weitreichend die Veränderungen sind, die sich in unserem Land in den letzten

Wochen vollzogen haben … Die Falken im Kabinett haben sich schließlich durchgesetzt."

Es herrschte eine Pattsituation. Im Lauf der vergangenen Jahre hatte Botha oberflächliche Veränderungen an der Apartheid vorgenommen, aber seine Position war immer noch Lichtjahre entfernt von den Forderungen des ANC und von dessen Verbündeten. Diese bestanden auf der bedingungslosen Freilassung Nelson Mandelas und aller anderen politischen Gefangenen. Sie forderten die Legalisierung des ANC und aller anderen verbotenen politischen Gruppen und die Ersetzung der Drei-Kammern-Verfassung durch eine neue, die den Schwarzen das Wahlrecht einräumte.

In den zwei Jahren blutiger Auseinandersetzungen waren die Gegner der Regierung immer stärker geworden. Die Untergrundorganisation des ANC, die immer noch auf Mandelas M-Plan basierte, hatte ein landesweites Netz geheimer Zellen geschaffen, das sich von Straße zu Straße, von Township zu Township und von Provinz zu Provinz erstreckte. Durch die Gründung der UDF waren koordinierte landesweite Protestkampagnen möglich geworden. Dabei stellte die UDF zwar die Verbindung zwischen den kommunalen Organisationen her, die Verantwortung für konkrete Widerstandsaktionen wurde jedoch von den lokalen Organisationen getragen. UDF und COSATU waren aufgrund gleicher politischer Ziele in der Lage, gemeinsam zu planen, so daß Streiks am Arbeitsplatz und Boykotts in den Townships gleichzeitig ausgerufen werden konnten und eine optimale Wirkung erzielten. Das Ergebnis war eine nie dagewesene Unterstützung durch die Basis und eine landesweite Infrastruktur des Widerstands. Dieser trat zwar noch nicht in Erscheinung, weil die Aktivisten sich erst mit den repressiven Ausnahmegesetzen des Staates zurechtfinden mußten, er konnte jedoch nicht mehr lange auf sich warten lassen.

14

Die unmittelbare Zukunft

„Wer die Zukunft gestalten will", sagte Paul Kruger, der Feldherr der Afrikaander im Burenkrieg, 1904 auf seinem Totenbett, „darf die Vergangenheit nicht aus den Augen verlieren." Seine letzte Vision war die einer Vergangenheit und Zukunft, in der die Afrikaander gemeinsam für das Recht kämpften, Südafrika zu regieren. Unter Krugers Führung hatten sich die Buren den Briten nicht kampflos ergeben, sondern zu den Waffen gegriffen. Obwohl die Buren vorher untereinander Bürgerkrieg geführt hatten, einigten sie sich unter Kruger auf „ein gemeinsames Ziel", und wie er vorausgesagt hatte, bauten sie nach seinem Tod das wieder auf, „was jetzt in Schutt und Asche liegt". In seiner letzten Botschaft an sein Volk hatte Kruger noch einmal seinen Leitgedanken formuliert: „Nehmt euch in acht vor diesem Spruch: ‚Teile und herrsche.' Möge er nie für das Volk der Afrikaander gelten." Achtzig Jahre nach Krugers Tod trat ein, wovor er gewarnt hatte.

Im Jahr 1987 war Krugers Traum von der ewigen Einheit seines Volkes endgültig zerbrochen. Die Wahlergebnisse dieses Jahres zeigten, daß die Afrikaander sich in zwei Lager gespalten hatten: in diejenigen, denen klargeworden war, daß sie Südafrika nicht allein regieren konnten, und in die, die sich dem Wandel auch weiterhin wiedersetzten. Diese Spaltung, die kurzfristig eine ungute, konfliktreiche Zeit verhieß, bedeutete langfristig das Ende des dritten Reiches in der Geschichte Südafrikas. Zuerst hatten die Zulu ihre Macht an das britische Empire verloren, dann war die Herrschaft der britischen Kolonialisten von der Herrschaft der Afrikaander abgelöst worden. Von dem Augenblick an, als die Afrikaander nach Wegen suchten, die Macht mit jener Mehrheit zu teilen, der sie das Wahlrecht entzogen hatten, versuchten sie effektiv, politische Strukturen zu schaffen, welche die ihres 40 Jahre alten Reichs ersetzen würden.

Ob es dem African National Congress gelingen wird, das nächste Reich in Südafrika zu errichten, ist noch nicht abzusehen. Der Aufstand, der sich in den schwarzen Townships zwischen 1984 und 1986 wie ein Lauffeuer ausbreitete, war für die südafrikanische Staatsmacht nie eine wirkliche Gefahr. Er wurde mit Waffengewalt erstickt, und es brach eine Zeit an, in der Freiheit und Toleranz mißachtet wurden wie nie zuvor. Schärfste Pressezensur, Rechtsbruch und die langfristige Internierung Tausender von Aktivisten brachten die zerbrechlichen demokratischen Traditionen der weißen Regierung des Landes in tödliche Gefahr. Murphy Morobe, ein Funktionär der United Democratic Front, sah in einem Interview kurz vor seiner Verhaftung 1987 für mindestens ein Jahrzehnt keine Hoffnung auf entscheidende Veränderungen. „Wenn man sich die bestehenden Verhältnisse ansieht", sagte er, „kann man leicht zu dem falschen Schluß kommen, es bestehe keine Hoffnung, daß die demokratischen Kräfte je an die Macht kommen würden. Der Befreiungskampf dauert vielleicht noch weitere zehn oder fünfzehn Jahre – pessimistisch gesehen auch zwanzig. Trotzdem haben sich die Verhältnisse in den letzten fünfzehn Jahren in eine positive Richtung entwickelt."

Der ANC hat in den achtziger Jahren substantielle Fortschritte gemacht, gemessen an der Tatsache, daß er ein dreiviertel Jahrhundert lang ohne große Wirkung für eine Veränderung der Machtverhältnisse in Südafrika gekämpft hat. Er hat im Ausland nie dagewesene diplomatische Erfolge errungen und die Weltmeinung dahingehend verändert, daß sie nicht mehr die Alleinherrschaft der Weißen stützt, sondern den ANC für die einzige Macht hält, die mit den Weißen verhandeln kann, um den Konflikt in Südafrika zu beenden. Diese Übereinstimmung mit der Weltmeinung und die weltweite Abscheu vor der Apartheid hat den ANC in die Lage versetzt, wirtschaftliche Sanktionen und den Rückzug von Investoren zu forcieren, Umstände, die bis 1990 voraussichtlich zu einem Produktivitätsverlust von insgesamt 30 Milliarden Rand führen werden. Zu diesem Zeitpunkt wird jeder Südafrikaner, egal ob schwarz oder weiß, schätzungsweise ein Drittel ärmer sein, als das ohne die Sanktionen der Fall wäre.

Der Guerrillakrieg der Umkhonto we Sizwe erreichte 1988 einen Umfang, der die weiße Bevölkerung ernsthaft beunruhigte. Die gesteigerte Effektivität der Untergrundarbeit des MK und die Erfolge der Exilorganisation des ANC in Zusammenarbeit mit UDF und COSATU haben in weiten Kreisen der Bevölkerung eine militante Haltung erzeugt und dem ANC unter den konkurrierenden Black-Power-Gruppen eine

Vorrangstellung verschafft. Das weltweite Ansehen, das Nelson Mandela dank seiner Standhaftigkeit als Symbol des Befreiungskampfes genießt, hat wesentlich zu der erstaunlichen inneren Einigkeit der Befreiungsbewegung beigetragen. Wenn es Umkhonto gelingt, nach dem Verlust seiner Basen in Angola eine ausreichende Anzahl von Guerillas in Südafrika selbst zu trainieren, wird sich die Moral der Weißen weiter verschlechtern.

Trotzdem reichen all diese Fortschritte nicht aus, um eine Staatsmacht zu stürzen, die noch kaum begonnen hat, im Landesinneren ihre gewaltigen Muskeln spielen zu lassen. Eine schwarze Gegenmacht, die das südafrikanische Militär auf seinem eigenen Territorium herausfordern könnte, ist nirgendwo zu sehen. Der einzig mögliche Weg zu einem revolutionären Sieg der Schwarzen oder, wahrscheinlicher, zu einem in Verhandlungen erzielten und vom ANC widerwillig akzeptierten Kompromiß besteht darin, daß zuletzt der Widerstandswille der Weißen zerstört wird. Die Macht wird solange in den Händen der Weißen bleiben, bis die weißen Machthaber zu der Einsicht gelangt sind, daß es in ihrem eigenen Interesse liegt, auf die ungeteilte Macht zu verzichten. „Die Lage wird noch einige Zeit durch verschärfte Konflikte gekennzeichnet sein", sagt der Wortführer des ANC Thabo Mbeki. „Am Ende werden jedoch die vielen vernünftigen Weißen der falschen Hoffnungen und Versprechungen müde sein. Sie werden einsehen, daß die Entwicklung genau andersherum verläuft, als ihre Führer verkünden, und es wird sich die Einsicht durchsetzen, daß die Afrikaander nur in einem demokratischen Südafrika eine sichere Zukunft haben."

Bis es zu solchen Verhandlungen kommt, werden die weißen Herrscher Südafrikas auch weiterhin ausgewählten schwarzen Führern anbieten, eine Rolle in nationalen Angelegenheiten zu spielen. Einige von ihnen werden der Versuchung persönlicher Macht erliegen und schwarze Bürokraten mit Dienstwagen werden. Sie werden dem Beispiel Kaiser Matanzimas folgen, eines Vetters und Jugendfreunds von Nelson Mandela, der jahrelang an der Spitze der Bantu-Regierung der Transkei stand und zusammen mit seinem Bruder George 45 Millionen Rand veruntreut hat, und sie werden wie er als Verräter in die Geschichte des Befreiungskampfes eingehen. Dagegen wird es dem ANC vielleicht gelingen, ein taktisches Bündnis mit Häuptling Buthelezi zu schließen und damit die Entstehung eines ernstzunehmenden schwarz-weißen Machtblocks zu verhindern, da Buthelezi nahezu ein Drittel der schwarzen

Bevölkerung kontrolliert. Ein solches Bündnis wäre jedoch sehr zerbrechlich, und es wäre der Strategie des „Teile und herrsche“ der Regierung ausgesetzt, das auf der Basis ethnischer Gegensätze aufbaut. Die schwarze Bevölkerung bliebe gleichsam ihren eigenen Konflikten überlassen.

Vermutlich wird es noch mindestens ein Jahrzehnt dauern, bis die Afrikaander bereit sind, über substantielle Reformen bezüglich der politischen Rechte der Schwarzen zu verhandeln. Ein entscheidender Faktor, der sie zuletzt an den Verhandlungstisch zwingen wird, ist das immer stärkere zahlenmäßige Ungleichgewicht zwischen der weißen und der schwarzen Bevölkerung. In den Jahren vor den Verhandlungen werden die Schwarzen durch weitere Ausnahmegesetze und durch die Einschränkung der politischen Aktivität der Gewerkschaften der legalen Möglichkeiten des Protestes beraubt werden, wie sie bisher existierten. Dagegen wird die Regierung durch den Zustand der Wirtschaft unter Reformdruck geraten, wenn der Lebensstandard der weißen Bevölkerung, bedingt durch die Sanktionen und die permanente Inflation, weiterhin sinkt. Dazu kommen die hohen Kosten des andauernden Guerillakrieges des MK auf zivile und staatliche Ziele. Den Weißen wird immer klarer werden, daß die Gesetze der Wirtschaft und letztlich auch des physischen Überlebens mit den Gesetzen ihres Parlaments nicht vereinbar sind.

Die bei den Weißen bestehende Hoffnung, daß eine Steigerung des Lebensstandards der schwarzen Bevölkerung deren Streben nach politischer Macht abschwächen könnte, ist in einem Land, in das das Ausland nicht mehr investiert, unrealisitisch. „Ohne Investitionen des Auslands“, sagt Gavin Relly, Präsident der mächtigen Anglo-American Corporation, „wird Südafrika niemals in der Lage sein, die notwendigen Ressourcen aufzubieten, um seiner wachsenden Bevölkerung einen anständigen Lebensstandard und gute Chancen zu bieten.“ Die internationalen Wirtschaftssanktionen haben Südafrika die traurige Realität eines jährlich um 200 000 Personen steigenden Arbeitslosenheeres beschert. Eine derartige Massenarbeitslosigkeit wird Zehntausende von schwarzen Jugendlichen, die einander „Genossen“ nennen, jeglicher positiver Zukunftsperspektiven berauben. Sie werden nichts zu verlieren haben, wenn sie auf die Barrikaden gehen.

Die Schwarzen sind psychisch zur Konfrontation bereit. Ihre Verbitterung über die fehlenden Möglichkeiten des organisierten Protests während der erzwungenen Friedhofsruhe der späten achtziger und vermutlich auch frühen neunziger Jahre wird sich noch dadurch verschärfen, daß sich die Einstellung vieler Weißer verhärtet. Sie werden sich von den Reformstrategien der regierenden Nationalen Partei abwenden und zu den Konservativen überlaufen, die eine Erneuerung der Apartheid versprechen. Diese Entwicklung könnte sehr wohl das bisherige unerschütterliche Festhalten des ANC an einer nichtrassischen Politik in Gefahr bringen. „Wir müssen den bewaffneten Kampf verstärken", sagt Chris Hani, der Stabschef des Umkhonto we Sizwe, dessen Popularität bei der Basis des ANC ihn als einen aussichtsreichen Kandidaten für die künftige Führung des ANC erscheinen läßt. „Wenn uns das nicht gelingt, laufen wir Gefahr, die Unterstützung der jungen Schwarzen in den Townships zu verlieren."

Die schwankenden Sympathien der schwarzen Jugendlichen sind der unkalkulierbare Faktor im Befreiungskampf. Sie könnten eine Wiederbelebung der anti-weißen Ressentiments bewirken, wie sie der schon seit langem von der Bildfläche verschwundene Pan-Africanist Congress vertreten hat. Im Gegensatz zum ANC, der für eine gemischte Wirtschaft eintritt, hat sich der PAC kompromißlos für eine sozialistische Gesellschaftsordnung eingesetzt. Er stand damit jeder Lösung durch Verhandlungen feindlich gegenüber. Ein Wiedererstarken des PAC wäre ein ernsthaftes Hindernis auf dem Weg zu Verhandlungen zwischen wichtigen weißen und schwarzen Führern. Der Slogan der Armee des PAC, „Für jeden Siedler eine Kugel", und die Erklärung des Führers der Konservativen Partei, daß „es an der Zeit ist, daß wir statt Gummigeschossen und Schrot wirkliche Kugeln verwenden", haben eine unheilvolle Ähnlichkeit und lassen Schlimmes für die Aussicht auf Frieden in Südafrika befürchten.

„Wir haben hier gegenwärtig einen Polarisierungsprozeß, durch den sowohl die Rechte als auch die Linke stärker werden", sagt Professor Lawrence Schlemmer von der Witwatersrand-Universität. „Das erschwert es sehr, eine Lösung zu finden. Die Gefahr einer Pattsituation bei der Suche nach Lösungen wird dann akut, wenn die beiden Mächte, die miteinander verhandeln könnten – die Regierung und der ANC –, sich in erster Linie damit befassen müssen, ihre eigene Machtbasis zu erhalten. Sie ist bei beiden möglichen Verhandlungspartnern durch konkurrierende politische Kräfte gefährdet, die nur darauf warten, aus einer Politik der Versöhnung Kapital zu schlagen. Die Afrikanisten stellen gegenwärtig und vielleicht auch künftig keine ernsthafte Bedrohung für den ANC dar, obwohl es in den Reihen des ANC eine starke Fraktion gibt, die gegen Verhandlungen ist. Die Regierung jedoch wird erst dann mit dem ANC verhandeln, wenn die rechtsradikalen Gegner im eigenen, weißen Lager eine geringere Gefahr für sie darstellen als die fortgesetzte schwarze Herausforderung und die Entschlossenheit des Auslands, die Kosten der Apartheid durch Wirtschaftssanktionen und den Rückzug von Investoren so hoch wie möglich zu treiben.

Man kann sich ein Bild von den Hürden machen, die verhandlungsbereite Weiße überwinden müssen, wenn man das Problem des öffentlichen Dienstes in Südafrika betrachtet: Was soll mit den Weißen passieren, die in der Verwaltung beschäftigt sind – und fast die Hälfte der berufstätigen Afrikaander arbeitet dort –, wenn eine schwarze Regierung anstelle der weißen Bürokraten schwarze einstellt? Ein andere schwierige Aufgabe wird sein, die Weißen, nachdem sie viele Jahre lang der staatlichen Anti-ANC-Propaganda geglaubt haben, davon zu überzeugen, daß der ANC in Wirklichkeit keine sowjetkommunistische Tarnorganisation ist und nicht um jeden Preis eine rote Revolution anzetteln will.

Thabo Mbeki, der Sohn eines beliebten ANC-Führers und neben Chris Hani der wichtigste Kandidat für die künftige Führung der Organisation, sagt dazu: „Nicht nur die weißen Südafrikaner müssen einsehen, daß der ANC keine kommunistische Organisation ist, sondern eine nationale Befreiungsbewegung. Wir mußten in der Vergangenheit auch immer wieder die Amerikaner davon überzeugen, und sogar unter unseren eigenen Leuten hat es darüber jahrzehntelang leidenschaftliche Diskussionen gegeben. Wir haben seit 77 Jahren ein einziges Ziel: die Abschaffung der Apartheid. Jeder, der das auch wollte, war beim ANC als Mitglied oder Helfer willkommen. Die Sowjetunion hat uns militärische Unterstützung angeboten, und wir haben sie angenommen, weil wir sie nötig hatten, um unsere Ziele zu erreichen. Die Kommunistische Partei Südafrikas wurde bei uns Mitglied und kämpfte mit uns gegen unseren gemeinsamen Feind. Das bedeutet nicht, daß die Christen in unseren Reihen eine kommunistische Ideologie angenommen hätten, genausowenig wie wir den Glauben der Inder angenommen haben, weil wir mit Indern zusammengearbeitet und ihre Unterstützung akzeptiert haben. Es bedeutet auch nicht, daß die Kommunisten eine künftige ANC-Regierung beherrschen werden. Es bedeutet nur, daß wir uns zusammenschließen und zusammenstehen mußten, um diesen einen Feind, die Apartheid, wirksam zu bekämpfen.

Wer immer unter uns Zwietracht säen will, sei es von rechts oder von links, gefährdet unsere Einheit, und diese ist für den ANC von unschätzbarem Wert. Wenn irgendwann in der Zukunft die kommunistischen Mitglieder für den ANC zu einem Problem werden, wird der ANC dieses Problem lösen müssen. Sollte sich ein solches Problem stellen, werden wir es angehen. Aber wer den ANC jetzt, wo er eine nationale Befreiungsbewegung ist, dazu auffordert, seine loyalen Mitstreiter einer Prüfung zu unterziehen und zu entscheiden, wer wohin gehört, der fordert von uns, daß wir den Sieg zunichte machen, der in unserer Einheit liegt. Das ist nicht fair."

Trotzdem werden zahllose junge Schwarze auch weiterhin über die Alternative nachdenken, die der Kommunismus im Vergleich zu einer „gemischten Wirtschaft" darstellt. Die größte Gefahr für eine florierende Wirtschaft unter einer künftigen Mehrheitsregierung wird darin bestehen, daß die Schwarzen vom kapitalistischen System, das sie mit Unterdrükkung identifizieren, bitter enttäuscht sind; sie werden deshalb eine radikale Nationalisierung der Industrie fordern. Die weißen Geschäftsleute andererseits kommen allmählich zu der Einsicht, daß sie sich von der Politik der Apartheid distanzieren müssen, weil diese den Kapitalismus in Mißkredit bringt. Ihren dahingehenden Anstrengungen fehlt allerdings noch die Entschiedenheit, die notwendig wäre, um die hochindustrialisierte Wirtschaft Afrikas vor einer extensiven Nationalisierung zu bewahren.

Angesichts der Tatsache, daß in Südafrika die reichsten Weißen – etwa fünf Prozent der Bevölkerung – 88 Prozent des Privateigentums besitzen und der gesamten schwarzen Bevölkerung nur zwei Prozent gehören, liegt auf der Hand, daß eine schwarze Wählerschaft eine Umverteilung des Besitzes fordern wird. Wenn einmal über eine Versöhnung der Rassen verhandelt wird, wird der ANC alles daransetzen, die nur mäßig wohlhabenden weißen Facharbeiter davon zu überzeugen, daß das Geld zur Behebung des materiellen Elends der Schwarzen nicht aus ihren Hosentaschen, sondern aus den Koffern der Reichen kommen wird. „Wir brauchen das Know-how dieser Fachleute. Wir können das Land nicht allein führen. Wir brauchen sie dazu. Ich weiß nicht, ob sie wissen, wie sehr wir sie brauchen. Aber wir brauchen sie genauso, wie sie uns brauchen. Auch sie können das Land nicht ohne uns führen", sagte Joe Modise, der Führer von Umkhonto we Sizwe.

Man mag den Weißen noch so sehr versichern, daß sie in dem neuen Südafrika keine Fremden sein werden und daß sie gemeinsam mit den Schwarzen eine bessere Zukunft vor sich haben: Die jüngere Geschichte Afrikas gibt ihnen wenig Grund zur Hoffnung. In den letzten dreißig Jahren wurden über siebzig politische Führer in zwanzig afrikanischen Staaten durch Putsch oder Mord abgesetzt. Unter den einundvierzig wichtigsten schwarzafrikanischen Staaten gibt es nur sieben, in denen oppositionelle politische Parteien zugelassen sind; siebzehn werden von Militär-Regimes regiert, in den übrigen gibt es nur eine Partei.

Wirtschaftlich sieht es ähnlich finster aus: Man schätzt, daß Afrikas Auslandsschulden um mehr als 200 Milliarden Rand pro Jahr wachsen. Praktisch in allen afrikanischen Ländern sinkt die Pro-Kopf-Produktion an Nahrungsmitteln kontinuierlich. Afrika ist der Kontinent mit dem höchsten Bevölkerungswachstum der Welt – jährlich 2,9 Prozent. Es ist daher außerordentlich optimistisch anzunehmen, daß es der Mehrheit der weißen Südafrikaner in der Zukunft materiell besser gehen wird als in der Vergangenheit.

Trotzdem besteht die Hoffnung, daß sich dieser Optimismus lohnen könnte. Ein von Schwarzen regiertes Südafrika könnte eines Tages ein pulsierendes Wirtschaftsleben entwickeln und damit eine Ausnahme in Afrika sein, denn wie Thabo Mbeki sagt: „Der einzige Vorteil der langen Dauer unseres Kampfes ist, daß wir die Freiheit so spät erlangen. Wir hatten die Gelegenheit, von den Fehlern und Erfahrungen derjenigen zu lernen, die auf diesem Kontinent vor uns frei wurden. Wir werden die Versuche und Fehlschläge der anderen studieren und von ihnen profitieren. Wir werden ihre Fehler nicht wiederholen."

Welche Logik auch immer die Entwicklung der wirtschaftlichen und politischen Verhältnisse künftig diktiert, allein mit dem Machtantritt einer schwarzen Regierung wird das wichtigste Ziel des Befreiungskampfes erreicht sein. Sie wird Südafrika von der Entwürdigung durch die Apartheid befreien, die so viele Menschen zutiefst erniedrigt hat. Es wird nicht mehr notwendig sein, die Energien und Ressourcen der Nation für den Kampf der Rassen zu opfern. Dann endlich besteht die Aussicht, daß sich ein Geist der Versöhnung und ein Gefühl der Zusammengehörigkeit etabliert, ohne das Frieden und Wohlstand nicht existieren können.

Epilog

Der Februar 1990 wird in die Geschichte eingehen als jener denkwürdige Monat, in dem die Verzweiflung in den Herzen so vieler Südafrikaner der Hoffnung Platz machte.

Zu Anfang dieses folgenschweren Monats erklärte Präsident F. W. de Klerk vor dem Parlament, daß das Verbot des African National Congress ab sofort aufgehoben werden sollte. Diese Erklärung, die unter den Schwarzen Jubel auslöste und den Weißen einen Schock versetzte, war ein kühner Schritt. Die Massenorganisation der Schwarzen konnte jetzt, nach drei Jahrzehnten der illegalen Untergrundarbeit, endlich doch noch die politische Bühne des Landes betreten.

„Eine wachsende Zahl von Südafrikanern erkennt heute, daß nur die Verständigung aller wichtigen Führer der Bevölkerung einen dauerhaften Frieden sichern kann", erklärte de Klerk, seit fünf Monaten als Staatsoberhaupt im Amt. „Die Zeit der Gewalt ist vorbei. Die Zeit des Wiederaufbaus und der Versöhnung ist gekommen."

De Klerk erklärte außerdem, daß Nelson Mandela in naher Zukunft aus der Haft entlassen werden sollte und daß andere, ebenfalls verbotene Organisationen legalisiert, einige politische Häftlinge freigelassen und Hinrichtungen ausgesetzt werden sollten. De Klerks Ankündigung kam für den ANC völlig überraschend. Der Kongreß reagierte deshalb vorsichtig. „Wenn Mr. de Klerk sagt, die Zeit für Gespräche sei gekommen, dann schließen wir uns dieser Meinung an", sagte Thabo Mbeki.

Während Südafrikaner in Pretoria und Lusaka, in den Baracken schwarzer Townships und den Villen der Weißen erregt darüber diskutierten, wie der neue Geist der Verständigung auszusehen habe, wenn der ungewisse Weg in die Zukunft zu erfolgreichen Verhandlungen führen sollte, bereitete sich Nelson Mandela auf die Freiheit vor.

De Klerk machte seine historische Ankündigung vom 2. Februar schon neun Tage später wahr. In einer überfüllten Pressekonferenz erklärte er am 10. Februar, daß der berühmteste Häftling des Jahrhunderts am nächsten Tag freigelassen werden solle. Er verkündete der Weltöffentlichkeit, daß Mandelas Freilassung „ein langes Kapitel unserer Gesichte abschließen wird".

Die Nachricht verbreitete sich am Samstagabend wie ein Lauffeuer in den schwarzen Townships Südafrikas. Gruppen singender ANC-Anhänger tanzten ausgelassen auf den Straßen und schwenkten die schwarz-grün-goldene Fahne des ANC. Erzbischof Desmond Tutu hatte gerade Mandelas Frau Winnie in Soweto besucht, als ihn die Nachricht erreichte. Er saß bereits im Wagen und wollte abfahren, als eine jubelnde Menge den Wagen umringte. Als der Erzbischof von der Freilassung Mandelas hörte, stieg er wieder aus, vollführte mit flatternder Soutane einen Luftsprung und schrie „Hurra!".

Kapstadt fiel an diesem Sonntag in einen Freudentaumel. Seit den frühen Morgenstunden wälzten sich Auto- und Buskolonnen über das 60 Kilometer lange Autobahnstück zwischen der Stadt und der Ausfahrt zum Victor-Verster-Gefängnis in Paar, wo Nelson Mandela die letzten Monate Haft verbracht hatte. Um die Mittagszeit hatten sich 4 000 begeisterte ANC-Anhänger und Hunderte von Journalisten vor dem Gefängnistor versammelt. Ungewöhlich entspannt wirkende Soldaten und Polizisten saßen in Gruppen im Schatten unter Bäumen und Büschen.

Kurz nach vier Uhr fuhr ein brauner Sedan vor der inneren Sicherheitsschranke vor, und eine große Gestalt stieg aus dem Wagen. Die Menge konnte einen ersten Blick auf den bisher unsichtbaren Messias der schwarzen Bewegung in Südafrika werfen. Sie bereitete Nelson Mandela einen triumphalen Empfang. Mandela schritt durch das Gefängnistor und grüßte würdevoll mit erhobener Faust. Diese einfache Geste signalisierte nicht nur das Ende einer 27jährigen Haft und den Sieg der längsten internationalen Kampagne zur Freilassung eines politischen Häftlings, sondern auch einen Wendepunkt in der Geschichte Südafrikas.

In einer ersten Rede in Kapstadt erklärte Mandela seinen 100 000 Zuhörern, er stehe „nicht als Prophet, sondern als bescheidener Diener ..." vor ihnen. Die mit fester und leidenschaftlicher Stimme vorgetragene Rede wurde immer wieder von Beifallsstürmen unterbrochen.

Nelson Mandela wiederholte zunächst die Erklärung, die er 1964 im Rivonia-Prozeß von der Anklagebank abgegeben hatte. Dann fügte er hinzu: „Ich habe gegen die Vorherrschaft der Weißen gekämpft, und ich habe gegen die Vorherrschaft der Schwarzen gekämpft. Ich trage das Ideal einer demokratischen und freien Gesellschaft in mir, in der alle Menschen harmonisch und gleichberechtigt zusammenleben. Für dieses Ideal hoffe ich leben zu dürfen, aber ich bin auch bereit, für dieses Ideal zu sterben."

Anhang

Mit den Nachforschungen zu diesem Buch begann ich im August 1986. Ich recherchierte in der Transkei, in Lesotho, Sambia, Simbabwe, London und Südafrika. Als Informationsquellen dienten mir Interviews, Bücher, Zeitschriften, Zeitungen sowie Dokumente und Berichte von Untersuchungsausschüssen. Die wichtigsten in veröffentlichter Form vorliegenden Quellen der einzelnen Kapitel und die Interviews, die ich selbst gemacht habe, sind im folgenden aufgeführt. Zusätzlich herangezogene Materialien wie zahlreiche Ausgaben der vom ANC herausgegebenen Zeitschrift *Sechaba*, Veröffentlichungen des Südafrikanischen Instituts für Rassenbeziehungen und andere Zeitschriften und Dokumente werden nicht gesondert aufgeführt. Bücher werden nur einmal zitiert, auch wenn ich einige in verschiedenen Kapiteln verwendet habe. Die Interviews dagegen, die wichtige Informationen für zwei oder drei Kapitel geliefert haben, werden in jedem der betreffenden Kapitel genannt.

Kapitel 1

Das Material für dieses Kapitel habe ich 1986 in der Nähe von Umtata, Transkei, in dem Dorf Qunu zusammengetragen, in dem Nelson Mandela geboren wurde. Mit Hilfe eines Dolmetschers sprach ich mit No Ta Tsumbana, einer 78 Jahre alten Cousine Nelsons, die mit ihm zusammen aufwuchs, und mit Stumo Mandela, einem 77jährigen Cousin Nelsons, der nach wie vor in Qunu lebt. Von Nelsons älterer Schwester Mabel, die bei der Familie ihres Mannes in einem Dorf auf der anderen Seite der Berge bei Qunu lebt, stammt das meiste Material zu diesem Kapitel. 1986 interviewte ich außerdem Kaiser „KD“ Matanzima in Umtata.

Kapitel 2

Das Material zu diesem Kapitel stammt von Albertina Sisulu, die ich 1987 in Soweto interviewte, von Harry Brigish, mit dem ich 1987 ein kurzes Telefongespräch führte, und von Jaydev Nasib „JN" Singh, mit dem ich mich 1988 in Johannesburg traf.

Verwendete Literatur: Burger, J. (Pseudonym für Leo Marquard), *The Black Man's Burden* (Victor Gollancz, London 1943); Huddleston, Trevor, *Weine, du geliebtes Land* (Kaiser, München 1959); Desmond, Cosmas, *The Discarded People: An Account of African Resettlement in South Africa* (Penguin, Middlesex 1971); de Ridder, J. C., *The Personality of the Urban African in South Africa* (Routledge and Kegan Paul, London 1961.)

Kapitel 3

Verwendete Literatur: Jabavu, D. D. T., *The Black Problem: Papers and Addresses on Various Native Problems* (Lovedale Press, Alice 1921); Jabavu, D. D. T., *Native Disabilities in South Africa* (Lovedale Press, Alice 1932); Plaatje, Solomon T., *Native Life in South Africa: Before and Since the European War and the Boer Rebellion* (P. S. King, London 1916); Davenport, T. R. H., *The Beginnings of Urban Segregation in South Africa: The Natives (Urban Areas) Act of 1923 and Its Background* (Institute of Social and Economic Research, Rhodes University, Grahamstown 1971).

Kapitel 4

Die wesentlichen Informationen zu diesem Zeitabschnitt stammen von Peter „AP" Mda, den ich in Mafeteng interviewte, einer kleinen Stadt in den Bergen südlich von Maseru, Lesotho. Die südafrikanische Autorin Ellen Kuzwayo, die erste Sekretärin der Jugendliga des ANC, gab mir 1987 in Soweto ein Interview. Auch Godfrey Pitje, der schon früh der Jugendliga des ANC beitrat, stellte sich mir in seiner Anwaltskanzlei in Johannesburg 1987 zu einem Interview zur Verfügung.

Die Hauptquellen für dieses Kapitel sind: Lodge, Tom, *Black Pol-*

itics in South Africa Since 1945 (Ravan Press, Johannesburg 1983); Karis, Thomas G. and Carter, Gwendolen M., *From Protest to Challenge: A Documentary History of African Politics in South Africa 1882-1964*, 4 Bände (Hoover Institution Press, Stanford 1972-1977); Walshe, Peter, *The Rise of African Nationalism in South Africa: The African National Congress 1912-1952* (University of California Press, Berkeley und Los Angeles 1971); Gerhart, Gail M., *Black Power in South Africa: The Evolution of an Ideology* (University of California Press, Berkeley und Los Angeles 1978).

Kapitel 5

Yusuf Cachalia, mit dem ich 1987 in Johannesburg sprach, erwies sich als beredter Interviewpartner. David Bopape und Amin Kajee, beides Aktivisten der fünfziger Jahre, interviewte ich 1987 und 1988 in Johannesburg. Betty Shein, heute Hausfrau, berichtete 1987 in Johannesburg von der Zeit, in der sie mit Oliver Tambo zusammenarbeitete. Mit Robert Matje, dem herausragenden Organisator mehrerer ANC-Kampagnen in der östlichen Kap-Provinz, führte ich 1987 ein langes Gespräch.

Verwendete Literatur: Kuper, Leo, *Passive Resistance in South Africa* (Yale University Press, New Haven 1957); Roux, Edward, *Time Longer Than Rope: A History of the Black Man's Struggle for Freedom in South Africa* (University of Wisconsin Press, Madison 1966).

Kapitel 6

Helen Joseph und Amina Cachalia stellten sich mir 1987 und 1988 zu einer Reihe von Interviews zur Verfügung und lieferten Informationen und Anekdoten. Indres Naidoo erzählte in einem von mehreren Gesprächen 1988 in Lusaka, Sambia, über den Volkskongreß.

Wichtige Literatur zu diesem Zeitabschnitt ist: Joseph, Helen, *Allein und doch nicht einsam. Ein Leben gegen die Apartheid* (Rowohlt, Hamburg 1987); Matthews, Z. K., *Freedom For My People* (David Philip, Kapstadt und Johannesburg 1983); Suttner, Raymond und Cronin, Jeremy, *Thirty Years of the Freedom Charter* (Ravan Press, Johannesburg 1986); Legum, Colin und Legum, Margaret, *The Bitter Choice: Eight*

South Africans' Resistance to Tyranny (Word Publishing, Cleveland 1968); Lerumo, Anton, *Fünfzig Jahre Kampf der Südafrikanischen Kommunistischen Partei, 1921-1971* (Dietz, Berlin 1973).

Kapitel 7

Für dieses Kapitel waren wichtig die bereits erwähnten Interviews mit Helen Joseph und Amina Cachalia. Außerdem sprach ich 1988 in Johannesburg mit Suliman Esakjee, einem der Angeklagten im Hochverratsprozeß.

Verwendete Literatur: Sampson, Anthony, *The Treason Cage: The Opposition on Trial in South Africa* (Heinemann, London 1958); Hutchinson, Alfred, *Der Weg nach Ghana* (Zsolnay, Hamburg und Wien 1961); Joseph, Helen, *If This Be Treason* (André Deutsch, London 1963).

Kapitel 8

Das Material für dieses Kapitel stammt aus einem 1987 in Lesotho geführten Interview mit dem Journalisten Joe Molefi, einem der Aktivisten des Pan-Africanist Congress in den sechziger Jahren, und aus einem Telefongespräch mit Oberst Ignatius Terreblanche 1987.

Verwendete Literatur: Luthuli, Albert, *Mein Land, mein Leben. Autobiographie eines großen Afrikaners* (Kaiser, München 1963); Reeves, Ambrose, *Shooting at Sharpeville: The Agony of South Africa* (Victor Gollancz, London 1960); Segal, Ronald, *Into Exile* (Jonathan Cape, London 1963); Sowden, Lewis, *The Land of Afternoon* (Elek, London 1968); First, Ruth, *117 Days: An Account of Confinement and Interrogation Under the South African Ninety-Day Detention Law* (Penguin, London 1965); Joseph, Helen, *Tomorrow's Sun: A Smuggled Journal from South Africa* (Hutchinson, London 1966); Paton, Alan, *South African Tragedy* (Charles Scribner's Sons, New York 1965).

Kapitel 9

Das Material zu diesem Kapitel stammt aus einem 1987 in Lusaka geführten vierstündigen Gespräch mit Joe Modise, der nur selten Interviews gibt, und aus einem 1988 in Lusaka mit Indres Naidoo geführten Interview. Ein Großteil des Materials stammt aus einem Sonderheft der Zeitschrift *Dawn,* das der ANC 1986 zum 25. Jahrestag der Gründung des Umkhonto we Sizwe herausgab.

Verwendete Literatur: Feit, Edward, *Urban Revolt in South Africa 1960-1964: A Case Study* (Northwestern University Press, Evanstown 1971); Mtolo, Bruno, *Umkhonto we Sizwe: The Road to the Left* (Drakensberg Press, Durban 1966).

Kapitel 10

Ein Interview mit Ruth Rice, der Tochter von Bram Fischer, 1988 in Johannesburg lieferte nützliches Hintergrundmaterial.

Verwendete Literatur: de Villiers, H. H. W., *Rivonia: Operation Mayibuye* (Afrikaanse Pers-Boekhandel, Johannesburg 1964): Mandela, Nelson, *No Easy Walk to Freedom: Articles, Speeches and Trial Addresses of Nelson Mandela* (Heinemann, London 1965).

Kapitel 11

Indres Naidoo, den ich 1988 in Lusaka interviewte, war eine gute Informationsquelle über Robben Island. Steve Tshwete trug durch ein 1988 in Lusaka geführtes Interview zu diesem Kapitel bei. Auch ein 1987 mit Albertina Sisulu geführtes Gespräch konnte ich dafür verwenden.

Verwendete Literatur: Naidoo, Indres und Albie Sachs, *Insel in Ketten. Bericht aus Südafrika* (Lamuv/Libri, Bornheim/Merten 1984); Breytenbach, Breyten, *Wahre Bekenntnisse eines Albino-Terroristen* (Kiepenheuer & Witsch, Köln 1984); Mitcheson, Naomi, *A Life for Africa: The Story of Bram Fischer* (Merlin Press, London, 1973).

Kapitel 12

Sikosi Mji habe ich 1987 in Lusaka interviewt. Eine wichtige weiße Organisatorin des ANC, die ungenannt bleiben will, gab mir wichtige Hintergrundinformationen. Ich sprach auch mit einem früheren Arzt des Baragwanath Hospital, der ebenfalls anonym bleiben will. Das Zitat von Lindiwe Sisulu (Seite 201) stammt aus einem Artikel, den sie für *Sechaba* schrieb.

Verwendete Literatur: Biko, Steve, *Ich schreibe, was mir paßt* (Oberbaum, Berlin 1979); Brooks, Alan und Brickhill, Jeremy, *Whirlwind Before the Storm* (International Defence and Aid Fund for Southern Africa, London 1980); Kane-Berman, John, *Soweto: Black Revolt, White Reaction* (Ravan Press, Johannesburg 1978); Hirson, Baruch, *Year of Fire, Year of Ash: The Soweto Revolt, Roots of a Revolution* (Zed Books, London 1979).

Kapitel 13

Steve Tshwete habe ich 1988 in Lusaka interviewt. Außerdem gingen Interviews mit Albertina Sisulu 1987 und Thabo Mbeki 1988 in Lusaka in dieses Kapitel ein.

Verwendete Literatur: Davis, Stephen, *Apartheid's Rebels: Inside South Africa's Hidden War* (Yale University Press, New Haven 1987); Gastrow, Sheila, *Who's Who in South African Politics* (Ravan Press, Johannesburg 1987); Leach, Graham, *South Africa* (Century Hutchinson, London 1986); Meredith, Martin, *In the Name of Apartheid: South Africa in the Post-War Period* (Hamish Hamilton, London 1988).

Kapitel 14

Thabo Mbeki wurde 1988 in Lusaka interviewt. Mit Joe Modise sprach ich 1987 in Lusaka. Im selben Jahr sprach ich während der Feiern zum 75jährigen Bestehen des ANC in Lusaka kurz mit Chris Hani. Mein letztes, monatelang geplantes Interview sollte dem Präsidenten des ANC gelten, Oliver Tambo. Es hätte am 28. April 1989 stattfinden sollen, wurde jedoch in letzter Minute durch eine Explosion in Lusaka zunichte gemacht. Am selben Tag mußte ich das fertige Manuskript in London abliefern. Ich wartete in meinem Hotel in der sambischen Hauptstadt auf einen Wagen des ANC, der mich zu dem Gespräch bringen sollte, als ich erfuhr, daß eine Granate unweit des mit Oliver Tambo vereinbarten Treffpunkts ein Haus des ANC in die Luft gejagt hatte. Da der ANC und besonders sein Präsident bei solchen Gelegenheiten durch einen undurchdringlichen Sicherheitsgürtel abgeschirmt werden, mußte das Interview verschoben werden.